TRAUNER VERLAG

BILDUNG

Bildung, die begeistert!

Die Veggie-Profis

- für vegetarisch und vegan geschulte Köchinnen und Köche

+ TRAUNER-DigiBox

LISA KLEIN

OLIVIA LADINIG

BS

HF

FW

HLT

HLW

Dieses Buch wurde auf Papier aus nachhaltiger Forstwirtschaft gedruckt.

Impressum

Klein/Ladinig, Die Veggie-Profis
+ TRAUNER-DigiBox

3. Auflage 2021, Nachdruck 2024
Schulbuch-Nr. 180.399
TRAUNER Verlag, Linz

Die Autorinnen

Lisa Klein
Vegucation

Olivia Ladinig
Vegane Gesellschaft Österreich

Approbiert für den Unterrichtsgebrauch an:

- Berufsschulen im Fachunterricht Gastgewerbe
- Dreijährigen Fachschulen für wirtschaftliche Berufe für die 1.–3. Klasse im Unterrichtsgegenstand Küchen- und Restaurantmanagement (Lehrplan 2016)
- Hotelfachschulen für die 1.–3. Klasse im Unterrichtsgegenstand Küchenorganisation und Kochen (Lehrplan 2016)
- Höheren Lehranstalten für wirtschaftliche Berufe für den I.–IV. Jahrgang im Unterrichtsgegenstand Küchen- und Restaurantmanagement (Lehrplan 2016)
- Höheren Lehranstalten für Tourismus für den I.–IV. Jahrgang im Unterrichtsgegenstand Küchenorganisation und Kochen (Lehrplan 2016)

Bundesministerium für Bildung und Frauen, Abteilung IT/3, BMBF-5.048/0003-IT/3/2016 vom 8. April 2016. Die Approbation bezieht sich ausschließlich auf das gedruckte Buch.

Die Inhalte entsprechen dem vorgeschriebenen Kompetenzraster laut Bildungsstandards und sind laut Lehrplan zu vermitteln. Eine Auswahl bzw. Gewichtung ist nur innerhalb einzelner Kapitel (Beispiele bzw. Vertiefungsangebote) gewährleistet, nicht jedoch dürfen lt. Ministerium einzelne Kapitel oder Kompetenzbereiche ausgelassen werden.

Lektorat/Produktmanagement:
Mag. Maria Lichtenegger
Korrektorat: Mag. Sabine Stalujanis, www.lektorat-punktgenau.at, Barbara Schöberl
Gestaltung und Grafik: Bettina Victor, Teresa Foissner
Titelgestaltung: Bettina Victor
Schulbuchvergütung/Bildrechte:
© Bildrecht GmbH/Wien
Gesamtherstellung:
Johann Sandler GesmbH & Co KG
Druckereiweg 1, 3671 Marbach

PRINTED IN AUSTRIA

ISBN 978-3-99113-306-3
Schulbuch-Nr. 180.399

www.trauner.at
/traunergastro

Liebe Schülerin, lieber Schüler,
Sie bekommen dieses Schulbuch von der Republik Österreich für Ihre Ausbildung. Bücher helfen nicht nur beim Lernen, sondern sind auch Freunde fürs Leben.

Einleitung

Die pflanzenbetonte Küche ist ein Schritt in Richtung moderner und zeitgemäßer Ernährung. Gesunde, nachhaltige und fleischreduzierte Gerichte sind stark im Trend. Doch die Ausbildung für Köchinnen und Köche in Bezug auf pflanzenbasiertes Kochen ist immer noch unzureichend. Wir haben die Chance ergriffen und ein modernes Lehr- und Lernbuch zu diesem Thema entwickelt. Unser Ziel ist es, in der Zusatzausbildung für vegetarisch und vegan geschulte Köchinnen und Köche für Schulen professionelles Wissen bereitzustellen. Aber auch Fachleute in der Gastronomie werden profitieren, widmen wir uns doch in umfassender Weise dem Hype des Jahrzehnts, dem sich kein moderner Betrieb verschließen kann.

Im Rahmen des Projekts Vegucation wurden Fortbildungen für verschiedene Zielgruppen erstellt. Jugendliche, die sich in der Ausbildung zum Koch bzw. zur Köchin befinden, haben andere Bedürfnisse als jahrelang im Beruf stehende Küchenleiter und Küchenleiterinnen. Dass die Seminare tatsächlich den Alltag der Teilnehmer und Teilnehmerinnen verändern können, zeigt uns unter anderem ein Feedback eines Kochs: „Das Seminar hat mir den Spaß an meinem Beruf zurückgegeben!“

Vegucation auch an Ihrer Schule? Kontaktieren Sie uns unter austria@vegucation.eu

Die fachpraktische Ausbildung zur vegan-vegetarischen Fachkraft ist an Schulen einzigartig. Die Erfahrung lehrt uns, dass Sie, liebe Schülerinnen und Schüler, mit viel Enthusiasmus und großer Kreativität am Unterricht teilnehmen, wodurch uns die Ergebnisse im Rahmen der Zertifikatsprüfungen bisher stets in Staunen versetzt haben. Mit Begeisterung erkennen wir Ihre Leistungen an und freuen uns mit Ihnen, wenn Sie das Zertifikat in Händen halten – und somit eine Zusatzqualifikation, die in Ihrer Laufbahn nur von Vorteil sein kann.

Folgende Piktogramme unterstützen das Lehren und Lernen im Buch:

- Tipps und Zusatzinformation
- Achtung!
- Verknüpfungen zu anderen Gegenständen, Kapiteln oder Internetlinks
- für Downloads in der TRAUNER-DigiBox

Meine Ziele

KOMPETENZ-ERWERB

Nach Bearbeitung dieses Kapitels kann ich

- Blau (Wiedergeben, Verstehen)
- Rot (Anwenden)
- Schwarz (Analysieren und Entwickeln)

Zur Erarbeitung der Kenntnisse und Fertigkeiten sowie zur **Kontrolle Ihres Lernerfolgs** stehen Ihnen Aufgabenstellungen und „Ziele-erreicht?“-Aufgaben zur Verfügung.

STARTEN SIE IHR DIGITALES ZUSATZPAKET ZUM BUCH!

In der TRAUNER-DigiBox (www.trauner-digibox.com) finden Sie Ihr persönliches E-Book und die Zusatzmaterialien zum Buch:

- www.trauner-digibox.com aufrufen
- Einmal kostenlos registrieren
- Ihr digitales Zusatzpaket mit **Lizenz-Key** auf der Rückseite des Buches freischalten

Aufgabenstellungen

Aufgabenstellungen erfordern die praktische Umsetzung des Wissens und verlangen eigene, zum Teil kreative Lösungsansätze. Sie helfen Ihnen, Ihre **Kenntnisse** und **Fertigkeiten** zu **festigen.**

Die Arbeitsaufträge sind ebenfalls nach dem Kompetenzmodell mit den Farben Blau, Rot und Schwarz gekennzeichnet. So unterscheidet man zwischen Aufgaben, bei denen Sie

- die gelernten Fachinhalte verstehen und wiedergeben;
- erworbenes Wissen anwenden;
- eigenständig Sachverhalte und Probleme analysieren und Lösungen entwickeln.

Ziele erreicht?

KOMPETENZ-ERWERB

„Ziele-erreicht?"-Aufgaben am Ende des Kapitels ermöglichen Ihnen, selbst festzustellen, inwieweit Sie in Ihrem Lernprozess erfolgreich waren. Die Ziele (Input) werden dem Lernergebnis (Output) gegenübergestellt. Der **Kompetenzzuwachs** wird dadurch **aufgezeigt.**

Kompetenzen erworben?
Kreuzen Sie aufgrund der durchgeführten „Ziele erreicht?"-Aufgaben an, ob Sie die Kompetenzen
☺ **zur Gänze**
😐 **überwiegend** oder
☹ **(noch) nicht ausreichend**
erworben haben. Wiederholen Sie den jeweiligen Lehrstoff im Buch, falls Sie einzelne Ziele noch nicht erreicht haben.

Da die Förderung sozialer und personaler Kompetenzen als Querschnittsaufgabe gesehen werden sollte, sind in unseren Büchern verschiedenste Unterrichtsmethoden integriert, die die **sozialen** und **personalen Kompetenzen** fördern, z. B. Diskussionsaufgaben, Gruppen- und Partner/innen-Arbeit.

Viel Freude und Erfolg
wünschen Ihnen

LISA KLEIN

OLIVIA LADINIG

Vorwort

Liebe Fans der pflanzlichen Küche!

Als ich zum ersten Mal das Schulbuch „Die Veggie-Profis" in den Händen hielt, erfüllte mich das mit einem Gefühl der großen Freude. Die Autorinnen haben großartige Arbeit geleistet. Das Buch ist einmalig und ein Vorbild für ganz Europa. In Österreich leben 206.000 Menschen vegan, weitere 750.000 vegetarisch. Zusätzlich wollen 52 Prozent der Menschen ihren Fleischkonsum reduzieren bzw. oftmals vegane oder vegetarische Tage einlegen. Damit liegt die pflanzliche Küche voll im Trend und Österreichs Schulen leisten in dieser Hinsicht Pionierarbeit. So wird die pflanzliche Küche für jedes noch so kleine Wirtshaus interessant!

In der Ausbildung zur vegan-vegetarischen Fachkraft soll vermittelt werden,
- für wen der neue Trend interessant ist,
- wie die Zielgruppen angesprochen werden können,
- welche Rezepturen die beliebtesten sind,
- wo Lebensmittel beziehbar sind und
- wie man selbstständig Rezepturen in pflanzliche Varianten umwandelt.

Es gibt ein altes Sprichwort: „Liebe geht durch den Magen." Ob das stimmt, weiß ich leider nicht, aber ich wünsche Ihnen von ganzem Herzen viel Spaß beim Kochen, Lernen und Ausprobieren!

MAG. FELIX HNAT
Obmann Vegane Gesellschaft Österreich

Inhaltsverzeichnis

Herzlichen Dank!
An Siegfried Kröpfl und seine Tochter Melanie, dass sie uns für das Buch eine Reihe von Rezepturen zur Verfügung gestellt haben.

Hintergrund zur pflanzlichen Ernährung

Neben dem Mitgefühl für alles Lebende, gibt es viele weitere Motive, warum sich Menschen für Vegetarismus entscheiden. Durch das Weglassen von tierischem Eiweiß und Fett in der Nahrung werden ernährungsabhängige Krankheiten verhindert. Auch ökologische Überlegungen spielen eine große Rolle. So wird die durch Massentierhaltung bedingte Umweltbelastung nachhaltig verändert. Pflanzliche Ernährung ist kein Phänomen unserer Zeit, wie nachfolgende Zitate deutlich machen:

Solange der Mensch Tiere schlachtet, werden auch die Menschen einander töten. Wer Mord und Schmerz sät, kann nicht erwarten, Liebe und Freude zu ernten.

PYTHAGORAS, ca. 500 v. Chr.

Mein Körper wird keine Grabstätte für andere Geschöpfe sein.

LEONARDO DA VINCI, 1452

Nichts wird die Chance auf ein Überleben auf der Erde so steigern wie der Schritt zur vegetarischen Ernährung. Ich bin der Ansicht, dass die vegetarische Lebensweise, rein durch ihre physische Wirkung auf das menschliche Temperament, das Schicksal der Menschheit äußerst positiv beeinflussen könnte.

ALBERT EINSTEIN, ca. 1940

Vegetarismus – von gestern bis heute

Diskutieren Sie in kleinen Gruppen folgenden Ausspruch: „Aus gesunden Kindern werden gesunde Erwachsene.“

Das Interesse an vegetarischem und gesundem Essen boomt. Über die Hälfte der Gäste wünscht sich bereits ein fleischreduziertes Speisenangebot in Kantinen, Mensen und Restaurants. Dabei wachsen die Ansprüche an die Köchinnen und Köche ständig. Sie sollen nicht nur schmackhafte Gerichte anbieten, oft kommen andere Beweggründe und Erwartungen dazu. Das Essen muss klimafreundlich, gesund und tierleidfrei sein. Wir beleuchten daher am Beginn des Buches zunächst die Hintergründe des Vegetarismus und die Motive der verschiedenen Gästegruppen.

KOMPETENZ-ERWERB

Meine Ziele

Nach Bearbeitung dieses Kapitels kann ich

- sagen, welche die wichtigsten geschichtlichen Meilensteine der vegetarischen Ernährung sind;
- die Ansprüche von Gästen, die pflanzenbasierte Gerichte bevorzugen, besser einschätzen;
- „Einkaufskörbe“ für die verschiedenen Formen vegetarischer Ernährung zusammenstellen.

1 Die Geschichte des westlichen Vegetarismus

Mein Onkel meinte erst kürzlich: „Vegetarische Ernährungsformen liegen zwar jetzt im Trend, ich glaube aber, der wird bald wieder abflauen." Ich halte dagegen, dass es auch schon in früheren Zeiten Vegetarier und Vegetarierinnen gegeben hat …

Vegetarisch lebende Menschen verzehren neben pflanzlichen Nahrungsmitteln nur solche Produkte, die von lebenden Tieren stammen, wie Milch, Eier und Honig. Gemieden werden Fleisch und Fisch, aber auch die daraus hergestellten Produkte, wie beispielsweise Gelatine und Schmalz. **Vegan lebende Menschen** lehnen den Konsum von tierischen Nahrungsmitteln generell ab und essen daher neben Fleisch und Fisch auch keine Eier, Milchprodukte und Honig.

Vegetarismus kann bis ins antike Griechenland zurückverfolgt werden, wo Philosophen und religiöse Gruppen gleichermaßen dazu aufriefen. Antiker Vegetarismus war stark mit dem Gedanken der Gewaltfreiheit gegenüber Tieren und mit gesundheitlichen Aspekten verknüpft.

Während des Mittelalters war Vegetarismus ein wichtiger Bestandteil asketischen Lebens. Die gläubigen Menschen waren der Ansicht, dass das Essen von Fleisch, Käse und Eiern Sünde sei. Das Wohlergehen der Tiere stand weniger im Vordergrund.

Die Frühe Neuzeit (1500–1800) brachte mit der Wiederentdeckung antiker Werte die Tierethik in die Philosophie und den Vegetarismus in die Lebensführung zurück. Ein Vorreiter des Vegetarismus war Thomas Tyron (1634–1703), der 1691 das wahrscheinlich erste vegetarische Kochbuch schrieb.

Ab dem 19. Jahrhundert etablierte sich der Vegetarismus mehr und mehr. 1821 wurde das erste moderne vegetarische Kochbuch publiziert, 1847 die Vegetarische Gesellschaft in England gegründet. Die wahrscheinlich berühmtesten Vegetarier des 19. Jahrhunderts waren der russische Schriftsteller Leo Tolstoi und der Widerstandskämpfer Mahatma Gandhi.

Die größte Welle des Vegetarismus begann in den 1970er-Jahren, als verschiedene ethische und gesundheitliche Argumente für eine pflanzenbasierte Ernährung wissenschaftlich fundierte Unterstützung erhielten.

Obwohl die vegetarische Lebensweise heute meist als Verzicht auf Fleisch, nicht jedoch auf Milchprodukte und Eier verstanden wird, bezogen sich doch schon einige historische Formen des Vegetarismus auf eine rein pflanzliche Ernährung. Um die verschiedenen Ernährungsformen klar voneinander abzugrenzen, prägte Donald Watson 1944 den Begriff Veganismus und begründete die British Vegan Society mit. Watson erfand den Begriff „vegan", indem er die drei ersten und die beiden letzten Buchstaben des englischen Wortes „vegetarian" verwendete. Dies sollte den Anfang und das Ende in Bezug auf Vegetarismus verdeutlichen.

Ein Video zur Geschichte des Vegetarismus finden Sie unter folgendem Link: www.vegucation.at/schulen

Das Konsumverhalten veganer Menschen bezieht sich oft nicht nur auf Nahrungsmittel, sondern auch auf Gebrauchsgegenstände, wie Lederwaren, Wolle oder Seide.

Der Begriff Vegetarismus taucht in der westlichen Welt erst Mitte des 19. Jahrhunderts auf. Tierprodukte, besonders Fleisch, waren für die Menschen in den meisten Gesellschaften kaum erschwinglich. Sie ernährten sich größtenteils von Pflanzen, gelegentlich aßen Sie tierische Produkte, wie Milch und Eier.

Außerhalb der westlichen Welt war die vegetarische Ernährungsform lange Zeit kaum verbreitet. In Indien war das Konzept der Gewaltfreiheit mit Vegetarismus verknüpft. Heute findet man die größte Dichte vegetarisch lebender Menschen in China, Indien und Indonesien.

2 Formen vegetarischer und veganer Ernährung

Eine Ernährungsexpertin sagt scherzhaft: „Man wird nicht grün hinter den Ohren, wenn man knackige Salate isst." Und genau das möchte ich meinen Schulkolleginnen und -kollegen vermitteln, die meinen Essgewohnheiten teilweise kritisch gegenüberstehen.

Ein Video zu vegetarischen Ernährungsformen finden Sie unter folgendem Link: www.vegucation.at/schulen

Viele Gäste haben bestimmte Vorlieben betreffend ihre Nahrung, manche verzichten auf einzelne Nahrungsmittel(bestandteile) wie Gluten, Laktose, Nüsse oder Soja. Andere bevorzugen rein biologische Zutaten oder leben natrium- oder zuckerarm. Aufmerksam sollten Sie mit versteckten Zutaten sein, die leider allzu oft vorkommen. Es sind dies beispielsweise Gelatine, die aus Haut und Knochen gewonnen wird (in Süßwaren, Gelees, Essig und Wein) und Milchprodukte (in Molke, Milchzucker, Kasein, Ghee).

Ghee = aus Büffel- und Kuhmilch hergestelltes Fett; stammt aus der indischen Küche.

Ernährungsformen und Produkte

	Fleisch/ Fisch	Eier	Milchprodukte	Honig	Eier roh	Rohmilchprodukte	Pflanzliche Lebensmittel	Besonderes
Vegetarisch (Ovo-Lacto)		✓	✓	✓	✓	✓	✓	
Vegan							✓	
Ovo-Vegetarisch		✓		✓	✓		✓	
Lacto-Vegetarisch			✓	✓		✓	✓	
Roh-vegetarisch			✓	✓	✓	✓	✓	Nur ungekochte Nahrungsmittel, bis höchsten 42 °C erhitzt
Rohvegan							✓	Nur ungekochte Nahrungsmittel, bis höchsten 42 °C erhitzt
Vollwertig vegan							✓	Nur Volllwertprodukte, möglichst naturbelassen
Buddhistisch vegetarisch			✓			✓	✓	Keine Zwiebel- und Lauchgewächse

Die Website happycow.net gibt einen Einblick in die pflanzenbasierte Gastronomie und ist ein praktisches Tool fürs Reisen.

In Großstädten setzt sich vegetarisches Leben als Trend immer mehr durch. Ständig entstehen neue vegane Restaurants, auch in der Systemgastronomie. Viele Spitzenköche entdecken die Pflanzenküche für sich und gestalten kreative Gerichte, um ihre Speisenkarte zu erweitern.

Menschen, die vegetarisch leben, haben unterschiedliche Bedürfnisse. Fragen Sie im Zweifelsfall lieber noch einmal nach! Übrigens: Pescetarier sind Menschen, die sich vegetarisch ernähren und Fisch, aber kein Fleisch essen. In Wien gibt es bereits über 100 vegan-vegetarische Restaurants, in Berlin und Los Angeles je über 300, in New York City sogar 400 Lokale für vegan-vegetarischen Genuss.

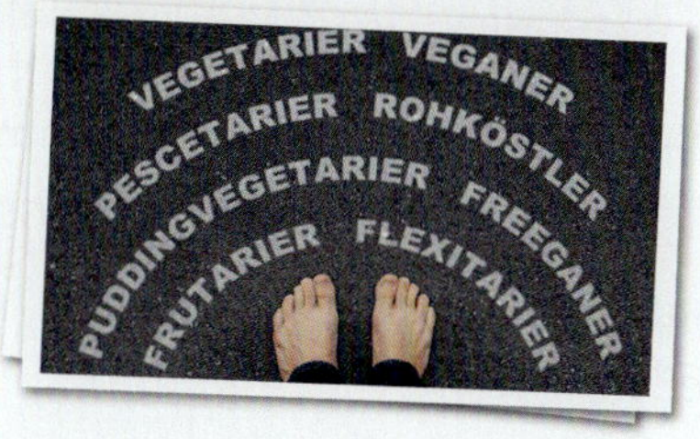

Die Anzahl der vegetarisch und vegan lebenden Menschen variiert von Land zu Land sehr stark. In Indien ernähren sich beispielsweise 30 Prozent der Bevölkerung vegetarisch, während es in anderen Ländern nicht mehr als drei Prozent sind. Im deutschsprachigen Raum leben etwa 10 Prozent der Bevölkerung pflanzenbasiert. Und es werden immer mehr.

Wichtig sind auch die Flexitarier/innen. Diese wachsende Gruppe gesundheits- und umweltbewusster Gäste ist eine sehr wichtige Zielgruppe für die Gastronomie. Ihr Anteil an der Bevölkerung wird auf 50 Prozent geschätzt. Hinzu kommen Menschen, die aus Gesundheitsgründen, z. B. Laktoseintoleranz, alternative Ernährungsformen wählen müssen. Außerdem haben viele Menschen einen erhöhten Cholesterinspiegel und werden von ihrem Arzt oder ihrer Ärztin dazu aufgefordert, weniger tierische Produkte zu essen.

Flexitarier/innen = Menschen, die sich regelmäßig für pflanzenbasierte Mahlzeiten entscheiden, obwohl sie nicht strikt vegetarisch oder vegan leben.

Laktoseintoleranz = Unverträglichkeit von Laktose, also Milchzucker (bestehend aus Galaktose und Glukose). In Österreich sind etwa 15 % der Bevölkerung betroffen, während in Asien und Afrika 65 % bis 90 % der Erwachsenen keinen Milchzucker vertragen.

Werden Sie Expertin und Experte!

- Mehr zu alternativen und vegetarischen Ernährungsformen: https://ifpe-giessen.de
- Mehr Informationen zu versteckten tierischen Zutaten in Lebensmitteln: www.foodwatch.org/de

Das Video „Die Wünsche der Gäste" finden Sie unter folgendem Link: www.vegucation.at/schulen

Aus dem Kursangebot

Ziele erreicht? – „Vegetarismus – von gestern bis heute“

KOMPETENZ-ERWERB

1. Kreuzen Sie in der Tabelle an, ob die Aussage stimmt oder nicht stimmt.

Aussage	Stimmt	Stimmt nicht
Es gibt verschiedene vegetarische Ernährungsformen, die jeweils individuelle Produktpaletten einschließen.		
Vegetarismus gibt es schon seit der Antike und hat sich bis heute in verschiedene Richtungen entwickelt.		
Flexitarier/innen versuchen bewusst, mehr vegane und vegetarische Speisen zu konsumieren.		
Ovo-Vegetarier essen keine Eier.		

2. Schauen Sie sich das Video „Die Wünsche der Gäste“ an und schreiben Sie eine Zusammenfassung (Video unter www.vegucation.at/schulen).

3. Diskutieren Sie folgende Aussage: „Auch Menschen, die nicht strikt vegetarisch oder vegan leben, interessieren sich für eine pflanzenbasierte Küche.“

4. Fassen Sie zusammen, in welchen Ernährungsformen welche Produkte gegessen werden und welche nicht.

Ernährungsform	ICH ESSE	ICH ESSE NICHT
Vegetarisch		
Vegan		
Ovo-Vegetarisch		
Lacto-Vegetarisch		
Rohvegetarisch		
Rohvegan		
Vollwertig vegan		
Buddhistisch vegetarisch		

5. Sie arbeiten im Service eines Restaurants und haben folgende Gäste mit folgenden Ernährungsformen:

- David isst vegan.
- Dana isst buddhistisch vegetarisch.
- Timo isst vegetarisch (Ovo-Lacto).

Nehmen Sie eine der Speisenkarten zu Hilfe und empfehlen Sie Ihren Gästen ein dreigängiges Menü.

Die Karten von BioFIEDLER oder sattgrün finden Sie im digitalen Zusatzpaket.

sattgrün ist die erste vegane Systemgastronomie Deutschlands

2007 wurde das erste sattgrün Restaurant in der Düsseldorfer Innenstadt eröffnet. Die Vision des sattgrün-Gründers und Geschäftsführers Peter Zodrow war es, Menschen für veganes Essen zu begeistern. Aus dieser Idee entstand das sattgrün-Restaurantkonzept. Bei sattgrün werden vegane Speisen unkompliziert, lecker und vielfältig über Selbstbedienungsbuffets den Gästen angeboten. Die veganen Gerichte variieren vom ungarischen Gulasch mit Soja-Geschnetzeltem, über indische Currys, bis hin zu italienischer Pasta, jedoch immer mit einer eigenen unverwechselbaren sattgrünen Note.

bio FIEDLER

Beweggründe Ihrer Gäste

Egal ob Ihre Gäste zu der Gruppe von Menschen gehören, die sich ausschließlich vegetarisch oder vegan ernähren, oder zu der großen Gruppe jener, die ihren Fleischkonsum reduzieren möchten, die Motive sind ähnlich: Seien es gesundheitliche Aspekte oder der Umweltschutz, ethische Gründe oder das Entdecken neuer Geschmacksrichtungen. Wenn Sie die Motive kennen, dann haben Sie die Möglichkeit, Ihre Speisenkarte auf die Wünsche Ihrer Gäste abzustimmen, Rezepturen abzuwandeln und/oder das Konzept Ihres Restaurants zu erweitern.

800 Mio. Euro werden allein in Österreich pro Jahr mit biologisch erzeugten Lebensmitteln umgesetzt. Damit ist Österreich Bio-Europameister!

Meine Ziele

KOMPETENZ-ERWERB

Nach Bearbeitung dieses Kapitels kann ich

- die häufigsten Beweggründe von Gästen nennen, die sich vegetarisch(er) oder vegan ernähren;
- die Zusammenhänge zwischen Ernährungsweise und Gesundheit, Umweltproblemen und Welthunger erklären;
- die Grundbedürfnisse von Tieren und die Bedingungen heutiger Tierhaltung beschreiben;
- ethische Motive von Gästen nennen;
- gängige Vorgehensweisen in der Eier-, Fleisch-, Fisch- und Milchproduktion beschreiben.

1 Klima und Umwelt

Ich habe gehört, dass die Produktion von einem Kilogramm Rindfleisch etwa 26 Kilo Kohlendioxid freisetzt, die Produktion von einem Kilogramm Salat hingegen nur ungefähr ein halbes Kilo Kohlendioxid. Stimmt das?

Laut Klimareport der Vereinten Nationen ist die weltweite Viehwirtschaft schädlicher für das Klima als der komplette Verkehrssektor mit all seinen Autos, Motorrädern und Flugzeugen zusammen. Die Produktion von Rindfleisch setzt zum Beispiel 43-mal so viel CO_2-Äquivalente frei wie der Anbau von Gemüse.

Der hohe Fleischkonsum in der westlichen Welt verschmutzt das Grundwasser (durch Unmengen an Gülle aus der Massentierhaltung), fördert die Rodung des Regenwaldes und verursacht die fortschreitende Klimaerwärmung.

CO_2-Äquivalente = der Wert gibt an, wie viel eine festgelegte Menge eines Treibhausgases zum Treibhauseffekt beiträgt. Als Vergleichswert dient Kohlendioxid – die Abkürzung lautet CO_{2e} (e = equivalent).

Anteil an der Treibhausgas-Gesamtemission

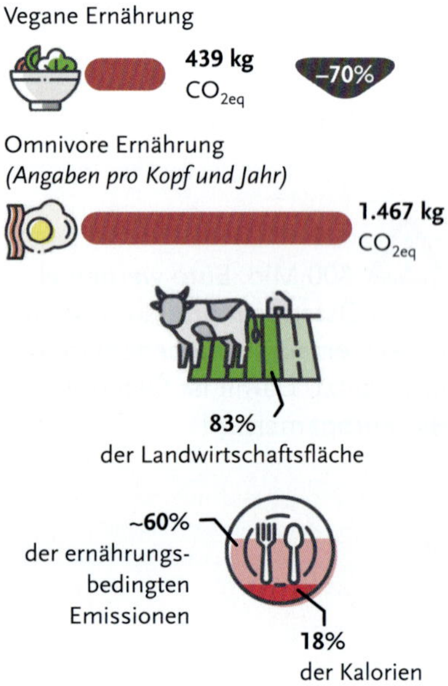

Studien belegen: Insgesamt erzeugt die Viehhaltung 18 % aller Treibhausgase weltweit. Das liegt unter anderem daran, dass Kühe und andere Wiederkäuer Treibhausgase (Methan) als Verdauungsgase ausstoßen. Ein Kilogramm Methan erzeugt den gleichen Treibhauseffekt wie 25 Kilogramm CO_2. Methan ist der wichtigste Grund, warum in Emissionsvergleichen von Nahrungsmitteln auch Milchprodukte nur hintere Plätze belegen. Landrodungen (Entwaldung), um Flächen für Weideland oder Futtermittelanbau zu generieren, setzt Treibhausgase frei, da Bäume CO_2 speichern, das bei der Rodung frei wird: zum einen, da die Bäume nicht mehr als Sauerstoffproduzenten fungieren, zum anderen, da durch die Verbrennung des Waldes CO_2 in die Atmosphäre steigt.

Der bekennende Vegetarier Paul McCartney wirbt mit dem Musik-Video „Meat free Monday“ für die Einführung eines Veggietages.

Aufgabenstellungen

1. Recherchieren Sie die Kampagne „Donnerstag ist Veggietag“! Hier erfahren Sie zum Beispiel, welche die erste rein vegetarische Universitätsmensa ist. Überlegen Sie, ob ein „Veggietag“ in der Woche nicht auch in Ihrer Schule, in der Betriebsküche, im Buffet bzw. in der Kantine machbar wäre. Diskutieren Sie, was die Vor- und Nachteile eines Veggietags im Vergleich zu einer täglichen Option auf der Speisekarte sind.

   Einen Folder finden Sie auch im digitalen Zusatzpaket.
2. Schauen Sie sich die Lernvideos „Ernährung und Nachhaltigkeit“ sowie „Einfluss von pflanzlicher Küche auf Gesundheit und Umwelt“ an und diskutieren Sie mit Ihren Kolleginnen und Kollegen über das Thema Nachhaltigkeit. Sie finden das Video unter folgendem Link: www.vegucation.at/schulen

Facts and Figures (Zahlen und Fakten)

Weideland und Futteranbau für die Tierzucht beanspruchen rund 80 Prozent der globalen Agrarfläche.

Weltweit werden jährlich 65 Milliarden Tiere zum Schlachten aufgezogen.

Über 97 Prozent des weltweit produzierten Sojamehls dienen als Futtermittel.

Der jährliche Trinkwasserverbrauch, der durch die Viehwirtschaft verursacht wird, beträgt 16,260 km^3 (16.260.000.000.000 Liter).

Zusätzlicher weltweiter Betriebswasserverbrauch (für Maschinenreinigung, Kühlwasser, Kadavereinigung usw.) 6,542 km^3

Ein Umstieg von einer durchschnittlichen österreichischen Ernährung auf eine vegane spart 70 % der Treibhausgasemissionen und 66 % des Flächenbedarfs.

Rund 80 Prozent des weltweiten Sojaanbaus werden als Futtermittel für die Viehzucht verwendet

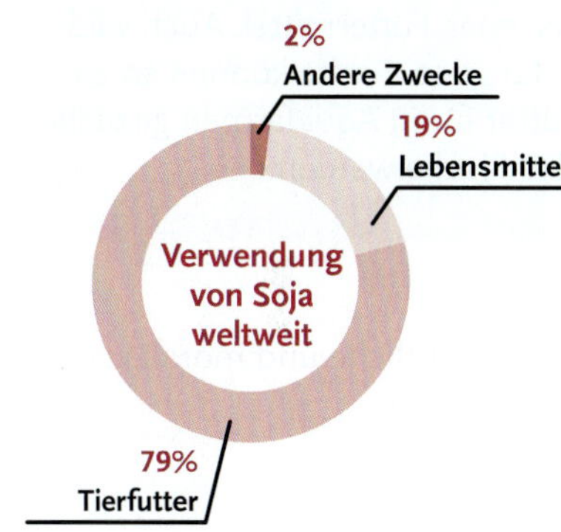

In der landwirtschaftlichen Tierhaltung wird nitrathaltiger Dung produziert. Obwohl man Dung nutzen kann, um Land fruchtbar zu machen, gibt es einfach zu viel davon. Steigt durch den Dung die Nitratbelastung des Grundwassers, aus dem wir Trinkwasser gewinnen, wirkt es sich nachteilig auf die Gesundheit des Menschen aus.

Wasserverbrauch

Für die Herstellung von Lebensmitteln wird unterschiedlich viel Wasser benötigt.

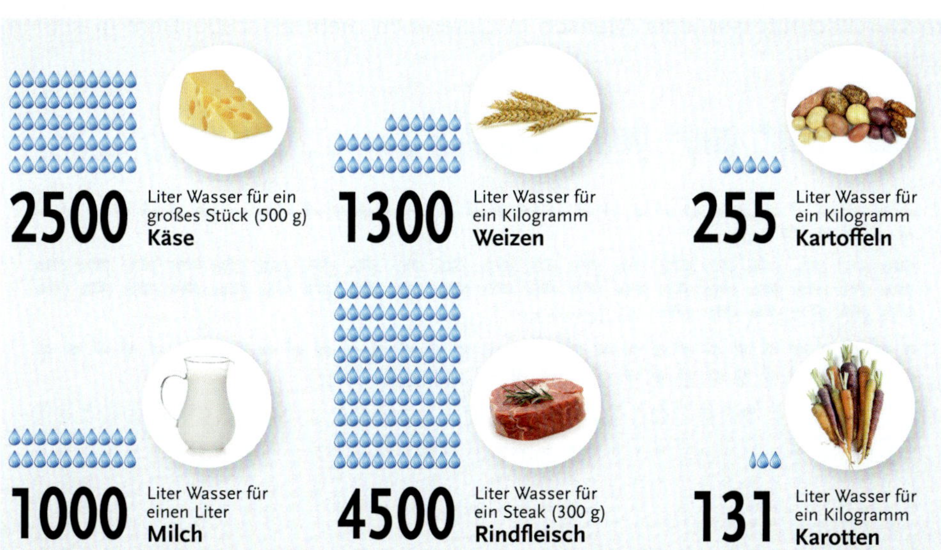

Mehr über den Wasserverbrauch von Nahrungsmitteln finden Sie unter folgendem Link: https://www.waterfootprint.org/ Auf dieser Seite gibt es auch einen Wasserkalkulator.

Die hohe Menge an Wasser für Rindfleisch kommt so zustande: In der Regel dauert es drei Jahre, bis ein Rind schlachtreif ist und etwa 200 Kilogramm knochenloses Fleisch liefert. In diesem Zeitraum hat jedes Tier fast 1 300 Kilo Getreide und 7 200 Kilo Heu bzw. Silage gefressen. Dazu kommen etwa 24 m^3 an Trinkwasser und weitere 7 m^3 Wasser für die Reinigung der Ställe.

Fischerei ist keine romantische Schiffstour, sondern ein knallhartes Geschäft

Überfischung der Meere

Viele Menschen essen Fisch, Sushi liegt voll im Trend. Doch wenn sich beim Fischfang nicht bald etwas ändert, sind die Meere in naher Zukunft leergefischt.

Rund die Hälfte der weltweit konsumierten Speisefische kommt aus Zuchtanlagen, die aus ökologischer und tierethischer Sicht als problematisch einzustufen sind.

In Zuchtanlagen leben die Fische dichtgedrängt in artfremder Umwelt und werden mit Tiermehl gefüttert. Viele Frischfangmethoden, wie Schleppnetze, Langleinen und Ringwadennetze, führen zu einem hohen Anteil an unerwünschtem Beifang. Diese Krebse, Muscheln, Haie, Schildkröten, Seesterne, Delfine und Jungfische werden zwar meist wieder ins Meer zurückgeworfen, sie sind aber oft verletzt oder überleben die Prozedur nicht.

Tiermehl = Produkt der Tierkörperverwertung. Es wird durch Zermahlen von Tieren hergestellt und ist ein für manche Tiere zugelassenes Futtermittel. Auch wild gefangene Fische können so zu Futter für in Aquafarmen gezüchtete Fische werden.

2 Ethik

Ethik = sittliche und moralische Grundsätze.

Eine Freundin hat mir von zwei Hilfsorganisationen erzählt, für die sie ehrenamtlich ein paar Stunden arbeitet. Die eine heißt „Brot für die Welt", die andere „Welthungerhilfe". Sie träumt von einer Welt ohne Hunger und mit nachhaltiger Ernährungssicherheit für alle. Sie sagte mir, dass weltweit 925 Millionen Menschen von Hunger betroffen sind.

Im Durchschnitt isst jeder Mensch in Österreich mehr als 1 000 Tiere in seinem Leben.

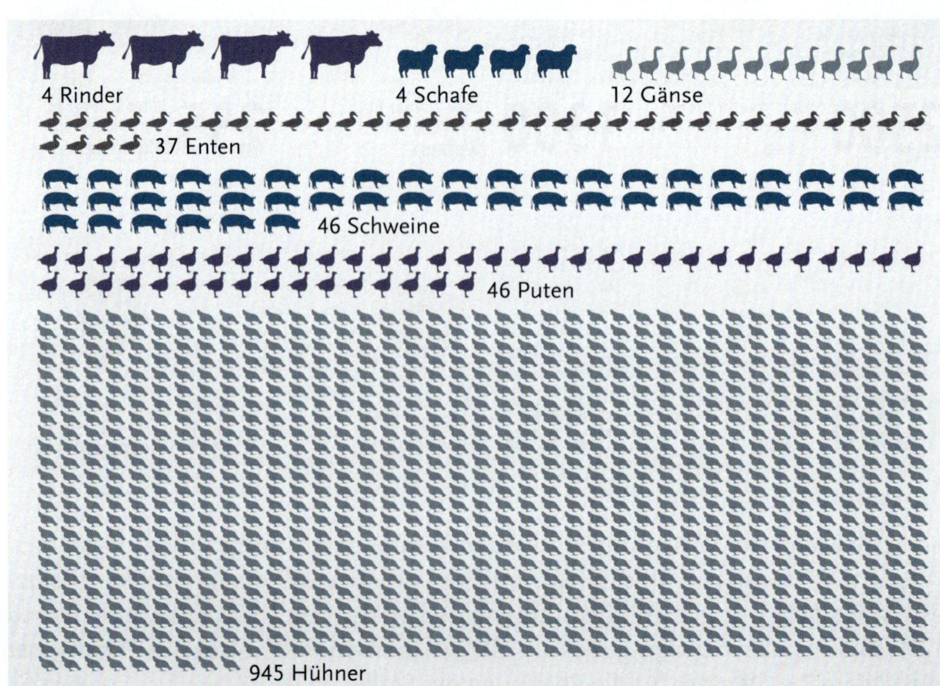

Mit der wachsenden Weltbevölkerung wird es immer schwieriger, alle Menschen mit tierischen Produkten zu ernähren. Hingegen haben wir genug Kapazitäten, alle Menschen mit pflanzlichen Produkten zu versorgen. Kühe, Hühner und Schweine fressen viel und nur ein kleiner Teil dieser Nahrung wird in Fleisch umgewandelt. Durchschnittlich werden zehn Kilo pflanzliches Eiweiß benötigt, um ein Kilo tierisches Eiweiß in Form von Fleisch zu gewinnen. Dies wird als Veredelungsverlust bezeichnet.

In der Europäischen Union werden jährlich 300 Mio. Rinder, Schafe und Schweine und vier Milliarden Hühner geschlachtet. Für Fische wird das Zehnfache geschätzt.

Die Art und Weise, wie wir heutzutage Tiere halten, ist zu überdenken. Die Tiere sollen so schnell wie möglich wachsen und so groß wie möglich werden, um profitabel zu sein. Sie werden in Ställen und Käfigen zusammengepfercht, was sie anfälliger für Krankheiten macht. Es werden ihnen daher Medikamente, vor allem Antibiotika verabreicht. Immer mehr Menschen lehnen Massentierhaltung ab und entscheiden sich dafür, weniger oder gar kein Fleisch mehr zu essen.

Pro Minute werden weltweit etwa 500 000 Landtiere getötet, etwa 98 Prozent stammen aus Massentierhaltung

Fleischkonsum wird stark von unserer Tradition und Gewohnheit bestimmt. Über die Jahrhunderte hat jede Kultur ihr eigenes Glaubenssystem entwickelt, das beeinflusst, welche Lebensmittel als geschmackvoll/essbar gelten. Warum essen wir einige Fleischarten wie selbstverständlich (in Europa z. B. Rind, Schwein und Huhn) und warum gilt anderes Fleisch als Tabu (Katze, Hund) bzw. schlicht als ekelerregend (Ratte, Meerschweinchen, Frosch)? Wenn man auf andere Kulturen schaut, sieht man, dass die Einteilung, welche Tiere essbar sind und welche nicht aus heutiger Sicht ziemlich willkürlich ist.

Der Begriff **Karnismus** beschreibt ein Glaubenssystem, das Tiere in die Kategorien „essbar" und „nicht essbar" einteilt. Er basiert auf Überzeugungen und der Annahme, dass das normal, natürlich und notwendig sei. Diese Überzeugungen erlauben den Fleisch essenden Menschen, sich von ihrem Mitgefühl für die betroffenen Tiere zu distanzieren. Den Begriff prägte Dr. Melanie Joy, eine US-amerikanische Psychologin.

⚠ Die Lebenserwartung von Kühen, Schweinen und Hühnern in Freiheit ist um ein Vielfaches höher als von Tieren, die in Massentierhaltung leben müssen.

Kühe in Freiheit

- Soziale Tiere, leben in Gruppen mit sozialer Hierarchie
- Lebenserwartung 20 oder mehr Jahre
- Starke Bande zwischen Mutter und Nachwuchs, nach einer Trennung rufen Kühe ihre Kälber wochenlang

Kühe in Massentierhaltung

- Kälber werden von der Mutter nach einigen Tagen oder direkt nach der Geburt getrennt und meist einzeln in Boxen gehalten; männliche Kälber werden gemästet, weibliche werden zu Milchkühen großgezogen.
- Es wird versucht, die Milchleistung pro Kuh (angegeben in Kilogramm Milch pro Jahr) zu steigern. In Österreich waren es 2014 rund 6 500 kg, was dem Durchschnitt innerhalb der EU entspricht. 2010 waren es mit rund 6 100 kg noch deutlich weniger. In Deutschland gibt jede Kuh sogar 8 400 kg Milch pro Jahr.
- Die Produktion von so vielen Litern führt zu Euterinfektionen und Schmerzen für die Milchkuh.
- Kühe werden künstlich besamt.
- Lebenserwartung von ein paar Monaten (für Kalbfleisch) bis zu einigen Jahren (Milchkühe)

Schweine in Freiheit

- Sind intelligenter als Hunde, mögen Stimulation und Herausforderung
- Sehr sauber, richten sich entfernt von Schlaf- und Futterplatz eine Toilette ein, baden in Staub und Schlamm
- Komplexes soziales Netzwerk
- Leben bis zu 15 Jahre

Schweine in Massentierhaltung

- Schwänze werden beschnitten, Zähne geschliffen, sie werden meist ohne Betäubung kastriert
- Säue werden in Gehegen für die Geburt fixiert, können keine soziale Bindung eingehen; werden permanent trächtig gehalten
- Mastferkel werden einige Monate alt, Säue einige Jahre
- Die Ställe sind häufig überfüllt und schmutzig

Hühner in Freiheit

- Lebenserwartung über 15 Jahre
- Komplexe soziale Hierarchie
- Sehr neugierig, in der Intelligenz vergleichbar mit Hunden
- Zeigen Nestbauverhalten

Hühner in Massentierhaltung

- Lebenserwartung eines Masthuhns rund zwei Monate
- Auf viel Brustfleisch gezüchtet, sodass ihre Knochen unter ihrem Gewicht brechen
- Leben in zu großen Gruppen, um soziale Netzwerke zu bilden
- Eierindustrie: Männliche Küken werden im Alter von einigen Stunden vergast oder geschreddert

Spüren Fische Schmerz?

Lange ist die Wissenschaft davon ausgegangen, dass Fische keine Schmerzen empfinden können. Kürzlich wurden Studien veröffentlicht, die Nozizeptoren u. a. bei Knochenfischen fanden, die Schädigungsreize weiterleiten. Es besteht ein Unterschied darin, Schmerz oder Stress bewusst zu empfinden oder Schmerzreize nur wahrzunehmen und weiterzuleiten. Letzteres wäre vergleichbar mit der Reaktion, die ein Mensch zeigt, wenn er eine heiße Herdplatte anfasst: Er zieht den Finger zurück, erst später wird der Schmerz wahrnehmbar. Die Nozizeption führt zu einer automatischen Reaktion, z. B. dass ein Fisch, der an der Angelleine hängt, zappelt, um sich aus der Situation zu befreien.

Schädigungsreize = freie sensorische Nervenendigungen.

> Rein wissenschaftlich reicht aber das Zappeln des Fisches an der Leine nicht, um von einer subjektiven Leidenserfahrung sprechen zu können. Über das Meide- und Lernverhalten von Fischen lassen sich Rückschlüsse auf das Schmerzempfinden ziehen. Hier gibt es eine Vielzahl von Untersuchungen, die belegen, dass Fische bewusste Erlebnisse speichern können, die sie dazu motivieren, gewisse Situationen zu suchen bzw. zu meiden.

Forellen sind bereit zu hungern, wenn die Futteraufnahme mit Schmerz verbunden ist. Außerdem wurde beobachtet, dass sie Stromstöße in Kauf nehmen, wenn sie bei Artgenossen bleiben dürfen.

Milchproduktion ohne zu schlachten?

Theoretisch kann Milch produziert werden, ohne Tiere zu töten. In der Realität geht es jedoch nicht ohne Schlachten. Eine Kuh gebiert ein Kalb und produziert Milch. Da die Milch aber zur industriellen Verwertung benötigt wird, wird das Kalb von der Mutter getrennt und mit Milchersatz großgezogen. Die Hälfte der Kälber ist männlich. Sie haben keinen Nutzen in der Milchproduktion und werden gemästet. Das Gleiche geschieht mit der Mehrheit der weiblichen Kälber, denn nur ein kleiner Teil von ihnen wird gebraucht, um Milchkühe zu ersetzen.

Obwohl eine Milchkuh unter natürlichen Bedingungen bis zu 30 Jahre alt werden und Milch für ihren Nachwuchs bis zum Alter von 14 Jahren produzieren kann, lebt die Durchschnittskuh in Europa nur fünf bis sechs Jahre

> Durch Zucht und Hormongaben kann eine moderne Kuh bis zu zehn Liter Milch in ihrem Euter haben, im Gegensatz zu zwei Litern unter „Normalbedingungen".

Ein großer Teil der Kühe wird das ganze Jahr über im Stall gehalten. Um Krankheiten vorzubeugen, ist der Einsatz von Antibiotika in der Viehhaltung weit verbreitet.

Eierproduktion ohne zu schlachten?

Für jedes weibliche Küken, das Eier legen kann, wird auch ein männliches Küken geboren. Das männliche Küken ist zur Produktion von Eiern nutzlos und wird kurz nach der Geburt getötet. Obwohl Käfighaltung mittlerweile in der EU verboten ist, sind auch die Haltungsbedingungen in der Bodenhaltung weit vom Optimum entfernt. Bodenhaltung bedeutet, dass die Hennen immer im Stall leben und sich einen Quadratmeter mit neun Hennen teilen müssen. Eine Sitzstange von 15 Zentimetern steht zur Verfügung. Diese engen Verhältnisse führen zu unnatürlichem und aggressivem Stressverhalten. Um die Tiere davon abzuhalten, sich zu verletzen, werden die Schnäbel gestutzt.

In der Geflügelindustrie werden massenweise männliche Küken kurz nach dem Schlüpfen getötet

3 Gesundheit

> *Auf einer Gesundheitsseite im Internet habe ich gelesen: „Essen ist mehr, als nur Hunger und Appetit zu stillen. Was wir als essbar definieren, hängt ab von der Gesellschaft und der speziellen Esskultur, in der wir leben, mit ihrer Symbolik und Geschichte der verschiedenen Nahrungsmittel." Klingt logisch …*

Diverse Studien zeigen, dass eine ausgewogen vegetarische Ernährung gesundheitsförderlich ist.

Kostformen

Vegetarische Kost	Omnivore Mischkost
Enthält mehr Folsäure, Ballaststoffe, Antioxidantien, sekundäre Pflanzenstoffe und Carotinoide.	Omnivore Kost enthält gegenüber vegetarischer Kost mehr gesättigte Fettsäuren, Cholesterin, Arachidonsäure, freie Radikale oder Purine.

Omnivor = Alles(fr)esser.

Arachidonsäure = gesättigte Fettsäure, die vor allem in tierischen Lebensmitteln vorkommt, besonders in Schweineschmalz; steht im Verdacht, entzündliche Krankheiten zu fördern.

Purine = Bestandteil vieler tierischer Lebensmittel; werden Purine nicht in ausreichender Menge ausgeschieden, entsteht Gicht.

Studien haben gezeigt, dass vegetarisch lebende Menschen seltener an Herzerkrankungen, hohem Blutdruck oder Diabetes Typ 2 leiden. Die Academy of Nutrition and Dietetics (A.N.D.) erklärt, dass eine entsprechend geplante vegetarische Ernährung (die voll vegetarische bzw. vegane Ernährung eingeschlossen) gesund ist, alle nötigen Nährstoffe zur Verfügung stellt und gesundheitliche Vorteile bezüglich der Prävention und der Behandlung bestimmter Krankheiten mit sich bringt. Die Expertinnen und Experten stellen darüber hinaus fest, dass ausgewogene vegetarische Ernährungsweisen für Personen aller Altersklassen geeignet sind, einschließlich Schwangerer, Stillender, Kleinkinder, Kinder, Jugendlicher und Athletinnen bzw. Athleten.

Eure Nahrungsmittel sollten Heilmittel und eure Heilmittel sollten Nahrungsmittel sein.
HIPPOKRATES, ca. 400 v. Chr.

Die A.N.D. (Academy of Nutrition and Dietetics) ist aus der American Dietetic Association (ADA) hervorgegangen.

Das Positionspapier dieser weltgrößten Organisation für Nahrung und Ernährungsfachleute finden Sie im digitalen Zusatzpaket.

Ebenso meint die Amerikanische Ärztekommission PCRM (The Physicians' Committee for Responsible Medicine, deutsch: Ärztekommission für verantwortungsbewusste Medizin): „Vegane Ernährung, die keine tierischen Produkte enthält, ist sogar gesünder als vegetarische Ernährung. Vegane Ernährung enthält kein Cholesterin und sogar weniger Fett, gesättigte Fettsäuren und Kalorien als vegetarische Ernährung, weil sie keine Milchprodukte und Eier enthält. Die wissenschaftliche Forschung zeigt, dass die gesundheitlichen Vorteile zunehmen, wenn die Menge der Nahrung aus tierischen Quellen in der Ernährung verringert wird."

Fakten bei verschiedenen Krankheiten

Herz-Kreislauf-Erkrankungen

Pflanzliche Ernährung ist vollständig frei von Cholesterin und arm an gesättigten Fetten, die die Hauptursache für Herzerkrankungen sind.

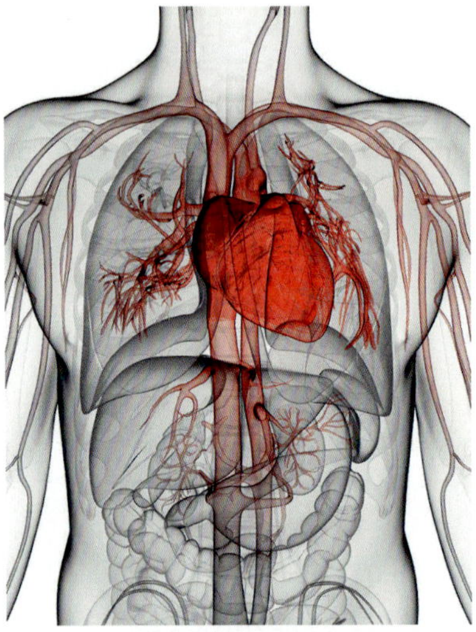

Das Lernvideo „Wie gesund ist vegane Ernährung" finden Sie unter folgendem Link:
www.vegucation.at/schulen

Diabetes

Studien belegen, dass der sicherste Weg, um Diabetes zu kontrollieren, ein Ernährungsplan ist, der viele komplexe Kohlenhydrate und wenig Fett enthält.

Krebs

Der Wechsel zu einer mehr pflanzenbasierten Ernährung senkt das Risiko für viele Krebsarten, vor allem Brust- und Darmkrebs. Der World Cancer Research Fund empfiehlt: „... vor allem Produkte auf pflanzlicher Grundlage zu essen, den Konsum von rotem Fleisch zu reduzieren und stark verarbeitetes Fleisch wie Wurstwaren und Gepökeltes zu meiden."

Weitere Erkrankungen

Daneben wirkt sich eine vegetarische oder vegane Lebensweise bei weiteren chronischen Erkrankungen in der Prävention und Therapie positiv aus; darunter Gicht, Rheumatoide Arthritis, Demenz und Nierenerkrankungen.

Gesundheitsförderliche Lebensweise

Als Basis für eine gesundheitsförderliche Lebensweise gilt:

- Eine abwechslungsreiche, ausgewogene Kost mit viel frischem Gemüse und Obst sowie vollwertigen, gering verarbeiteten Produkten
- Nährstoffdeckend zu essen und zwar nur so viel, wie man verbraucht – ausgeglichene Energiebilanz
- Lebensmittel mit einer hohen Nährstoffdichte bevorzugen

Aus **ernährungsphysiologischer Sicht** wird durch eine fleischfreie Ernährung auch die Fett- und Eiweißaufnahme verringert, was der Gesundheit zugutekommt, da die meisten Menschen von diesen Nährstoffen zu viel aufnehmen

Vegane Ernährungspyramide

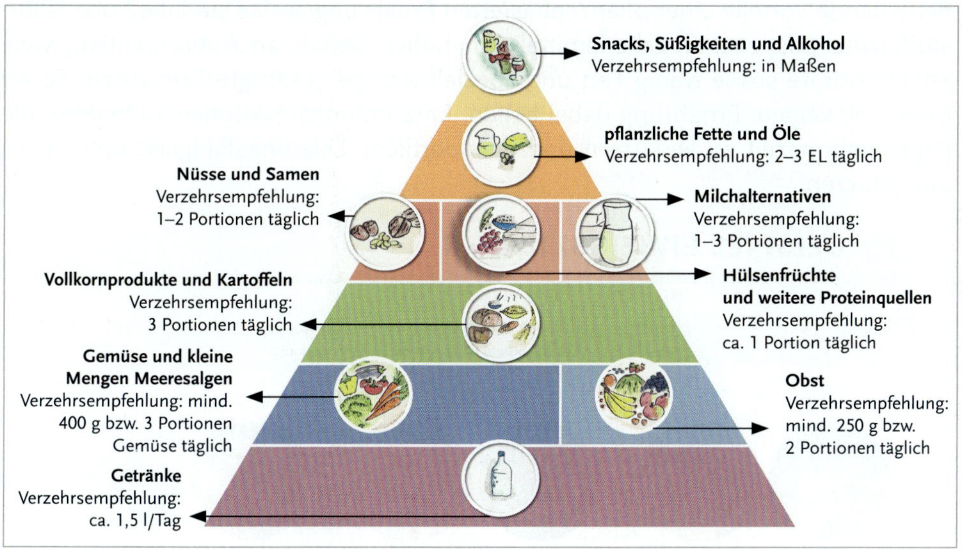

Die vegetarische Lebensmittelpyramide zeigt, wie viel man von welchen Nahrungsmitteln essen sollte

Gesundheitsförderliche Lebensweise durch

Obst und Gemüse

Obst und Gemüse stellen die Basis einer gesunden Ernährung dar, da sie uns zahlreiche Vitamine und Mineralstoffe, sekundäre Pflanzeninhaltsstoffe und Ballaststoffe liefern. Mindestens drei Portionen Gemüse und zwei Portionen Obst werden empfohlen. Vegan lebende Menschen verzehren im Schnitt mehr als diese Mindestvorgabe, was äußerst positiv zu beurteilen ist.

Getreide

Getreide ist für vegetarisch lebende Menschen eine gute Eiweißquelle. Bevorzugt werden sollte Vollkorngetreide, das auch komplexe Kohlenhydrate sowie einige bedeutsame Vitamine (besonders B-Vitamine) und Mineralstoffe liefert. Drei bis vier Portionen Kartoffeln und Getreide sollten täglich am Speiseplan stehen.

Hülsenfrüchte

Hülsenfrüchte (Erbsen, Bohnen, Kichererbsen, Linsen) liefern Ballaststoffe, B-Vitamine, Magnesium, Kalium und Eisen. Außerdem enthalten sie, genau wie Sojaprodukte und andere Fleischalternativen wie Seitan sowie Nüsse und Samen, viel Eiweiß. Zur Deckung des Kalziumbedarfs eignen sich dunkelgrüne Gemüse, Nüsse und Samen.

Öle und Fette

Hochwertige Öle und Fette enthalten essenzielle Fettsäuren und Vitamin E. Lein- und Rapsöl sind beispielsweise gute Quellen für Alpha-Linolensäure.

Flüssigkeit

Getrunken werden sollten täglich ein bis zwei Liter Wasser, Tee oder verdünnte Fruchtsäfte. Kalziumreiche Mineralwässer sind zu bevorzugen.

Sport und Bewegung, im Ausmaß von mindestens 30 Minuten am Tag, sind für die Gesundheit essenziell. Snacks, Alkohol und Süßigkeiten sind für eine gesunde Ernährung nicht notwendig, sie können aber in Maßen durchaus genossen werden.

Für einen gemütlichen, veganen Filmabend eignen sich Dokus wie The Game Changers! Mehr Inspiration finden Sie unter
www.vegan.at/dokus
www.vegan.at/netflix
www.vegan.at/webinare

Ernährung und Sport

Ernährung spielt eine entscheidende Rolle für sportliche Leistungen. Sowohl für den Muskelaufbau als auch beim Ausdauertraining ist es wichtig, dass der Körper mit allen notwendigen Nährstoffen optimal versorgt wird und die Kalorienzufuhr stimmt. Dass diese speziellen Anforderungen durch eine gut geplante veganen Ernährung besonders leicht erfüllt werden können, erkennen immer mehr Hochleistungssportler/innen: Tennisprofi Novak Doković und Formel-1-Fahrer Lewis Hamilton setzen ebenso auf pflanzliche Kost wie Extrembergsteigerin Gerlinde Kaltenbrunner oder Patrik Baboumian, der stärkste Mann Deutschlands von 2011.

Bedeutende Vorteile einer pflanzenbasierten Ernährungsweise sind die hohe Nährstoffdichte pflanzlicher Lebensmittel, ein hoher Gehalt an Antioxidantien, viele Kohlenhydrate sowie wenig Fett und speziell wenige gesättigte Fettsäuren. Somit kann eine vegane Ernährung dabei helfen, Entzündungsreaktionen zu lindern, die Regenerationszeit zu verkürzen und die sportliche Leistungsfähigkeit optimal zu unterstützen.

BEISPIEL EIWEISSZUFUHR

Ein 70 kg schwerer Hobbysportler benötigt 56 g Eiweiß pro Tag.
Mit folgenden Lebensmitteln ist sein Bedarf bereits gedeckt:

50 g Haferflocken (6,5 g Eiweiß) + 300 ml Sojamilch (10 g Eiweiß)

200 g Kartoffeln (4 g Eiweiß) + 90 g Linsen (21,1 g Eiweiß)

150 g Vollkornbrot (9 g Eiweiß) + 50 g Hummus (5,5 g Eiweiß)

Kritische Fragen zur pflanzenbasierten Ernährung

Oft gestellte Fragen sind u. a.:

Enthält pflanzenbasierte Nahrung genug Protein?

Unser Körper braucht Proteine als Bausteine von u. a. Muskeln und Enzymen. Empfohlen werden 0,8 Gramm Protein pro Kilogramm Körpergewicht. Dieser Bedarf lässt sich auch über eine pflanzenbasierte Kost ausreichend decken. Die kleinsten Moleküle der Proteine nennt man Aminosäuren (AS). Es gibt acht AS, die wir aus unserer Nahrung bekommen müssen, weil unser Körper sie nicht selbst herstellen kann. Diese nennt man essenzielle Aminosäuren (EAS).

Es gibt besonders nahrhafte pflanzliche Lebensmittel, die alle acht essenziellen Aminosäuren in nennenswerter Menge enthalten. Das sind Hanf und Soja.

Alle pflanzlichen Nahrungsmittel enthalten Aminosäuren, die unser Körper verwerten kann, und viele pflanzliche Nahrungsmittel haben sogar einen höheren Proteingehalt in der Trockenmasse als viele tierische Nahrungsmittel. Daher lässt sich der Proteinbedarf eines normal aktiven Menschen leicht über pflanzliche Quellen decken. Dabei kommt es auf die Kombination von Proteinen an. Hier spielt die biologische Wertigkeit eine große Rolle.

Trockenmasse = Bestandteil eines Lebensmittels, der übrig bleibt, wenn man das enthaltene Wasser abzieht.

Die **biologische Wertigkeit** eines Nahrungsproteins drückt aus, inwiefern dessen Aminosäuremuster dem Aminosäurebedarf unseres Organismus entspricht. Je höher die Übereinstimmung, desto weniger Proteine müssen über die Nahrung aufgenommen werden.

Wie gesund ist Soja?

Nach derzeitigem Stand der Wissenschaft hat der Konsum von Sojaprodukten mehr positive als mögliche negative Gesundheitsauswirkungen. Traditionelle Sojaprodukte, wie Tofu und Tempeh, enthalten überwiegend einfach und mehrfach ungesättigte Fettsäuren. Ihr Verzehr wirkt sich positiv auf den Blut-Cholesterinspiegel aus. Unabhängig davon weist Sojaprotein einen leichten LDL-Cholesterin-senkenden Effekt auf. Beides wirkt sich günstig auf das Risiko für Herz-Kreislauf-Erkrankungen aus.

Der Verzehr von Sojaprodukten wird in vielen Studien mit einem verringerten Risiko für Prostatakrebs assoziiert. Darüber hinaus gibt es Hinweise, dass Sojakonsum das Osteoporoserisiko reduziert und sich günstig auf die Knochenmineraldichte auswirkt. Die Studienlage weist außerdem darauf hin, dass Sojaprodukte Wechseljahrbeschwerden lindern können.

Das im Blut befindliche Cholesterin setzt sich aus dem LDL- und dem HDL-Cholesterin zusammen. **LDL-Cholesterin** gilt als Blutfett, das maßgeblich für die Entwicklung von Gefäßverkalkung verantwortlich ist. Dem HDL-Cholesterin wird hingegen eine gefäßschützende Wirkung zugeschrieben, da es Cholesterin aus den Geweben aufnimmt und zur Leber zurückbringt.

Sind Fleischalternativen gesund?

Basisprodukte auf pflanzlicher Basis wie Tofu, Hülsenfrüchte, Tempeh oder Seitan enthalten kein Cholesterin, weniger gesättigte Fettsäuren und sind gering bis gar nicht verarbeitet. Es werden jedoch auch zum Teil stark verarbeitete Produkte, also Convenience-Food, angeboten. Dies sind Soja-Schnetzel (= texturiertes Soja), Burger, Würstchen, Nuggets u. v. m. Diese Produkte können viel Fett und Salz enthalten.

Wie gesundheitlich zuträglich ein Lebensmittel ist, kommt immer auf die verzehrte Menge an. Ein- bis zweimal pro Woche Fleischalternativen zu verwenden, ist in einem maßvollen Rahmen.

Sojaburger

FAQ – die am häufigsten gestellte Frage:

Ist man als vegetarisch und/oder vegan lebender Mensch mit allen lebenswichtigen Stoffen versorgt?

Frische pflanzliche Nahrungsmittel enthalten ausreichend Mikronährstoffe und sind reich an sekundären Pflanzenstoffen. Trotzdem gibt es einige Stoffe, die bei einer einseitigen Ernährung fehlen könnten. Dazu zählen Eisen, Jod, Vitamin B_{12}, Vitamin D und Omega-3-Fettsäuren.

Unser Körper bildet nach UV-Bestrahlung das wichtige Vitamin D

Die Übersichtstabelle zeigt, in welchen Lebensmitteln welche Nährstoffe vorhanden sind.

Inhaltsstoffe	Funktion	Lebensmittel	Bemerkung
Jod	Jod ist Bestandteil der Schilddrüsenhormone, die eine wichtige Rolle für das Wachstum und die Zellteilung spielen. Sie beeinflussen die Entwicklung von Knochen und des Gehirns und den Stoffwechsel.	▪ Algen ▪ Jodiertes Speisesalz	Einige Algen enthalten viel Jod (Packungsbeilage beachten!)

Eisen	Der menschliche Körper braucht Eisen, um Sauerstoff zu den Zellen zu transportieren. Eisen dient der Blutbildung und dem Immunsystem und ist wichtiger Bestandteil verschiedener Enzyme und Hormone im Körper. Der durchschnittliche Tagesbedarf eines Erwachsenen liegt bei 10–15 mg.	▪ Vollgetreide, Hülsenfrüchte, Nüsse, Ölsamen, Gemüse (Fenchel, Vogerlsalat, Rucola, Zucchini, grüne Erbsen, Spinat), Trockenfrüchte (Pfirsich, Marille, Dattel)	▪ Vitamin C verbessert die Eisenaufnahme ▪ Kaffee, Tee, Soja- und Milchprodukte sowie Eier hemmen die Eisenaufnahme
Vitamin B_{12}	Notwendig für eine gesunde Funktion des Nervensystems, für die Blut- und DNA-Bildung sowie für die Zellteilung. Vitamin B_{12} wird von Bakterien gebildet und Tierprodukten massiv zugesetzt. Der erwachsene Mensch benötigt 3 µg pro Tag.	▪ Sichere Nahrungsquellen stellen nur angereicherte Lebensmittel wie Sojadrinks dar ▪ Angereicherte Zahnpasta (2 x tgl. putzen) oder Nahrungsergänzungsmittel können verwendet werden	▪ Wird von Mikroorganismen gebildet und kommt in pflanzlichen Lebensmitteln kaum vor. Weitere Informationen auf: www.vegan.at/vitaminb12
Vitamin D	Wichtig für die Kalziumaufnahme, für gesunden Knochenaufbau und die Regelung der Kalziumkonzentration im Blut. Erwachsene benötigen täglich 20 µg Vitamin D.	Geringe Mengen in Speisepilzen und Avocados 	▪ Durch Sonneneinstrahlung findet eine Eigensynthese in der Haut statt ▪ In der Regel kann hierzulande der Vitamin-D-Bedarf in den Monaten April bis September durch kurze Aufenthalte (15 min) in der Sonne zwischen 10 und 15 Uhr gedeckt werden ▪ In den Wintermonaten kann ein Vitaminpräparat (Vitamin D3) die Versorgung unterstützen
Omega-3-Fettsäuren	Wirken präventiv gegen Herz-Kreislauf-Erkrankungen, sind gut für Gefäße und fördern die Durchblutung. Außerdem sind sie essenziell für gesunde Körperfunktionen wie die Entwicklung des Gehirns. Der Bedarf liegt bei ca. 0,2–0,6 % der Tagesenergie eines Erwachsenen.	▪ Alpha-Linolensäure in pflanzlichen Ölen wie Lein-, Hanf-, Walnuss- und Rapsöl, Nüsse (besonders Walnüsse), Chiasamen ▪ bestimmte Algen	▪ Leinöl kühl und dunkel lagern!
Kalzium	Kalzium spielt v. a. für Knochen und Zähne im menschlichen Körper eine wichtige Rolle. Es kommt dort zu 99 Prozent vor und hält sie gesund, macht sie stärker und dichter. Der durchschnittliche Tagesbedarf für Kalzium beträgt ca. 1 000 mg.	▪ Tahin/Sesam (1 000 mg/125 g) ▪ Kalziumreiches Mineralwasser (1 000 mg/ca. 1,2 l) ▪ Grünes (Blatt-)Gemüse	Früchte sind reiche Quellen für Vitamine. Blattgemüse, Hülsenfrüchte, Nüsse bzw. Saaten und Getreide sind reich an Mineralstoffen.
Protein	Um zu wachsen und für „Reparaturarbeiten" braucht der Körper Protein. Proteine sind als Hauptbestandteile in allen Zellen des Körpers zu finden. Die meisten pflanzenbasierten Lebensmittel beinhalten Proteine. Empfohlen werden 0,8 g/kg Körpergewicht: Bei einem Körpergewicht von 70 Kilo sind das also ca. 56 Gramm Protein pro Tag.	▪ Vollkorngetreide ▪ Soja ▪ Hülsenfrüchte ▪ Erdnüsse	

Zink	Wichtig für die Aufrechterhaltung des Immunsystems und des Säure-Basen-Haushalts, antioxidative Abwehr, Wundheilung, Zellteilung und Wirkung verschiedener Hormone; 7–10 mg pro Tag.	■ Kürbiskerne ■ Soja ■ Haferflocken ■ Paranüsse

Unverträglichkeiten und Allergene betreffen alle Menschen. Unter vegetarisch und vegan lebenden Menschen gibt es beispielsweise ebenso viele, die glutenfrei essen, wie unter Personen, die eine Mischkost bevorzugen.

Auch ist es ein weit verbreiteter Irrtum, dass pflanzenbasierte Nahrung für Sportlerinnen und Sportler nicht genug Energie liefern würde. Die Makronährstoffe, das sind Kohlenhydrate, Proteine und Fette, geben die Energie. Und es ist egal, ob sie tierischen oder pflanzlichen Ursprungs sind.

Werden Sie Expertin und Experte!

- Vegetarische/vegane Interessensvertretungen im deutschsprachigen Raum: www.vegan.at
- Assoziation ökologischer Lebensmittel: www.aoel.org
- Ökologischer Fussabdruck: http://www.mein-fussabdruck.at/
- Ökolandbau – Informationsportal der Bundesanstalt für Landwirtschaft und Ernährung (BLE): www.oekolandbau.de
- Future Food Portal: www.futurefood.org
- Institut für alternative und nachhaltige Ernährung: www.ifane.org
- Verbraucherinitiative e.V.: www.verbraucher.org
- World Health Organisation (WHO): www.who.int
- Zahlen, Fakten und Statistiken, Statistik Austria: www.statistik.at
- Food and Agriculture Organisation(FAO): http://www.fao.org/livestock-environment/en/

Ziele erreicht? – „Beweggründe Ihrer Gäste“

KOMPETENZ-ERWERB

1. Kreuzen Sie in der Tabelle an, ob die Aussage stimmt oder nicht stimmt.

Aussage	Stimmt	Stimmt nicht
Die Basis einer gesunden Ernährung ist eine ausgewogene, abwechslungsreiche Lebensmittelauswahl.		
Die Produktion von Rindfleisch setzt 43-mal so viel CO_2-Äquivalente frei wie der Anbau von Gemüse.		
Pflanzenbasierte Nahrung liefert für Sportlerinnen und Sportler nicht genug Energie.		
Rund die Hälfte der weltweit konsumierten Speisefische kommt aus Zuchtanlagen.		

2. Beschreiben Sie alle Aspekte, die im Zusammenhang mit „Tier und Ethik“ stehen. Stellen Sie sittliche und moralische Grundsätze auf.

3. Diskutieren Sie folgende Aussage: „35 Prozent der weltweiten Getreideproduktion werden als Futtermittel verwendet.“

4. Wie gesund ist Soja? Beschreiben Sie die Inhaltsstoffe. Gehen Sie dabei auch auf den Begriff Cholesterin ein.

5. Ist man als vegetarisch und/oder vegan lebender Mensch mit allen lebenswichtigen Stoffen versorgt?

6. Die vegetarische Lebensmittelpyramide zeigt, wie viel man von welchen Nahrungsmitteln essen sollte. Beschreiben Sie die einzelnen Stufen aus ernährungsphysiologischer Sicht.

- Obst und Gemüse
- Getreide
- Hülsenfrüchte
- Öle und Fette
- Getränke

7. Beschreiben Sie die Funktion der einzelnen Inhaltsstoffe und geben Sie an, in welchen Lebensmitteln die Stoffe enthalten sind.

	Funktion	**Lebensmittel**
Jod		
Eisen		
Vitamin B_{12}		
Vitamin D		
Omega-3-Fettsäuren		
Kalzium		
Protein		
Zink		

Nachhaltigkeit in der Küche

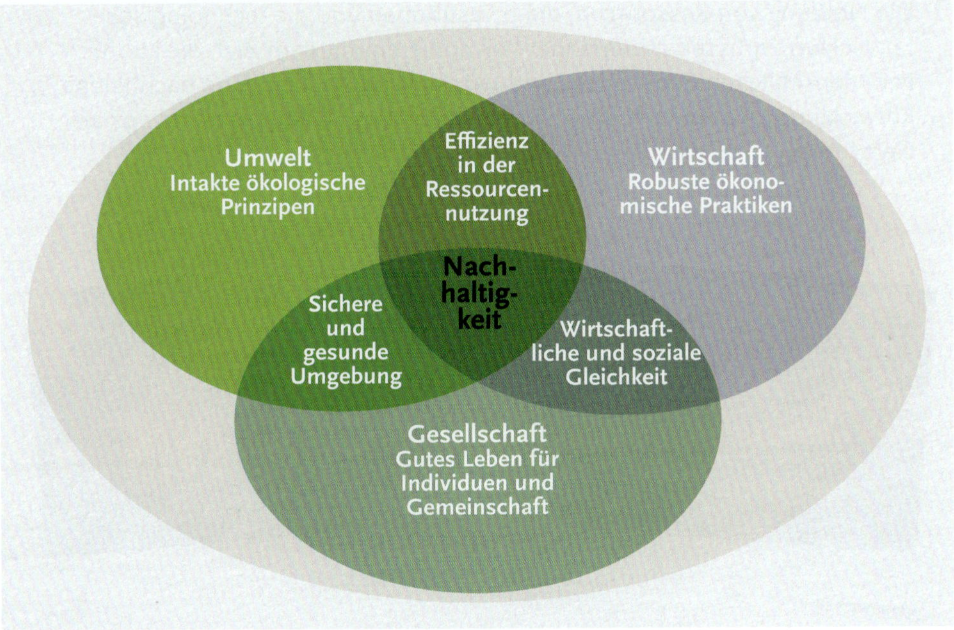

Der Begriff der Nachhaltigkeit wurde im Jahr 1987 von der Weltkommission für Umwelt und Entwicklung der Vereinten Nationen geprägt. Ihr Konzept einer nachhaltigen Entwicklung definiert die integrative ökologische Gerechtigkeit und stellt die Forderung nach einer ganzheitlichen Veränderung auf.

Fast alles, das wir für unser Leben benötigen oder glauben, benötigen zu müssen, verbraucht viele Rohstoffe. Darum sollten Sie beim Einkauf für Ihre Küche überlegen, welche Ressourcen hinter den Lebensmitteln stehen. Bevorzugen Sie daher pflanzliche Lebensmittel, da sie einen bedeutsam kleineren ökologischen Fußabdruck haben. Außerdem sollten Sie bevorzugt mit saisonalen und regionalen Lebensmitteln kochen. Sparsam und effizient mit den Ressourcen umzugehen, ist für eine nachhaltige Entwicklung von Umwelt, Wirtschaft und Gesellschaft wichtig – für uns und für die nächste Generation.

Die Idee der Nachhaltigkeit stammt aus der Forstwirtschaft – es darf nicht mehr Holz gefällt werden, als nachwachsen kann.

Meine Ziele

Nach Bearbeitung dieses Kapitels kann ich

- definieren, was nachhaltige Entwicklung bedeutet;
- Kriterien zur Nachhaltigkeit nennen;
- die Dimensionen nachhaltiger Ernährung erkennen;
- Tipps geben, wie man nachhaltiger leben kann.

Nachhaltige Entwicklung ist eine Entwicklung, die die Bedürfnisse der Gegenwart befriedigt, ohne zu riskieren, dass künftige Generationen ihre eigenen Bedürfnisse nicht befriedigen können.

Ökologie = das Ziel ist es, die Umwelt nur so weit zu verschmutzen, dass sie sich selbst wieder regenerieren kann.

Ökonomie = das System gibt nicht mehr aus, als es sich leisten kann.

Soziale Gerechtigkeit = umfasst auch Themen wie Menschenrechte, Gemeinschaftsentwicklung und Arbeitsrechte.

Die Nutzung von Ressourcen, die Investitionen und die technologische Entwicklung müssen miteinander harmonieren mit dem Ziel, die künftigen menschlichen Bedürfnisse und Wünsche zu erfüllen. Eine nachhaltige Entwicklung ist demnach die Vision, Ökologie mit Ökonomie und sozialer Gerechtigkeit in Einklang zu bringen.

Wie wollen wir das den nächsten Generationen erklären?

Unser Konsumverhalten hat eine direkte Auswirkung auf die Wirtschaft, die Umwelt und das Klima. Durch unser Einkaufsverhalten können wir eine nachhaltigere Lebensweise führen.

Ökologischer Fußabdruck

Unser „Nahrungsfußabdruck" umfasst neben Energie und Transport im Allgemeinen ein Drittel unseres Gesamtfußabdrucks

Darunter versteht man jene Fläche, die von einem Individuum benötigt wird, um dessen Lebensstil und Lebensstandard unter den heutigen Produktionsbedingungen langfristig zu ermöglichen.

Der Mensch benötigt Rohstoffe zum Essen, Wohnen, Reisen usw. Diese Rohstoffe benötigen Platz zum Wachsen. Wir verbrauchen Fläche und Energie, um unsere Abfälle abzubauen. Die Fläche, die notwendig ist, um das entstandene CO_2 zu absorbieren, nennt man den ökologischen Fußabdruck.

Aufgabenstellung

- Berechnen Sie den ökologischen Fußabdruck Ihres Lieblingsgerichtes. Geben Sie die Zutaten unter http://vegucation.eu/de/media/klimarechner ein und der Kalkulator rechnet die benötigte Menge an CO_2 aus.
  Beispiel: Ein Hauptgericht bestehend aus 50 Gramm Reis (aus China), 200 Gramm frischen Tomaten (aus Spanien) und 150 Gramm Rindfleisch (argentinisches Steak, TK) hat einen Fußabdruck von 2,4 kg CO_2.

  Schauen Sie sich die Tabelle an und überlegen Sie Möglichkeiten, wie Sie einzelne Bestandteile ersetzen können. Errechnen Sie den ökologischen Fußabdruck erneut.

Die Gegenüberstellung zeigt, dass der Fußabdruck durch einen Verzicht auf Fleisch und den Verzehr von regionalem, saisonalem Gemüse enorm reduziert werden kann.

Wechsel von	zu	ökologischer Fußabdruck
Fleisch	Vegetarisch	–40 %
Nicht-biologisch	Biologisch	–15 %
Nicht-saisonal	Saisonal	–15 %
Gemüse exotisch	Gemüse lokal/regional	–4 % bis –28 %*
Gemüse europäisch	Gemüse lokal/regional	– 1%

* Stark abhängig vom Transportmittel (Schiff, Flugzeug, LKW...)

Tofu
2 kg CO_{2eq} –96%

Rindfleisch
50 kg CO_{2eq}

(Angaben pro 100 g Protein)

Sojamilch
1 kg CO_{2eq} –67%

Quelle: Poore & Nemecek (2018)

Kuhmilch
3,2 kg CO_{2eq}

(Angaben pro 1 l Lebensmittel)

Dimensionen nachhaltiger Ernährung

Biologische Produkte wählen: Biologische Landwirtschaft verbraucht weniger Energie und es werden weniger Treibhausgase produziert. Im biologischen Anbau dürfen keine Pestizide, keine gentechnisch veränderten Organismen und kein künstlicher Dünger verwendet werden. Oft wird Fruchtfolgeanbau betrieben, der den Boden weniger auslaugt. Somit ist dieser in der Lage CO_2 zu binden, anstatt es in die Atmosphäre abzugeben.

Lokale, saisonale Lebensmittel kaufen: Im Winter Tomaten zu kaufen und Mangos einfliegen zu lassen, gibt in der Küche zwar viel Freiheit, doch unterstützen Sie damit keine nachhaltige Entwicklung. Die Tomaten werden in beheizten Gewächshäusern angebaut, die Mangos eingeflogen. Bananen sind bedingt unproblematischer. Sie werden mit Schiffen transportiert und das Schiff verursacht gegenüber dem Flugzeug weniger CO_2-Emissionen.

Am besten ist lokal und saisonal angebautes Obst und Gemüse, geschmacklich sowieso. Erntekalender geben an, welches Obst und Gemüse wann in Ihrer Region Saison hat.

Produkte aus Pflanzen bevorzugen und den Fleischverbrauch reduzieren

Fair-Trade-Produkte nutzen: Unter welchen Bedingungen exotische Produkte, wie Kaffee, Schokolade oder Mangos, hergestellt werden, wissen wir nicht. Die Idee von fairem Handel ist, dass Güter auf eine ökonomische und sozial faire Art und Weise gehandelt werden. Den Bäuerinnen und Bauern wird genug bezahlt und die Arbeitsbedingungen sind sicher, z. B. dürfen keine lebensbedrohlichen Gifte eingesetzt werden.

Alte, regionale Sorten wiederentdecken: Der Begriff **Biodiversität** (biologische Artenvielfalt) bezieht die Wiederentdeckung und Pflege alter Sorten und Arten ein – nicht nur von Nutzpflanzen. Es gibt etwa 30 000 essbare Pflanzenarten, für die menschliche Ernährung spielen aber nur knapp 150 eine bedeutende Rolle. Das könnte sich ändern!

Abfall vermeiden: Im Großhandel sind viele Lebensmittel auch ohne Verpackung zu kaufen.

Außerdem ist die Küche gefordert, alle Teile eines Produktes zu verarbeiten. Werden Sie kreativ und verwenden Sie auch die „weniger beliebten" Teile. Das führt nicht nur zu einer Abfallvermeidung und Energieeinsparung, sondern spart auch zusätzlich Geld.

Ziele erreicht? – „Nachhaltigkeit in der Küche"

KOMPETENZ-ERWERB

1. Kreuzen Sie in der Tabelle an, ob die Aussage stimmt oder nicht stimmt.

Aussage	Stimmt	Stimmt nicht
Fair-Trade-Produkte sind Produkte, die unter sicheren Arbeitsbedingungen hergestellt wurden.		
Auch bei konventionell angebauten Lebensmitteln darf kein künstlicher Dünger verwendet werden.		
Abfallvermeidung hilft, Energie zu sparen.		
Biodiversität ist die Erhaltung der biologischen Artenvielfalt.		

2. Beschreiben Sie den Zusammenhang zwischen ökologischer, ökonomischer und sozialer Dimension von Nachhaltigkeit.
3. Geben Sie die Definition von nachhaltiger Entwicklung an.
4. Beschreiben Sie den Begriff „ökologischer Fußabdruck". Geben Sie ein Rezeptbeispiel aus Ihrer Küche an und gehen Sie darauf ein, unter welchen Bedingungen der Fußabdruck reduziert werden kann.
5. Ergänzen Sie die Dimensionen nachhaltiger Ernährung:

- Produkte aus Pflanzen be ________ und den ________ re ________
- Bio ________ Pro ________ wählen
- L ________ , s ________ Lebensmittel kaufen
- F ______ -T ______ -Produkte nutzen
- Alte, ________ Sorten wiederentdecken
- Ab ________ vermeiden

6. Interpretieren Sie die beiden Schaubilder und schreiben Sie Ihre Gedanken nieder. Gehen Sie dabei auch darauf ein, ob moralische Gründe und/oder Imagegründe für Nachhaltigkeit ausschlaggebend sein können.

Kaffee-Ernte in Nicaragua durch Kinderhände

7. Welche Rolle spielt der Konsum von Fleisch bzw. von tierischen Lebensmitteln in Hinblick auf die Nachhaltigkeit unserer Ernährung?

Zertifizierung und Gütesiegel

Viele Produkte tragen sogenannte „Labels" oder Zertifikate, die auf bestimmte Eigenschaften, die Herkunft oder Produktionsbedingungen hinweisen. Diese Gütesiegel zu interpretieren und abzuwägen, ist für den Wareneinkauf unabdingbar. Gäste legen z. B. inzwischen großen Wert auf biologische oder fair gehandelte Produkte. Wenn Sie bestimmte Siegel kennen, wird es für Sie einfacher sein, sich bewusst für Produkte und Lebensmittel zu entscheiden, die Sie einkaufen und benutzen möchten.

Werden Sie Expertin und Experte!
Folgende Seiten helfen Ihnen dabei:

- www.fairtrade.net
- www.oekolandbau.de/bio-siegel
- www.v-label.eu
- www.vegan.at/inhalt/firmen

Meine Ziele

KOMPETENZ-ERWERB

Nach Bearbeitung dieses Kapitels kann ich

- sagen, was ein Gütesiegel ist;
- nationale, internationale und europäische Siegel erkennen und deren wichtigste Inhalte und Anforderungen nennen;
- im Gespräch mit Gästen den Unterschied zwischen verlässlichen und fragwürdigen Gütesiegeln erläutern.

EU-Siegel „geschützte Herkunftsbezeichnung“: Das Zeichen garantiert zum Beispiel bei einem hochwertigen Olivenöl, dass die Oliven ausschließlich aus einer bestimmten Region stammen.

Glutenfrei-Siegel für Zöliakiepatientinnen und -patienten

Allgemeines

Siegel sind Zeichen der Qualität, meist zu erkennen durch klare Symbole, die unseren Gästen helfen sollen, herauszufinden, ob ein Produkt bestimmte Eigenschaften hat. Zum einen weisen sie auf qualitativ hochwertige Zutaten hin, zum anderen können sie Informationen über Herkunft, fairen Handel, Tierschutz und ökologischen Hintergrund geben.

Vegetarisch-vegane Siegel

Es ist eine herausfordernde und oft zeitaufwendige Aufgabe, von Zutatenlisten von Lebensmitteln bzw. verarbeiteten Produkten abzulesen, ob Tierprodukte verwendet wurden. Deshalb sind Siegel sehr hilfreich. Die folgenden Siegel werden in vielen Ländern Europas und darüber hinaus benutzt.

Siegel

V-Label

- Standardisiertes Siegel der European Vegetarian Union für vegetarische und vegane Produkte und Dienstleistungen
- Bekanntestes Gütesiegel, das in allen Supermärkten zu finden ist.
- Zum ersten Mal 1996 in der Schweiz auf Packungen vegetarischer Lebensmittel benutzt
- Es gibt zwei Varianten: vegan und vegetarisch
- Standards sind ähnlich wie die der Veganblume, zusätzlich dürfen Produkte mit V-Label die Kennzeichnung „gentechnisch veränderte Organismen enthalten“ nicht aufweisen
- Vegetarische Produkte mit V-Label dürfen keine Eier von Hennen aus Käfighaltung enthalten und keine Milchprodukte mit tierischem Lab.

Vegan Trademark (Veganblume)

Eingetragenes Markenzeichen, vergeben von der Vegan Society; vor allem für Nahrungsmittel und Kosmetik.

Gekennzeichnete Produkte

- enthalten keine Tierprodukte (weder vom lebenden noch vom toten Tier),
- werden nicht mithilfe von Tierprodukten hergestellt (z. B. Gelatine zum Filtern von Saft, Wein oder Essig),
- wurden nicht an Tieren getestet,
- enthalten keine Tierzellen (in Fällen genetischer Manipulation).

Bio-Siegel

- Für biologisch angebaute Produkte; seit dem 1. Juli 2010 verpflichtend, um biologische Produkte leichter erkennbar zu machen
- Biologische Zutaten in anderen Nahrungsmitteln können auch als solche in der Zutatenliste angeführt werden
- Begriffe wie „biologisch angebaut“ und „biologisch“ sind per Gesetz geschützte Begriffe in der EU und dürfen nur für biologische Produkte verwendet werden
- Jede Nation hat ihre eigenen Bio-Siegel; um den Handel mit diesen Produkten zu erleichtern, wurde ein einheitliches Siegel eingeführt, das seit dem 1. Juli 2012 für alle Länder der EU verbindlich ist

Bio-Anbauverbände

- Mindeststandard von Bioprodukten entspricht den Richtlinien der EG-Öko-Verordnung
- Darüber hinaus haben sich einige für sehr viel strengere Qualitätskriterien entschieden
- Die bekanntesten Verbände sind Demeter, Bioland und Naturland (Deutschland), AMA (Österreich)

Da jede Firma und Organisation ihre eigenen Siegel entwickeln und ihre Produkte damit kennzeichnen kann, gibt es eine riesige Anzahl von Gütesiegeln unterschiedlichster Zuverlässigkeit.

EU-Bio-Logo

Das EU-Bio-Logo garantiert, dass

- wenigstens 95 Prozent der Zutaten aus biologischem Anbau stammen,
- einmal pro Jahr ein Kontrollbesuch bei jedem Hersteller vorgenommen wird,
- landwirtschaftliche Nutztiere freien Auslauf haben und artgemäß gefüttert werden,
- die Produkte keine genmanipulierten Inhaltsstoffe enthalten (maximal 0,9 % gentechnisch verändertes Material wird akzeptiert),
- keine chemischen Pestizide, chemisch-synthetischen Düngemittel und Antibiotika verwendet werden,
- die Verwendung von Lebensmittelzusatzstoffen und Hilfsstoffen stark begrenzt ist,
- aktiver Umwelt-, Natur- und Artenschutz betrieben wird,
- die natürlichen Lebensgrundlagen Boden, Wasser und Luft geschont und die Bodenfruchtbarkeit erhalten werden,
- schonend mit den Energie- und Rohstoffvorräten umgegangen wird.

Fairtrade

Seit 2002 steht das Fairtrade-Siegel für fair gehandelte Güter. Sein Ziel ist es, benachteiligte Arbeiterinnen und Arbeiter in Afrika, Asien und Lateinamerika zu unterstützen und ihre Lebens- und Arbeitsbedingungen durch fairen Handel zu verbessern. Die gemeinnützige Organisation TransFair e. V., die das Fairtrade-Siegel vergibt, unterstützt Produzenten darin, Armut zu überwinden, ihre Position auf dem Markt zu stärken und ihr eigenes Leben zu gestalten. Finanzen, Ökologie und Sozialstandards stellen dabei die drei wichtigsten Säulen dar und repräsentieren die Regeln von fairem Handel.

FAIRTRADE

Zusammenfassend lässt sich Folgendes sagen:

- Gütesiegel liefern Informationen über Herkunft, fairen Handel, Tierschutz, ökologischen Hintergrund und andere Qualitäten.
- Die meisten Siegel haben leicht identifizierbare Symbole. Sie sollen helfen herauszufinden, ob ein Produkt bestimmte Merkmale hat.
- Jede Firma kann ein Gütesiegel kreieren. Prüfen Sie aber den Verlässlichkeitsgrad jedes Siegels.
- Vier Siegel spielen in der pflanzenbasierten Küche eine große Rolle, und zwar die Veganblume, das V-Label, das Bio-Siegel und das Fairtrade-Siegel. Waren mit diesen Zeichen garantieren ethische Standards für Tiere, Menschen und die Umwelt. Es handelt sich um eine geprüfte Qualität, auf die Sie sich verlassen können.

Ziele erreicht? – „Zertifizierung und Gütesiegel"

KOMPETENZ-ERWERB

1. Ordnen Sie die Labels den Bezeichnungen zu, indem Sie die passenden Nummern in die Kästchen schreiben.

1 — 2 VEGAN — 3 BIO nach EG-Öko-Verordnung — 4 — 5 VEGETARISCH — 6

☐ V-Label vegan ☐ Fairtrade ☐ Veganblume ☐ EU-Bio-Logo ☐ EU-Bio-Siegel ☐ V-Label vegetarisch

2. Beschreiben Sie, warum man Gütesiegel braucht. Gehen Sie auch auf die unterschiedliche Zuverlässigkeit der Siegel ein.

3. Ergänzen Sie:

Vier Siegel spielen in der pflanzenbasierten Küche eine große Rolle, und zwar die Vegan____________,

das V-L____________, das Bio-Siegel und das Fair-____________-Siegel. Waren mit diesen Zeichen

garantieren ____________ Standards für Tiere, M____________ und die U____________.

Es handelt sich um eine ge____________ Qu____________, auf die Sie sich verlassen können.

4. Recherchieren Sie die Haltungsformen von Hühnern und interpretieren Sie die Bezeichnungen „biologische Erzeugung", „Freilandhaltung", „Bodenhaltung".

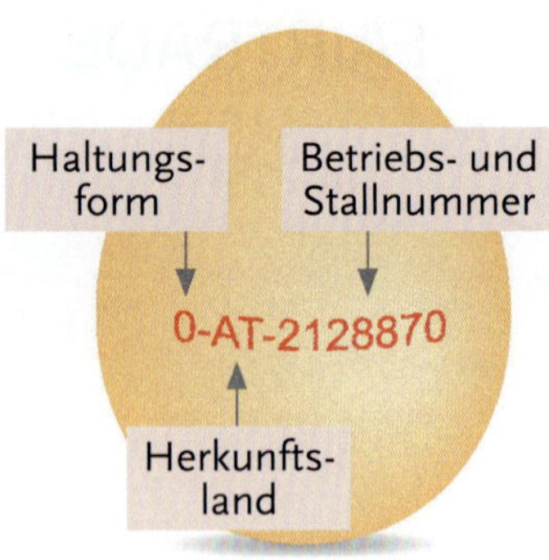

Haltungsformen
0 =
1 =
2 =

5. Interpretieren Sie die Aussage „Ein ordentlicher Stammbaum ist wichtig!" im Zusammenhang mit dem Foto.

Pflanzliche Warenkunde

Pflanzliche Zutaten bieten unendlich viele Möglichkeiten. Wenn Sie als Köchin bzw. Koch in die vegetarische Küche einsteigen, werden Sie schnell merken, dass sich eine ganz neue Welt von Aromen, Zutaten, Texturen und Kombinationen für Sie eröffnet. Denn vegetarisches Essen ist viel mehr als der Salat und die Beilage des Hauptgerichtes früherer Zeiten, das aus Fleisch oder Fisch, Kohlenhydratbeilage und Gemüse oder Salat bestand. Die Gemüseküche von heute ist kreativ und raffiniert.

Aus dem riesigen Lebensmittelangebot gezielt zu wählen, erfordert ein fundiertes Fachwissen. Sie lernen alles Wesentliche über Obst und Gemüse, inklusive Algen, dem Gemüse aus dem Meer. Sprossen und Keimlinge sind ebenso ein Thema wie Nüsse und Ölsaaten sowie Hülsenfrüchte. Das weltweit am meisten verbreitete Grundnahrungsmittel, das Getreide, erlebt mit seinen „vergessenen" Alternativen Quinoa, Amaranth, Hirse und Bulgur zu Recht ein Comeback. Die große Vielfalt der Zubereitungsmöglichkeiten wird Ihre Gäste überraschen.

Verschiedene Arten von pflanzlichen Alternativen zu Milch und Ei sowie zu Fleisch und Fisch können Sie leicht selbst machen. Man muss über die unterschiedlichen Funktionen dieser Lebensmittel Bescheid wissen, um sie ganz einfach zu ersetzen. Auch dieses Hintergrundwissen wird Ihnen im Modul „Pflanzliche Warenkunde" verständlich vermittelt.

Grundlagen der pflanzlichen Küche

Wussten Sie, dass unsere Augen rund 50 Prozent unserer Sinneserfahrung bestimmen und die andere Hälfte durch Textur (Gefühlsempfindung am Gaumen) und Geschmack des Gerichtes beeinflusst wird?

Viele Menschen denken sich bei vegetarischen und veganen Speisen oft einfach die Komponenten Fleisch und Fisch weg, übrig bleiben dann nur Salat bzw. Reis und Knödel. Dieses Vorurteil gilt es abzubauen, wenn Sie als pflanzlich geschulte Köchin bzw. Koch Ihre Gäste beraten.

Gemüse und Fleisch oder Fisch sind sehr gegensätzliche Lebensmittel, und zwar nicht nur im Erscheinungsbild, sondern auch im Geschmack, in der Textur sowie in der Beschaffenheit des Eiweißes. Um ein vegetarisches Gericht attraktiv zu gestalten, müssen Sie besonders auf die richtige Vorbereitung, den Geschmack und eine geeignete Präsentation setzen. Es gilt, den Genuss zu optimieren, indem Sie alle Sinne ansprechen und genügend „Kontraste" (nicht nur farbliche) auf den Teller bringen.

KOMPETENZERWERB

Meine Ziele

Nach Bearbeitung dieses Kapitels kann ich
- die sechs Basisregeln für die pflanzliche Küche nennen;
- die Basistechniken des Kochens in der pflanzlichen Küche umsetzen;
- verschiedene rohe Zutaten kreativ und fachgerecht verarbeiten;
- Aromen und Texturen der verschiedenen Lebensmittel erkennen und dieses Wissen bei der Zusammenstellung der Gerichte einsetzen;
- Zubereitungstechniken und Schnittarten anwenden.

1 Sechs Basisregeln für die pflanzliche Küche

Irgendwie wird das bei mir mit frischem Gemüse nichts. Entweder ist es zu weich gekocht oder zu hart und schmeckt nach nichts. Gibt es da ein Geheimrezept?

Die Basisregeln für die pflanzliche Küche betreffen die Zutaten, die Kochtechnik, den Geschmack, die Farbe, die Schneidetechnik und die Textur/Konsistenz.

1.1 Zutaten

Wenn Sie ein breites Spektrum von Zutaten kennen, können Sie nicht nur Variationen in Textur, Farbe und Geschmack schaffen, sondern haben auch die Chance, überraschende Kombinationen zu finden. Verwenden Sie doch weniger bekannte Gemüse oder arbeiten Sie mit dem, was in der Saison erhältlich ist. Studieren Sie Küchen aus Ländern mit langer vegetarischer Tradition und lernen Sie von den Zutaten.

Pilze und Hefen sind für uns Lebensmittel der pflanzlichen Küche, obwohl sie botanisch gesehen in eine andere Kategorie gehören.

1.2 Kochtechniken

Es gibt verschiedene Kochtechniken und Verfahren, um Lebensmittel zu verarbeiten. Einen großen Effekt erzielt man, wenn man scheinbare Gegensätze kombiniert. So kann ein Gericht aus den Komponenten kalt und heiß, süß und scharf oder weich und knusprig bestehen.

Allgemein braucht Gemüse weniger Hitze als tierisches Eiweiß. Entweder Sie erhalten die natürliche Struktur des Gemüses oder Sie geben ihm eine komplett andere.

Kochtechniken, die hohe Hitze über einen kurzen Zeitraum anwenden, funktionieren in der vegetarischen Küche sehr gut. So wird die sogenannte Maillard-Reaktion erreicht (siehe Seite 42). Techniken mit niedriger Hitze erhalten den Eigengeschmack des Gemüses.

Techniken zur Zubereitung

Mechanische Verfahren, wie Raspeln, Reiben, Pürieren, Mixen, aber auch Schneiden (Julienne, Chiffonade), verändern Aussehen und Textur der pflanzlichen Produkte auch in rohem Zustand

Kochen/Sieden (thermisches Verfahren)

- Das Gargut kann mit kaltem Wasser oder klarer Suppe angesetzt werden, z. B. Karfiolfond als Basis für eine Suppe
- Das Gargut wird mit heißer Flüssigkeit angesetzt, wenn es um das Gargut geht, z. B. Karfiolröschen für einen Salat
- Bei diesem Verfahren ist zu überlegen, ob das Gemüse nicht auch gedämpft werden kann, da die Auslaugverluste geringer sind

Blanchieren (thermisches Verfahren)

- Eigentlich ein „Vorgaren“
- Gemüse in reichlich kochende Flüssigkeit (klare Suppe oder Salzwasser) geben, einige Sekunden (z. B. Tomaten zum Abziehen der Haut) oder wenige Minuten (z. B. Brokkoli, der anschließend gedünstet werden soll) blanchieren
- Anschließend in Eiswasser kurz abschrecken, damit Farbe und Struktur optimal erhalten bleiben

Pochieren/Garziehen (thermisches Verfahren)

Zwei Verfahren:

- Beim direkten Pochieren wird das Gargut in die siedende Flüssigkeit gegeben, nicht kochen lassen, z. B. Birnenhälften in Rotwein pochieren
- Beim indirekten Pochieren wird das Gargut in einer Form im Wasserbad gegart, z. B. Karfiolflan

Dämpfen (thermisches Verfahren)

- Garen in strömendem Wasserdampf ist für viele Gemüse geeignet, z. B. Brokkoli, Erdäpfel, Dim Sum
- Mit Druck im Steamer oder Dampfdrucktopf; die Garzeit ist wesentlich kürzer; besonders für Rohstoffe mit längerer Garzeit

Schmoren (thermisches Verfahren)

- Nur für Gemüse, die eine längere Garzeit benötigen, z. B. Kohlrouladen oder gefüllte Paprika
- Das Gemüse wird leicht angebraten, anschließend mit einem passenden Fond abgelöscht und in der Flüssigkeit fertig gegart

Dünsten (thermisches Verfahren)

- Für junge und zarte Gemüse, Pilze und Obst
- Wasserreiche Rohstoffe können im eigenen Saft ohne Zusatz weiterer Flüssigkeit gegart werden, z. B. Kraut
- Der Zusatz von wenig Flüssigkeit beschleunigt bei geschlossenem Gargefäß die Bildung von Wasserdampf und verhindert das Anbrennen, z. B. für Spargel
- Das Gargut kann auch in etwas Fett angeschwitzt und anschließend mit Flüssigkeit aufgegossen werden, z. B. für die Zubereitung von Pilawreis

Braten (thermisches Verfahren)

- Bestimmte Gemüse sind auch zum Braten geeignet, z. B. Kürbis, Zucchini, Melanzani; bekommen durch das Anbraten eine schöne Kruste und werden dann im Ofen fertig gegart
- Die Bildung einer Kruste wird unterstützt, wenn das Gemüse vor dem Braten paniert wird (z. B. mit Semmelbrösel), Kräuter und Gewürze geben der Panierung einen besonderen Pfiff

Sautieren (thermisches Verfahren)

- Kurzbraten unter Rühren oder Schwenken des Gargutes, z. B. Braten im Wok
- Die geschnittenen Zutaten (Gemüse, aber auch Tofu) werden in heißem Öl schnell angebraten; das Rühren oder Schwenken verhindert, dass die Zutaten zusammenkleben
- Eventuell wird etwas Flüssigkeit (z. B. klare Suppe) zugegeben

Grillen (thermisches Verfahren)

- Zum Grillen eignen sich sehr viele Gemüse, z. B. Zucchini, Melanzani, Paprika, grüner Spargel, aber auch Tofu
- Beim Grillen entstehen durch die hohen Temperaturen viele Röststoffe, Marinieren (z. B. in Öl und Kräutern) unterstützt die Bildung der Röstaromen

Rösten (thermisches Verfahren)

- Geröstete Lebensmittel erhalten durch die trockene Hitze ein besonderes Aroma
- Geröstet werden Getreide (z. B. Hirse), Nüsse (z. B. Haselnüsse), Samen (z. B. Pinienkerne, Sonnenblumenkerne), aber auch Wurzelgemüse

Backen (thermisches Verfahren)

- Beim Backen wird trockene Hitze angewendet, die gleichmäßig auf das Gebäck einwirkt
- Gebacken werden Brot und Gebäck, Kuchen, aber auch gefüllte Teigstücke und Gratins, z. B. Kartoffelgratin, Kürbisgratin

Frittieren (thermisches Verfahren)

- Das Gargut wird meist paniert oder in Backteig (z. B. Tempura) gehüllt und anschließend in schwimmendem Fett ausgebacken
- Es bildet sich eine schöne Kruste
- Die Temperatur beim Frittieren sollte nicht mehr als 175 °C betragen, um die Bildung des krebserregenden Acrylamids zu vermindern
- Damit das Gargut nicht zu viel Fett aufnimmt, sollte die Temperatur während des Frittierens nicht zu stark absinken
- Gargut nach dem Frittieren unbedingt abtropfen

Säuern (chemisches Verfahren)

- Durch das Einlegen in Säuren (z. B. Essig, Zitronensaft) werden den Lebensmittel auch zubereitet, z. B. Pilze
- Einlegen in Zucker entzieht den Lebensmitteln Wasser und verändert damit auch Struktur und Geschmack, z. B. kandierte Früchte
- Fermentieren (enzymatisches Verfahren durch Bildung von Milchsäure), z. B. Sauerkraut
- Durch die Milchsäuregärung werden pflanzliche Rohstoffe (Weißkraut, Bohnen, Gurken) konserviert und geschmacklich verändert.

Herstellung von Sauerkraut

Geschnittenes Weißkraut wird mit Salz vermengt, Milchsäurebakterien werden zugefügt (oder sind in der Luft vorhanden) und eine Gärung tritt ein. Die entstehende Milchsäure gibt dem Sauerkraut den typischen sauer-salzigen Geschmack und verlängert die Haltbarkeit.

Räuchern (chemisches Verfahren)

- Das Räuchern ist für Gemüse (z. B. Karfiol, der vorher blanchiert wurde), aber auch für Tofu und Seitan interessant
- Geräuchert wird in einer Räucherkiste, einem kleinen Räucherofen oder im „Green Egg“
- Die Lebensmittel werden mit dem frisch entwickelten Rauch naturbelassener Hölzer behandelt; für ein besonderes Aroma können Kräuter hinzugefügt werden
- Meist sind für Gemüse 5–10 Minuten Räucherzeit ausreichend
- Wenn der Rauch entsprechend hohe Temperaturen hat, wird das Gemüse gleichzeitig gegart

Mit der Angabe der Zubereitungstechnik in der Speisekarte können Sie dem Gast Lust auf eine Speise machen!

Vakuumgaren (Sous-vide)

- Optimal zur Erhaltung der Aroma- und Farbstoffe sowie der Vitamine, deshalb für viele Gemüse gut geeignet
- Die Lebensmittel werden in Vakuumbeutel gefüllt, vakuumiert und in den Heißluftdämpfer gegeben
- Die so gegarten Lebensmittel können zwei bis drei Wochen bei 0–2 °C gelagert und bei Bedarf mit heißem Dampf regeneriert werden

Garen in Salzkruste

- Feste Gemüse (z. B. Sellerie, rote Rüben) können auch in einer Salzkruste gegart werden
- Das Gemüse wird mit einem Teig aus Salz und Stärke oder Mehl umhüllt und im Ofen gegart; durch die Salzkruste wird das Gemüse schonend gegart und das Aroma bleibt erhalten

Trocknen

- Durch Entzug von Wasser wird das Aussehen, die Textur und der Geschmack von Obst oder Gemüse verändert
- Das geschnittene Obst und Gemüse wird in Dörrapparaten mehrere Stunden getrocknet
- Es wird auf diese Weise auch länger haltbar, z. B. Trockenfrüchte

„Schmeckt es Ihnen?“
Das ist die wohl am häufigsten gestellte Frage an Gäste und vielleicht auch die wichtigste. Der Wert eines Gerichtes wird letztlich nur über den Geschmack entschieden.

1.3 Geschmack

Geschmack ist eine sensorische Funktion unseres zentralen Nervensystems. Die Rezeptoren des Geschmackssinns, die Geschmacksknospen, sitzen in der Zunge, am Mund und an der Rückseite der Kehle, wo Mund und Nase sich treffen.

Woraus besteht Geschmack?

Gustatorische Wahrnehmung	Olfaktorische Wahrnehmung
Geschmack im eigentlichen Sinn	Aroma bzw. Geruch

Aufgabenstellung

- Führen Sie ein Experiment durch: Trinken Sie einen Schluck Orangensaft und halten Sie sich dabei die Nase zu. Wiederholen Sie das Gleiche ohne Nasezuhalten.
  Sie werden feststellen, dass Sie im ersten Fall nur sauer oder süß schmecken, im zweiten Fall aber auch den Geschmack der Orange wahrnehmen.

Hauptgeschmacksrichtungen

Es gibt die fünf Hauptgeschmacksrichtungen salzig, süß, sauer, bitter und umami. Eine sechste Geschmacksrichtung ist im Gespräch: fettig.

Hauptgeschmacksrichtungen

Salzig	Süß	Sauer	Bitter	Umami

Rein pflanzliche Speisen enthalten meist weniger Salz als verarbeitete tierische Produkte	Wird als der angenehmste Geschmack angesehen; normalerweise durch einfachen Zucker erzeugt, achten Sie auch auf die natürliche Süße eines Produkts, die ein wenig Salz oft verstärkt	Macht Gerichte frisch; verwenden Sie Zitrusfrüchte, Essig und milchsauer fermentierte Produkte wie Sauerkraut und saure Gurken	Schwerer zu finden; kommt in natürlicher Form in manchen Gemüsen wie Endivien, Chicorée und z. B. in Kaffee vor	Umami kommt aus dem Japanischen und bedeutet „herzhaft“ oder „herrlich“; pikant und reich im Geschmack („Wohlgeschmack“), ein milder, aber dauerhafter Nachgeschmack; natürlich zu finden in Kombu, Shitakepilzen, reifen Tomaten

Scharf und Fett

Scharf	Fett

Ist im eigentlichen Sinne keine Geschmacksrichtung, da nur diejenigen Geschmäcker zählen, die von den Geschmacksknospen auf der Zunge wahrgenommen werden. Die Schärfe, z. B. von Chili, reizt unsere Wärmerezeptoren in der Mundschleimhaut, sodass wir Schmerz empfinden. Umgangssprachlich reden wir jedoch von „scharf schmeckenden Gerichten"	Ist keine Grundgeschmacksrichtung; das Fett, vor allem aus Ölen und Nüssen fügt den Gerichten einen angenehmen Schmelz auf der Zunge und am Gaumen zu

Es gibt einige Tricks, wie Sie in Gerichten ein herzhaftes Aroma hervorbringen können.

Schärfe ist keine Geschmacksrichtung, sondern eine Schmerzempfindung.

Bringen Sie gegensätzliche Geschmacksrichtungen auf einen Teller und Sie erschaffen ein interessantes Gericht!

Gewürze

Viele Inhaltsstoffe der Gewürze sind fettlöslich und lösen sich schlecht in Wasser. In Fett brauchen Zutaten länger, um ihren Geschmack zu entfalten, aber wenn dies geschieht, dann hält die Wirkung länger an.

Leckeres Essen ist eine Kombination aus der richtigen Dosierung der Grundgeschmacksrichtungen und der flüchtigen Aromen. Die Technik besteht darin, die flüchtigen Aromen beim Kochen zu erhalten und sicherzustellen, dass diese nur während des Kauens freigesetzt werden. Sie können in Fett „eingesperrt" werden. Daher ist es am besten, Fett zu Beginn der Herstellung und am Ende hinzuzufügen.

Mit dem Mörser lassen sich die Zellen in Gewürzen aufbrechen, damit die Oberfläche, dort, wo die würzigen Aromen liegen, größer wird. Wenn Sie dann einen Schuss Öl dazugeben, stellen Sie sicher, dass die Aromen erhalten bleiben.

Garen von Gemüse

Beachten Sie beim Kochen von Gemüse, dass Sie nicht zu viel Wasser verwenden, da es leicht ihre Grundgeschmacksrichtungen verliert. Daher ist es auch möglich, das Wasser, in dem das Gemüse gekocht wurde, weiterzuverwenden (z. B. Spargelfond für eine Suppe). Aus dem gleichen Grund ist es nicht empfehlenswert, in einem Dämpfer zu kochen, denn da geht eine Menge Aroma verloren.

Das Wasser muss kochen, bevor das Gemüse in den Topf kommt!

Bereiten Sie Gemüse immer mit so wenig Feuchtigkeit wie möglich zu, um das Aroma zu bewahren, außer grünes Gemüse. Es sollte in reichlich leicht gesalzenem Wasser gekocht werden. Kochen Sie diese Gemüse so schnell und kurz wie möglich, da dann die Farbe erhalten bleibt.

Die richtige Kochzeit ist für den Geschmack sehr wichtig. Wenn Gemüse zu lange gekocht wird, verliert es seinen Geschmack oder verändert sich sogar (wird bitter).

Servieren Sie Gemüse leicht al dente

Textur

Menschen lieben unterschiedliche Texturen. Schaffen Sie daher Kontraste und variieren Sie Dinge, z. B. irgendetwas mit einer Kruste, ein Pulver, eine Mousse.

Maillard-Reaktion
Die Maillard-Reaktion bezeichnet jenen Vorgang, bei dem Röststoffe gebildet werden. Sie ist für die meisten Aromen verantwortlich, die nicht nur in gegartem Fleisch, sondern auch in getoastetem Brot, geröstetem Kaffee oder gebratenen Zwiebeln vorkommen. Es handelt sich dabei um die Bräunung von Aminosäuren und Einfachzuckern, die unter trockener Hitzeeinwirkung stattfindet. Bei ihrer Verarbeitung ist es wichtig, dass die Lebensmittel möglichst trocken sind und einer schnellen hohen Hitze ausgesetzt werden, eben durch Rösten, Braten, Grillen oder Backen. Da es sich bei pflanzlichen Lebensmitteln nicht um reine Eiweißprodukte handelt, sondern in ihnen auch ein nicht unbedeutender Anteil an Kohlenhydraten vorhanden ist, läuft parallel zur Maillard-Reaktion auch die Entstehung von Dextrinen aus Stärke und ein Karamellisierungsprozess ab.

Amylose zählt zu den Mehrfachzuckern.

Amylopektin ist der Hauptbestandteil von pflanzlicher Stärke, wie zum Beispiel der Mais oder Kartoffelstärke. Stärke gehört zu den Kohlenhydraten und wird aufgrund ihrer Eigenschaft für die Herstellung von Cremes und dem Binden von Suppen und Saucen verwendet.

Dextrinbildung
Erhitzt man Stärke mit trockener Hitze, so beginnen ab ca. 120 °C die Amylose- und die Amylopektinketten so stark zu schwingen, dass sie letztendlich zerbrechen. Es entstehen Bruchstücke der Stärke, die Dextrine. Diese sind leicht bräunlich und geben einen schönen Glanz, wenn man z. B. die Kruste von gebackenem Brot mit Wasser abstreicht.

Karamellisierter Zucker

Karamellisierung
Bei der Karamellisierung findet ab zirka 170 °C bei trockener Erhitzung eine Abspaltung von Wasser aus Mono- und Disacchariden statt (Dehydration). Die entstandenen Doppelbindungen lassen die Farbigkeit entstehen. Des Weiteren wird Karamell gebildet. Diese Kombination fördert die Bildung diverser Aromen.
Beachten Sie, dass bei einer längeren Temperatureinwirkung ab 170–190 °C die Bildung von Acrylamid (krebserregender Stoff) begünstigt wird. Durch umsichtiges Arbeiten und das Regeln der Temperatur kann dieser Prozess unterbunden werden.

Kochtechniken

Nutzen Sie Kochtechniken mit hoher Temperatur wie Backen, Grillen, Rösten, Frittieren und Sautieren. Wenn das Gemüse vor dem Kochen bzw. dem Auffüllen mit klarer Suppe kurz angebraten wird, erhöht dies den Geschmack. Wenn Sie hingegen das Aroma einer bestimmten Zutat hervorheben wollen, verzichten Sie besser auf hohe Temperaturen.

1.4 Farbe

Variationen in der Farbe machen Ihre Gerichte lebendig. Saison, Ort und Anlass sind zu berücksichtigen.

Im Frühling sollte ein Gericht frisch, jung, grün, aber auch zart wirken

Im Herbst sind satte Farben gefragt (kräftiges Grün, Orange, Rot)

Im Winter werden warme Töne bevorzugt (dunkelrot, braun)

Das Auge isst mit

- Versuchen Sie Farbkombinationen zu finden, die reich für das Auge sind und die Ihre Gäste zum Lächeln bringen.
- Vergessen Sie bei Ihren Farbüberlegungen nicht die Farbe des Tellers.
- Ein kleiner Farbakzent kann einen großen Unterschied machen. Bestreuen Sie geröstetes Gemüse mit grob gehackter Petersilie und Sie erzielen einen lebendigen Effekt.

Die Gelbfärbung des Gerichtes entsteht durch Safran oder Kurkuma

Durch Blanchieren oder Beizen in Salz oder Essig lassen sich Farben von Gemüsen zum Strahlen bringen. Mit japanischem Umesu (salziger Pflaumenessig) können weiße Gemüse rosa verfärbt werden. Kräuter und Gewürze fügen Akzente hinzu, genauso wie verschiedene kalte und warme Saucen, Vinaigretten und Öle.

Weitere Kochtechniken können Farben liefern, das Bräunen oder Karamellisieren (siehe Seite 42) sowie das Frittieren (Tempura) oder das Einwickeln in Teig (Filoteig, Blätterteig, Brik-Teig). Auch Grillen, Anbraten, Rösten und Backen machen den Teller attraktiver für das Auge.

1.5 Schneidetechnik

Variieren Sie grob und fein Geschnittenes. Für das Auge ist es sicher weniger anziehend, wenn alles gleich geschnitten bzw. alles gleich groß ist. Kombinieren Sie länglich und rund geschnittenes Gemüse, geben Sie jedem Gemüse die Form, die es „verlangt". In der thailändischen Küche wird Gemüse besonders kreativ geschnitten – lassen Sie sich inspirieren.

1.6 Textur/Konsistenz

Wie sich etwas im Mund anfühlt, ist ebenso wichtig wie Aussehen und Geschmack. Vor allem der Kontrast zwischen etwas Knusprigem und etwas Weichem ist für den Gaumen angenehm. Krusten und Crumbles sind ein schneller Weg zu mehr Bissfestigkeit.

Beispiele
- Karotten als Chips, glasiert, als Püree, Schaum oder Gel
- Geröstete Nüsse und Samen hinzufügen
- Tofu mit Petersilien-Pistazien-Kruste
- Pochierte Pfirsiche mit Kokos-Crumble
- Suppen und Salate mit gerösteten Brotwürfeln garnieren
- Gemüse bei hoher Temperatur rösten und zu Pulver vermahlen
- Getrocknete Zutaten fügen Textur hinzu
- Gemüse-Samosa*
- Filoteig* mit Limabohnen-Salbei-Füllung
- Caesar Salad
- Frühlingsrollen und gefüllte Teigtaschen

Gemüse-Samosa

*Die Rezepturen für Gemüse-Samosa und Filoteig finden Sie im digitalen Zusatzpaket.

Ziele erreicht? – „Grundlagen der pflanzlichen Küche"

KOMPETENZ-
ERWERB

1. Kreuzen Sie in der Tabelle an, ob die Aussage stimmt oder nicht stimmt.

Aussage	Stimmt	Stimmt nicht
Kochtechniken, die hohe Hitze über einen kurzen Zeitraum anwenden, funktionieren in der vegetarischen Küche nicht gut.		
Zu den thermischen Verfahren zählen u. a. Blanchieren, Pochieren, Dünsten und Frittieren.		
Beim Sous-vide-Verfahren werden die Speisen im Vakuumbeutel gegart.		
Schärfe ist keine Geschmacksrichtung, sondern eine Schmerzempfindung.		

2. Nennen Sie die sechs Basisregeln für die pflanzliche Küche.

3. Benennen und beschreiben Sie die Geschmacksrichtungen.

4. Erklären Sie folgende Begriffe: Maillard-Reaktion, Dextrinbildung, Karamellisierung.

5. Sie arbeiten in der Küche eines veganen Restaurants. Kreieren Sie für die neue Speisenkarte fünf neue Gerichte, bei denen Sie die Erkenntnisse aus dem Kapitel „Basisregeln für die pflanzliche Küche" einfließen lassen („spielen" Sie mit Zutaten, Kochtechniken, Geschmack, Farbe, Schneidetechnik und Textur).

Obst und Gemüse

Seit Anfang der 1990er-Jahre erobert eine Gegenbewegung zu Fastfood langsam unsere Kochtöpfe: Gemüse aus unseren Breitengraden. Dazu zählen auch Sorten, die fast in Vergessenheit geraten sind. Ergänzt und kombiniert werden diese Gemüse mit einer Auswahl an Obst sowie an Sprossen und Keimen. Auch Algen und Seegras, das Gemüse aus dem Meer, gehören dazu.

Gemüse und Obst bringen Farbe, Geschmack, Leben und Struktur auf Ihre Teller!

Nicht zuletzt ist es einigen Spitzenköchinnen und -köchen zu verdanken, dass regionale Gemüsegerichte immer öfter auf unseren Speisenkarten zu finden sind. Dabei wird das Gemüse nicht „tot gegart", sondern gute Zutaten werden sorgfältig und frisch zubereitet. Kurze Garzeiten, schonende Garverfahren und die Umsetzung moderner Ernährungsphysiologie sind wesentliche Kennzeichen der neuen (nicht nur pflanzlichen) Küche.

Meine Ziele

KOMPETENZ-ERWERB

Nach Bearbeitung dieses Kapitels kann ich

- verschiedene Gemüsesorten nennen, inklusive der Arten von Algen;
- sagen, wann welche Obst- und Gemüsesorten Saison haben und welche Sorten lokal verfügbar sind;
- Gerichte aus Obst und Gemüse zubereiten;
- Algen und andere Meeresgemüse in der Küche einsetzen und diese Lebensmittel fachgerecht lagern;
- den Wert und den Platz von Obst und Gemüse in der vegetarisch-veganen Küche verstehen und den Gästen erklären;
- kulinarische und ernährungsphysiologische Vor- und Nachteile von Algen abwägen und den Gästen näherbringen.

1 Gemüse, Obst und seine Vielfalt

Das Angebot an Obst und Gemüse ist enorm. Ich kenne einiges, aber bei den alten Sorten und überhaupt bei Algen steige ich aus. Ich möchte mehr erfahren und bin schon sehr gespannt.

Lokales sowie saisonales Gemüse ist nachhaltig und meist frischer.

Als Gemüse bezeichnet man alle essbaren Bestandteile von kultivierten und wild wachsenden ein- und zweijährigen Pflanzen. Sie sind reich an Nährstoffen, Vitaminen, Mineralstoffen, sekundären Pflanzenstoffen sowie Ballaststoffen. Der Energiegehalt ist gering.

Gemüse

Blattgemüse	Fruchtgemüse	Kohlgemüse	Stängelgemüse	Wurzelgemüse

Blätter wachsen über der Erde	Fruchtgemüse tragen Samen; botanisch gehören Melonen in diese Gemüsegruppe, werden aber als Obst gehandelt	Gegessen werden oberirdisch wachsende Blätter und Früchte	Triebe wachsen oberirdisch; weißer Spargel wird angehäufelt, damit er seine Farbe behält	Wurzelgemüse wachsen unter der Erde, einige schauen mit dem oberen Ende heraus
Beispiele Lollo rosso, Vogerlsalat, Endivie, Spinat, Mangold	**Beispiele** Kürbis, Melone, Zucchini, Tomaten, Paprika	**Beispiele** Kohlrabi, Kraut, Kohl	**Beispiele** Spargel, Staudensellerie	**Beispiele** Karotten, Radieschen, Rettich, Sellerieknolle, Pastinaken, Schwarzwurzel

Es ist sehr wichtig, gute Kenntnisse von den verschiedenen Gemüsesorten zu haben und zu wissen, wie man diese verwendet. Sie müssen ihre Textur und ihren Geschmack kennen und gute Qualität als solche erkennen können. Interessant ist es auch zu wissen, wann welches Gemüse in Ihrer Region Saison hat, weil Sie es dann am frischsten kaufen können.

Einen Saisonkalender finden Sie im digitalen Zusatzpaket.

Heirloom = Erbstück; Begriff für alte Gemüsesorten.

Alte Sorten (Heirloom)

Viele vergessene oder aus der Mode gekommene Gemüse sind im Trend, da eine größere Vielfalt und der Erhalt alter Arten heutzutage als wichtig wahrgenommen werden. Damit ist es möglich, vielfältiger zu kochen, sich mehr mit den saisonalen Angeboten zu befassen und die Kreativität zu steigern.

Weil regionale Produkte der Saison unter idealen Bedingungen angebaut und sie reif geerntet werden, haben sie mehr Aroma. Vergleichen Sie beispielsweise den Geschmack von Tomaten im Winter und im Sommer!

Alte Sorten auf Ihrer Speisenkarte machen Ihre Gäste neugierig und sind Ausdruck Ihrer Kreativität.

Früchte und Obst

Früchte machen das Gericht appetitanregend und verleihen eine süße Note. Manchmal kann die Verwendung von Früchten helfen, das Aroma Ihres Gerichtes perfekt auszubalancieren. Genau wie beim Gemüse ist es interessant, die Herkunft, die Auswahl, die Lagerung und die Verwendung von Früchten zu kennen.

Verwenden Sie vorrangig saisonale Früchte. So lassen sich nicht nur Kosten sparen, sondern es wird auch ein Beitrag zum Umweltschutz geleistet. Außerdem sind der Genusswert sowie der ernährungsphysiologische Wert einer reifen Frucht um ein Vielfaches höher.

Rhabarber ist ein Stängelgemüse

Aufgabenstellung

- Jana sagt: „Ich kann es einfach nicht erwarten und kaufe schon im Februar Erdbeeren. Beim ersten Kosten bin ich immer vom Geschmack der Beeren bitter enttäuscht."

  Finden Sie weitere Beispiele:

Nüsse (siehe Seite 56ff.) zählen zum Schalenobst.

Um Obst außerhalb der Saison verwenden zu können, empfiehlt es sich, die Produkte entweder selbst zu konservieren oder getrocknete bzw. konservierte Früchte zu kaufen.

Gemüse aus dem Meer

In der japanischen Küche sind Algen ein wesentlicher Bestandteil vieler Gerichte. Bei uns wurde vor allem die Nori-Alge durch ihre Verwendung für Sushi und Maki bekannt.

Fischfreie Sushi

Algen bieten unendlich viele kulinarische Möglichkeiten und sie haben einige ernährungsphysiologische Vorteile. Sie können in Suppen, Salaten und Eintöpfen verwendet und sogar zu Snacks oder Chips verarbeitet werden.

Arten von Algen

Mikroalgen	Makroalgen
■ Sind kleine pflanzliche Organismen, die man nur mit einem Mikroskop sehen kann ■ Sind nicht essbar	■ Über 50 Arten von Makroalgen (= Tange) sind essbar und gesund ■ Es gibt rote, braune und grüne Arten ■ Sind vor allem in der chinesischen, japanischen und makrobiotischen Küche bekannt

Es sind rund 35 000 Arten von Algen bekannt. Es wird aber geschätzt, dass es 200 000 bis 800 000 verschiedene Sorten gibt.

Algen wachsen im Salzwasser, meist auf solidem Grund wie auf einem Riff, und können genauso zubereitet werden wie Gemüse. Algen bereichern ein Gericht nicht nur durch Struktur, Farbe und Geschmack, sondern manche Arten können auch zum Binden verwendet werden.

Viele Algen schmecken ein bisschen nach Meer, ein wenig „fischig". Sie können einem Gericht Tiefe verleihen, seine Komplexität erhöhen und um den Geschmack „umami" bereichern.

Algen oder Seetang ist ein Sammelbegriff für alle im Meer oder Brackwasser wachsenden Seegräser.

Nicht nur in Fernost, auch in Europa (z. B. in Irland und Frankreich) werden Algen gezüchtet

Algen werden vor allem wegen ihres hohen Anteils an Mineralstoffen und Spurenelementen geschätzt. Da manche Algen aber auch große Mengen Jod enthalten, wird empfohlen, nicht allzu viel zu essen.

Einige Algen enthalten ihrem Gewicht entsprechend große Mengen an Eiweiß, weshalb sie bei vegetarisch-vegan lebenden Menschen sehr beliebt sind.

Algen sind frisch, verarbeitet, getrocknet, gekocht oder als Würze verwendbar. Waren sie in früheren Zeiten bei uns noch schwer zu bekommen, sind sie heute immer öfter im Handel verfügbar.

Algenflocken sind ein natürlicher Salzersatz.

Verarbeitung

Getrocknete Algen	Frische oder gedämpfte Algen
▪ Getrocknet kann man sie für einen längeren Zeitraum an einem kühlen, trockenen Platz aufbewahren ▪ Sie können eingeweicht und dann gekocht oder gebraten werden ▪ Es gibt Fertigmischungen, sogenannte Flockenalgen ▪ Getrockneten Seetang gut in Wasser einweichen	▪ Frische Algen gut ausspülen, um das Salz zu entfernen ▪ Sie sollten knusprig sein und nach Meer riechen ▪ Wie lange man Algen kocht, hängt von ihrer Art ab; sie sind fertig, wenn sie weich sind ▪ Frische Algen können Salaten und Suppen beigemischt werden

Übersicht und Verwendung von Algen	Kochzeit	Inhaltsstoffe
 **Arame** Faserige Alge, die sehr mild ist und einen sehr angenehmen Geschmack hat. Wenn sie getrocknet ist, sollte die Alge kurz abgespült und dann eingeweicht werden. Es ist nötig, die Algen 20 bis 25 Minuten zu kochen. Salz oder Sojasauce sollte am Ende beigefügt werden. Arame-Algen haben eine feste Struktur.	20–25 min	■ Ballaststoffe ■ Kalzium ■ Eisen ■ Jod ■ Vitamin A ■ Magnesium
 **Wakame** Es wird empfohlen, die Alge erst gründlich und unter kaltem Wasser zu spülen und für kurze Zeit einzuweichen. Während des Kochens entwickelt sie eine grüne Farbe. Wakame-Algen werden hauptsächlich für Misosuppen oder Beilagen verwendet.	Kurze Kochzeit	■ Kalzium
 **Kombu** Braune Algenart; hauptsächlich für klare „Dashi"-Suppe und beim Gemüsekochen verwendet. Man kann die Alge auch wie Chips frittieren.	30–45 min	■ Jod ■ Kalzium ■ Ballaststoffe
 **Dulse** Rote Algensorte, die man getrocknet und als Flocken kaufen kann; meist zur Garnierung verwendet. Neben dem Kochen können Dulse-Algen auch nur kurz angebraten werden.	Kurze Kochzeit	■ Jod ■ Mangan ■ Proteine
 **Nori** Wahrscheinlich die bekannteste Alge in unseren Breiten; wird für Sushi bzw. Maki verwendet. Nori findet man als grüne bzw. schwarze, dem Papyrus ähnliche Blätter, die kurz und behutsam über einer Flamme gebraten werden können. Nori ist auch in Flockenform erhältlich. Die Alge kann man als Snack essen. In der japanischen Küche wird die Alge auch für Gewürze verwendet.	Roh	■ Proteine ■ Vitamine (A, B und K) ■ Eisen ■ Zink
 **Agar** Auch Agar-Agar bzw. „Kanten", wird aus den Zellwänden einiger Rotalgen gewonnen. Es kann anstelle von Gelatine verwendet werden. Sie hat die Fähigkeit, Speisen zu binden, und ist in Pulver- oder Flockenform erhältlich. Mit Agar-Agar kann man zum Beispiel Füllungen in Pasteten binden oder Saucen eine leicht fließende Konsistenz geben. In der modernen Küche wird Agar oft in Kombination mit anderen pflanzlichen Bindemitteln genutzt.	In Wasser lösen	■ Ballaststoffe ■ wenig Kalorien
 **Hijiki** Hijiki oder Hiziki ist eine braune, harte Algenart. Bevor Sie sie verwenden, spülen Sie sie am besten kurz kalt ab und weichen sie dann ein. Sie können sie auch in einem Teig verwenden und frittieren, nachdem Sie sie gekocht und abgekühlt haben.	20–25 Minuten, je nach Faserdicke	■ Ballaststoffe ■ Kalzium ■ Eisen
 **Laver** Die schöne grüne Farbe ist ein Beweis für den hohen Chlorophyllgehalt. Laver kann in Salaten, Aufstrichen, in Suppen und als Beilage verwendet werden. Er sollte immer frisch sein.	Frische Verwendung	■ Magnesium ■ Eisen
 **Seespaghetti** Die langen, dünnen Streifen sehen aus wie Spaghetti, daher der Name. Die Alge hat einen sehr starken Jodgeschmack. Sie kann roh in Salaten oder leicht blanchiert, gedünstet und gebraten verwendet werden.	Gedünstet	■ Spurenelemente ■ einige Vitamine

Ziele erreicht? – „Obst und Gemüse“

KOMPETENZ-ERWERB

1. Kreuzen Sie in der Tabelle an, ob die Aussage stimmt oder nicht stimmt.

Aussage	Stimmt	Stimmt nicht
Rhabarber zählt zum Obst.		
Als Gemüse bezeichnet man alle essbaren Pflanzenteile von kultivierten und wild wachsenden Pflanzen.		
Heirloom heißt Erbstück.		
Algen werden als Gemüse aus dem Meer bezeichnet.		

2. Ordnen Sie die Gemüse zu, indem Sie die Nummern 1 bis 5 in die Kästchen eintragen. Achtung: Es hat sich ein Obst eingeschlichen!

1 Blattgemüse   2 Fruchtgemüse   3 Kohlgemüse   4 Stängelgemüse   5 Wurzelgemüse

- ☐ Kohlrabi
- ☐ Pastinaken
- ☐ Orange
- ☐ Kürbis
- ☐ Tomate
- ☐ Vogerlsalat
- ☐ Melone
- ☐ Paprika
- ☐ Endivie
- ☐ Zucchini
- ☐ Karotten
- ☐ Spinat
- ☐ Spargel
- ☐ Mangold
- ☐ Staudensellerie
- ☐ Lollo rosso
- ☐ Radieschen
- ☐ Sellerieknolle

3. Warum ist es so wichtig, Obst und Gemüse nach Saison und aus der Region zu kaufen?

4. Sehen Sie sich die Kochvideos „Salat und Burger aus Hülsenfrüchten“ und „Soja“ an und schreiben Sie eine Zusammenfassung.

Sie finden die Videos unter folgendem Link: www.vegucation.at/schulen

Notieren Sie ein konkretes Rezept und bereiten Sie es im Kochunterricht zu.

5. Finden Sie die fehlenden Buchstaben! Sie ergeben das englische Wort, das für Biolebensmittel verwendet wird.

_kra

Kü_bis

_urke

Sp_rgel

K_oblauch

Ol_ve

_hinakohl

Lösung: _ _ _ _ _ _ _

Die Lösung finden Sie im digitalen Zusatzpaket.

6. Beschreiben Sie die Lagerung von Algen.

7. Suchen Sie aus dem Saisonkalender „Heimisches Obst und Gemüse: Wann gibt es was?“ heraus, wann folgende Lebensmittel als Freilandware angeboten werden:

- Gurken
- Kirschen
- Erdbeeren
- Kohlrabi
- Radieschen
- Rote Bete
- Äpfel
- Spargel
- Brokkoli

Sie finden den Saisonkalender im digitalen Zusatzpaket.

8. Ergänzen Sie die Namen, die Kochzeiten und die Inhaltsstoffe.

Sprossen und Keimlinge

Sprossen sind so aromatisch und würzig, dass ihre Verwendung oft mehr Würze bringt als frische Kräuter.

Sprossen haben sich aufgrund ihrer Verwendung in der roh-vegetarischen, asiatischen und makrobiotischen Küche in den letzten Jahren immer mehr etabliert. Es ist spannend, mit ihnen zu arbeiten, und sie sind auch sehr gesund. Wegen ihres würzigen Geschmacks und ihrer außergewöhnlichen Textur und farblichen Vielfalt sind sie perfekt, um die notwendige Abwechslung auf den Teller zu bringen.

Sie sind ein praktisches Mittel, um das ganze Jahr lang frische Zutaten zu haben. Sprossen eignen sich besonders im Winter, um genügend Vitamine zu sich zu nehmen – müssen sie doch keine weiten Transportwege zurücklegen oder besonders aufwendig gelagert werden. Sie geben Ihnen die Möglichkeit, Ihre Gerichte zu verfeinern, sowohl in Farbe als auch im Geschmack. Sie bringen oft auch etwas Knackiges für die Vollkommenheit der Speise mit.

KOMPETENZ-ERWERB

Meine Ziele

Nach Bearbeitung dieses Kapitels kann ich

- die verschiedenen Arten von Sprossen nennen;
- sagen, inwieweit Samen, Bohnen und Getreide zum Keimen geeignet sind;
- Gerichte mit Sprossen und Keimlingen zubereiten und diese Lebensmittel fachgerecht lagern;
- über den kreativen Gebrauch von Sprossen in der vegetarisch-veganen Küche mit den Gästen diskutieren;
- ernährungsphysiologische Vorteile von Sprossen nennen und den Gästen erklären.

Sprossen sind die jungen Austriebe (Keime) von Pflanzensamen. Sie sind nahrhaft, reich an Vitaminen und Mineralstoffen, deren Gehalt sich während des Keimvorganges wesentlich erhöht. Sprossen besitzen wenig Energie und Fette und weisen einen hohen Gehalt an Ballaststoffen auf. Sie sind nicht teuer, vor allem, wenn man sie selbst züchtet.

Man unterscheidet Keim, Keimling und Spross

Keim	Keimling	Spross

Im Korn bzw. Samen befindet sich unter den Randschichten ein schlummernder Keim. Dieser beginnt unter Einfluss von Feuchtigkeit, Sauerstoff und Licht zu wachsen (keimen).	Sichtbarer, sich entwickelnder Trieb, der aus dem Korn wächst. Damit verbunden ist zudem eine kleine Wurzelbildung.	Der Trieb, der im Laufe der Tage länger wird, entwickelt irgendwann Blattgrün und ist dann ein Spross.

Was eignet sich zum Keimen?

Man kann Samen, Hülsenfrüchte und Getreide keimen und zu Sprossen werden lassen.

Samen: Samen folgender Pflanzen: Luzerne, Klee, Bockshornklee, Brokkoli, Kohl, Kresse, Senf, Mais, Radieschen, Sellerie, Fenchel, Petersilie, Zwiebeln, Lauch, Frühlingszwiebeln; Sesam-, Sonnenblumen-, Mandel-, Haselnuss-, Erdnuss- und Leinsamen.

Hülsenfrüchte: Mungobohnen, Adzuki- und Sojabohnen, Linsen und Kichererbsen. Es ist manchmal etwas schwierig, Pinto- oder Kidneybohnen keimen zu lassen, weil bei größeren Bohnen das Risiko, dass sie gären, höher ist. Einige Sprossen muss man ein paar Minuten in heißem Wasser blanchieren, ehe sie verzehrfertig sind. Bohnensprossen erst am Ende des Kochvorgangs hinzufügen.

(Pseudo)Getreide: Hafer, Weizen, Mais, Reis, Roggen, Kamut, Quinoa, Amaranth und Buchweizen.

Luzerne = Nutzpflanze; bekannt sind vor allem die **Alfalfa-Sprossen,** die besonders reich an Vitaminen und Mineralstoffen sind.

Getreide ist reich an Enzymen und natürlichen Vitaminen, das Keimen macht Getreide leichter verdaulich, egal ob gekocht oder ungekocht. Gekeimtes Getreide hat eine gute Textur und einen ansprechenden Geschmack.

Geräte für Sprossenzucht

- Gläser mit speziellem Deckel sind gut für größere Samen wie Senf, Bockshornklee, Radieschen, Rettich und Linsen geeignet. Vorteilhaft ist ihre einfache Handhabung.
- Etagenkeimgerät für feine Saaten wie Rucola, Zwiebel, Rote Bete, Alfalfa-Sprossen; muss sehr sauber gehalten werden, um eine Schimmelbildung zu verhindern.
- Große Etagenkeimgeräte (Sprossomat) sind für Betriebe geeignet, die große Mengen an Sprossen benötigen. Optimal für die Zucht von Mungobohnensprossen oder Erbsensprossen.

Sprossenbox

Verwenden Sie Samen aus Bioläden. Konventionelle Samen werden oft chemisch behandelt.

Wie lassen sich Sprossen im Glas züchten?

Die Samen werden erst kalt gespült, dann abhängig vom Typ und der Größe der Samen eingeweicht. Das Einweichen vergrößert den Wassergehalt der Samen und bringt sie aus der Ruhe. Nachdem die Samen in regelmäßigen Intervallen abgetropft und gespült wurden, keimen oder sprießen sie. Dies dauert drei bis sechs Tage und ist abhängig von der Größe sowie der Dicke der äußeren Samenschicht. Vor dem Gebrauch ist es unbedingt notwendig, die Sprossen gründlich zu spülen, da während der Züchtung ideale Bedingungen für das Wachstum von Mikroorganismen herrschen.

Arbeitsschritte

1. Hülsenfrüchte mit kaltem Wasser spülen, dann für 20 Minuten bis zwölf Stunden in frischem, kaltem Wasser einweichen.
2. Spülen Sie das Wasser gut nach. Vor allem Körner sollten Sie gut spülen, weil sie eine gallertartige Schicht haben.
3. Gießen Sie ein paar eingeweichte Samen in ein Glas, decken Sie es mit einem Tuch ab und befestigen dieses mit einem Gummiband.
4. Setzen Sie das Glas schräg in den Topf einer Schüssel.
5. Spülen Sie das Glas zweimal täglich. Dies verhindert die Bildung von Schimmel. Ersetzen Sie das Tuch regelmäßig und stellen Sie das Glas zurück in die Schüssel.
6. Je nach Art von Getreide, Samen oder Hülsenfrucht werden nach zwei bis drei Tagen Triebe entstehen. Sie können bis zu acht Tage wachsen.
7. Spülen Sie die Samen, bevor Sie sie verwenden, mehrmals unter fließendem Wasser und schleudern Sie sie trocken.

Wie lassen sich Sprossen auf Papier züchten?

Man benötigt eine Schüssel und Küchenpapier.

1. Nehmen Sie die Schüssel und bedecken Sie den Boden mit ein paar Lagen Küchenpapier. Machen Sie dieses durch und durch nass. Geben Sie die Samen darauf.
2. Die Samen keimen; lassen Sie sie nicht zusammenliegen.
3. Bedecken Sie die Schüssel mit einem Teller; zirka zwei Tage Keimdauer. Ab dem dritten Tag nehmen Sie die Abdeckung weg.
4. Halten Sie während der Zeit das Papiertuch gründlich nass.
5. Lassen Sie die Sprossen weitere Tage wachsen.
6. Spülen Sie die Samen, bevor Sie sie verwenden, mehrmals unter fließendem Wasser und schleudern Sie sie trocken.

Keimzeiten

1–3 Tage: Kürbiskerne, Sonnenblumenkerne, Quinoa

2–4 Tage: Weizen, Dinkel, Roggen, Buchweizen, Linsen, Kichererbsen, Radieschen

4–7 Tage: Azukibohnen, Mungobohnen, Erbsen, Alfalfa, Rettich, Kresse, Senf, Broccoli, Rotkohl, Rote Rübe, Bockshornklee, Rucola, Lauch, Zwiebeln

Starten Sie Ihre Keimversuche am besten mit Rettich, Klee, Kren, Bockshornklee, Brokkoli oder Luzerne, hier ist es am einfachsten.
Keimlinge halten sich in einem luftdichten Behälter im Kühlschrank am besten. Ihre Haltbarkeit ist abhängig von der Art und reicht von nur zwei Tagen bis zu einer Woche. Da sie in einer feuchten, warmen Umgebung wachsen, sind sie sehr anfällig für Schimmel und Fäulnis. Werfen Sie Ihre Keimlinge sofort weg, wenn sie muffig riechen!

KOMPETENZ-ERWERB

Ziele erreicht? – „Sprossen und Keimlinge“

1. Kreuzen Sie in der Tabelle an, ob die Aussage stimmt oder nicht stimmt.

Aussage	Stimmt	Stimmt nicht
Man kann Samen, Hülsenfrüchte und Getreide keimen und zu Sprossen werden lassen.		
Alfalfa-Sprossen sind besonders reich an Vitaminen und Mineralstoffen.		
Keimlinge halten sich in einem luftdichten Behälter im Kühlschrank mehrere Wochen.		
In vielen Samen befindet sich unter den Randschichten ein schlummernder Keim. Dieser beginnt unter Einfluss von Feuchtigkeit, Sauerstoff und Licht zu wachsen.		

2. Lückentext: Tragen Sie die fehlenden Wörter ein:

Vitaminen ▪ ganze Jahr ▪ arm ▪ viele ▪ hergestellt

Sprossen sind:

- nahrhaft, reich an ________________ und Mineralstoffen
- kalorien________________
- fettarm und haben ________________ Ballaststoffe
- können sehr einfach ________________ werden
- eine einfache Lösung, um mit frischen Zutaten das ________________ über zu arbeiten

3. Beschreiben Sie die Arbeitsschritte für die Herstellung von
- Sprossen im Glas
- Sprossen auf Küchenpapier

4. Wie lagern Sie Keimlinge am besten?

5. Welche Samen, Hülsenfrüchte und Getreidesorten eignen sich für das Keimen?

Samen: ________________

Hülsenfrüchte: ________________

Getreidesorten: ________________

6. Rollenspiel: Stellen Sie ein Verkaufsgespräch mit einem Gast nach. Der Gast fragt Sie nach gekeimtem Weizen. Erklären Sie kurz den Herstellungsvorgang und erwähnen Sie den unten stehenden Artikel über Zink.

> Ähnlich wie bei Eisen ist bei Zink die Verfügbarkeit aus Tierprodukten etwas besser als aus pflanzlichen Lebensmitteln. Schuld sind vor allem Phytate, die Zink binden und so dessen Verfügbarkeit herabsetzen. […]
> Das Einweichen und Keimen von Weizen und Hülsenfrüchten reduziert den Phytatgehalt ebenso wie die Sauerteigführung von Getreide. Deshalb sollten Sprossen und Vollkornbrot aus Sauerteig regelmäßig verzehrt werden.

Nüsse, Ölsaaten und pflanzliche Öle

Um den Proteinbedarf einer Person pro Tag zu decken, reichen 30–40 Gramm Nüsse. Besonders eiweißreich sind Mandeln, Haselnüsse, Pistazien, Walnüsse, Cashewkerne, Paranüsse und Pinienkerne.

Die meisten Menschen denken bei Nüssen an das Knabbern von Erdnüssen beim Fernsehen oder an Müsli. Samen und Ölsaaten werden oft sträflicherweise als „Vogelfutter" bezeichnet. In der vegetarischen Küche haben diese Lebensmittel jedoch einen hohen Stellenwert. Sie sind das gesunde Plus in Gerichten, da sie reich an Nährstoffen sind. Für vegetarisch lebende Menschen sind sie ein perfekter Ersatz für Fleisch, weil sie einen hohen Eiweißanteil (10–25 %) haben. Sie sind ein gesunder Snack, sind reich an Vitaminen, Mineralien und Ballaststoffen und enthalten bis zu 50 Prozent gesättigte und ungesättigte Fettsäuren (Omega-3), aber kein Cholesterin.

KOMPETENZ-ERWERB

Meine Ziele

Nach Bearbeitung dieses Kapitels kann ich
- die verschiedenen Arten von Nüssen, pflanzlichen Ölen und Ölsaaten nennen;
- ihre Herkunft, Verwendung, Aufbewahrung und Verarbeitung erläutern;
- die Bedeutung dieser Lebensmittel für die vegetarische Küche verstehen;
- die ernährungsphysiologischen Vorteile nennen und den Gästen erklären.

Nüsse

Nüsse zählen botanisch zum Obst, und zwar zu den Schalenfrüchten. Erdnüsse sind keine Nüsse, sondern Hülsenfrüchte.

	Beschreibung	Reich an	Formen
	**Mandeln** Süße Nüsse aus dem Mittleren Osten; daneben gibt es bittere (wilde) Mandeln, die giftig sind, aber genutzt werden, um (verzehrbaren) Bittermandelextrakt herzustellen. Mandeln sind auch bekannt als Zutat für Marzipan. Man kann ihre Haut entfernen, indem man sie für eine halbe bis eine Minute in Wasser kocht, abgießt, in eine Schüssel mit kaltem Wasser gibt und sie dann so zwischen den Fingern presst, dass sie aus ihrer Schale gleiten. Unter den Nüssen enthalten Mandeln den höchsten Anteil an Protein (20 bis 22 % Protein).	■ Eiweiß++ ■ Eisen ■ Kalium ■ Kalzium ■ Magnesium ■ Ungesättigte Fettsäuren ■ Vitamin E	Geschält oder ungeschält, blanchiert, als Blättchen, gemahlen, Paste/Butter, Mus, Öl, Mandeldrink
	**Haselnüsse** Stammen von einem buschig wachsenden Baum, hauptsächlich aus der Türkei, Italien und Spanien. Ihre Haut ist etwas bitter und kann entfernt werden, indem man sie kurz röstet und dann zwischen Handtüchern rubbelt, während sie noch warm sind. Sie werden auch für Brotaufstriche genutzt.	■ Protein ■ Eiweiß++ ■ Kalium ■ Magnesium ■ Kalzium ■ Eisen ■ Ungesättigte Fettsäuren	Geschält oder ungeschält, blanchiert, geröstet, gemahlen, Paste, Öl, Drink
	**Walnüsse** In Europa weit verbreitet; ihr Geschmack und vor allem der Geschmack ihrer Haut ist manchmal bitter. Die bitteren Tannine in der Haut können Brot oder anderes Gebäck mit Walnüssen lila färben. Die Haut ist schwierig zu entfernen. Man kann einiges entfernen, indem man die bei den Haselnüssen beschriebene Methode nutzt. Oder man kann etwas von dem bitteren Geschmack entfernen, indem man sie kurz blanchiert, trocken reibt und dann röstet. Walnüsse werden in Gebäck, Käse und Salat verwendet. Wegen ihres bitteren Geschmacks werden sie eher in Beilagen oder Würzzubereitungen verwendet. Walnüsse enthalten etwa 16 % Protein und sind von allen Nüssen am reichsten an Omega-3-Fettsäuren (wirkt positiv auf Herz und Kreislauf).	■ Eiweiß ■ Omega 3+++	Geschält oder ungeschält, Öl, Drink
	**Pekannüsse** Kommen aus Nordamerika und sind mit den Walnüssen verwandt; die Form ist sehr ähnlich, nur ist die Pekannuss etwas länger und dunkler. Sie ist nicht bitter, sondern hat einen süßen Geschmack, und wird in Süßwaren und Gebäck verwendet.	■ Zink ■ Eisen ■ Vitamin E	Geschält, manchmal ungeschält
	**Kastanien** In Europa weit verbreitet; sind ein wenig anders als andere Nüsse, da sie anstelle von Öl viele Kohlenhydrate (Stärke) enthalten. Schon seit prähistorischen Zeiten werden sie zu Mehl gemahlen, das zu Brot, Gebäck und Nudeln verarbeitet wird. Kastanienmehl ist glutenfrei. Kastanienpüree oder kandierte Kastanien sind Klassiker der französischen Küche. Im Gegensatz zu anderen Nüssen enthalten Kastanien nicht viel Fett oder Protein. Jedoch haben sie einen nussigen Geschmack, der sich nach dem Rösten entwickelt, und sie sind auch recht süß. Sie verderben sehr leicht und sollten im Kühlschrank aufbewahrt werden.	Kohlenhydrate	Geschält, Püree, blanchiert (und vakuumiert), Mehl

Einige Walnüsse am Tag sind genug, um ausreichend Omega-3-Fettsäuren aufzunehmen

Beschreibung	Reich an	Formen
 **Cashewkerne** Die weißen Nüsse haben einen süßen Geschmack. Man wird sie nie ungeschält finden, denn ihre Schale ist giftig. Vor allem in der asiatischen Küche werden sie in herzhaften Gerichten verwendet, und sie sind sehr beliebt in der Rohkostküche, oft als Grundlage für Desserts. Cashews enthalten mehr Stärke als die meisten anderen Nüsse (aber viel weniger als Kastanien), das macht sie zu einem hervorragenden Bindemittel für flüssige Gerichte wie Suppen, Saucen und Desserts.	■ Eiweiß++ ■ Protein ■ Einfach ungesättigte Fettsäuren ■ Magnesium ■ Kalium ■ Zink ■ Folsäure ■ Eisen	Geschält, Cashewbutter (Paste), Mus, geröstet und gesalzen als Knabberei
 **Paranüsse** Paranüsse sind die Samen eines Baumes in der Amazonasregion, sie sind recht groß und eckig. Mit einem Proteingehalt von etwa 17 Prozent enthalten sie auch etwa 60 bis 65 Prozent Fett. Wegen ihres hohen Fettgehalts werden sie schnell ranzig. Es gibt kein anderes Nahrungsmittel, das so viel Selen enthält, für die tägliche Dosis muss man nur eine Paranuss essen.	■ Selen+++ ■ Eiweiß++ ■ Ungesättigte Fettsäuren++	Ungeschält, geschält
 **Pistazien** Die hellgrünen Pistazien kommen, wie die Mandeln, ursprünglich aus dem Mittleren Osten. Traditionell werden sie vor allem in Eis und Süßspeisen verwendet oder geröstet und gesalzen als Knabberei. Auch geben sie zum Beispiel in einer Pastete einen interessanten Kontrast. Pistazien enthalten beinahe 50 % Fett, die grüne Farbe kommt vom Chlorophyll in der Nuss. Man kann die Farbe am besten erhalten, wenn man sie bei niedriger Temperatur röstet.	■ Eiweiß++ ■ Protein ■ Eisen ■ Kalium ■ Ungesättigte Fettsäuren++ ■ Vitamin E ■ Zink	Ungeschält, geschält, Öl
 **Macadamia** Diese runde, cremige, weiße Nuss stammt aus Australien. Sie enthält von allen Nüssen am meisten Fett, etwa 75 Prozent. Die Fette sind vor allem einfach ungesättigte Fettsäuren, daher ist der Geschmack auch mild und butterig. Wegen ihres hohen Fettgehalts werden sie im Vergleich zu anderen Nüssen schneller ranzig. Sie sind recht teuer.	Kohlenhydrate	Roh, geröstet und gesalzen, Milch
 **Kokosnüsse** Die Samen der Kokospalme sind die größten Nüsse, sie brauchen bis zu einem Jahr zum Wachsen. Junge Kokosnüsse sind groß und grün, in ihrer Hülle findet man Kokosnusswasser und eine dünne Schicht von gelartigem Kokosnussfleisch. Wenn die Kokosnuss älter wird, wird das Fleisch fester, härter und fettiger, und die Nuss enthält weniger Wasser. Um das Fleisch entwickelt sich eine harte Schale. Zu kaufen gibt es meist die allseits bekannten braunen, harten Nüsse, ohne die grüne Hülle. In Geschäften für asiatische Spezialitäten kann man junge Kokosnüsse finden, oft ist ein Teil der Hülle entfernt, damit man sie leichter transportieren kann (eine ganze Kokosnuss kann ein bis zwei Kilogramm wiegen), und sie sind in Klarsichtfolie verpackt. Kokosnüsse finden in vielen verschiedenen Formen Verwendung.	■ Proteine ■ Ballaststoffe ■ Eiweiß	Milch, Saft, Creme, Öl, Mehl, Schnetzel, Flocken

 **Fleisch und Milch:** Cremige Kokosnussmilch (zu kaufen in Dosen oder in Tetrapaks) wird nicht aus dem flüssigen Anteil in einer Kokosnuss gemacht, sondern aus dem harten, fleischigen Teil einer vollreifen Kokosnuss. Das Fleisch wird püriert und dann gesiebt, um die Fasern herauszubekommen. Man kann Kokosmilch aus Kokosflocken oder Kokosfleisch auch selbst machen. Cremige Kokosnuss wird auch hart verkauft, als Block, man nennt das Santen. Santen wird aus gepresstem Kokosnussbrei gemacht. Kokosnusssaft wird auch als (Sport-)Getränk in Tetrapaks verkauft. Das ist der Saft (auch oft fälschlich Milch genannt), der aus einer jungen Kokosnuss kommt. Dieser Saft ist klar und überhaupt nicht cremig.  **Fett:** Kokosfett ist fest und zum Rösten und Braten geeignet. Es war im letzten Jahrhundert in der Lebensmittelindustrie sehr beliebt, geriet aber dann ab den 1970er-Jahren wegen des hohen Anteils an gesättigten Fettsäuren in Misskredit. Heute ist es in der Rohkostküche beliebt. Mit dem Wissen, das wir heute über Herz-Kreislauf-Erkrankungen haben, schadet etwas Kokosfett in einer ausgewogenen Ernährung, die sonst kaum gesättigte Fette auf ihrem Speisezettel hat, nicht. Somit ist es in der veganen Kost unbedenklich.  **Mehl:** Getrockneten Kokosbrei findet man als Kokosflocken oder -schnetzel. Kokosmehl kann auch direkt aus Kokosnüssen gewonnen werden. Es enthält viele Faserstoffe und Protein und wird genutzt, um Mehl in Kuchen und Keksen zu ersetzen.		
 **Pinienkerne** Sind die Samen einer speziellen Piniensorte und wachsen in einem Zapfen. Diese kleinen, weißen Samen sind häufig Bestandteil eines Pestos, aber sie können genauso gut in verschiedenen Salaten, Fruchtzubereitungen, Saucen, Desserts und Kuchen verwendet werden. Pinienkerne enthalten viel Öl, deshalb werden sie schnell ranzig. Man muss sie vorsichtig rösten, da sie leicht verbrennen. Gute Pinienkerne stammen aus Europa, Amerika und Korea, chinesische Sorten haben manchmal einen unangenehmen metallischen Geschmack.	■ Eiweiß+++ ■ Folsäure ■ Eisen ■ Kupfer ■ Magnesium ■ Vitamin B_1 ■ Vitamin E	Geschält, meist roh
 **Erdnüsse** Erdnüsse sind keine Nüsse, sie sind Hülsenfrüchte und wachsen an buschigen Pflanzen in ihrer Schale. In der Küche nutzen wir Erdnüsse jedoch mehr als Nuss als als Hülsenfrucht. Bei uns ist vor allem auch die Erdnussbutter beliebt, in Afrika und Asien sind Erdnüsse ein wichtiges Grundnahrungsmittel. Erdnüsse geben Suppen und Saucen Substanz und sie werden als Füllung in sowohl herzhaften als auch süßen Teigwaren oder in Nudelgerichten verwendet (Pad Thai).	■ Eiweiß ■ Protein ■ Kohlenhydrate ■ Eisen ■ Magnesium ■ Zink	Ungeschält, geschält, geröstet und gesalzen, Erdnussbutter, Öl

Da Erdnussöl für hohe Temperaturen geeignet ist, wird es gerne für Wokgerichte eingesetzt. Informieren Sie Ihre Gäste immer, wenn Sie mit Erdnüssen kochen, sie gehören zu den häufigsten Allergenen!

Ölsaaten

Ölsaaten sind Samen, oft auch in einer harten Schale. Im Gegensatz zu den Nüssen wachsen sie nicht auf Bäumen.

	Beschreibung	Reich an	Formen
	**Sonnenblumenkerne** Die Kerne werden hauptsächlich zu Sonnenblumenöl gepresst. Die geschälten Samen sind aber auch zum Kochen geeignet, am besten geröstet in Salaten, denen sie Geschmack und Textur geben. Eingeweichte und pürierte Kerne werden mit frischen oder getrockneten Kräutern kombiniert, um Aufstriche, Dips und Saucen zu machen. Langsam gemahlen ergeben sie eine ölige und nussige Sonnenblumenpaste.	▪ Proteine ▪ Eiweiß ▪ Folsäure ▪ Eisen ▪ Ungesättigte Fettsäuren ▪ Selen ▪ Vitamine B_6, B_1, E ▪ Zink	Geschält, Öl
	**Kürbiskerne** Das sind die Samen, die man in weißen Hüllen in einem Kürbis findet. Sie haben ein ausgeprägtes Aroma und geben ein wunderbares grünliches Öl. Kürbiskerne können wie alle Ölsamen beim Backen von Brot, Kuchen und Keksen verwendet oder über Salat und herzhafte Gerichte gegeben werden.	▪ Mangan ▪ Phosphor ▪ Eisen ▪ Kalium ▪ Kupfer ▪ Zink ▪ Vitamin B, E	Geschält, ungeschält (als Knabberei in südlichen Ländern), Paste, Öl
	**Sesam** Sesamsamen gibt es in verschiedenen Farben von Weiß (geschält) über Golden (ungeschält) bis Schwarz. Sesam schmeckt nussig, wenn er geröstet ist etwas bitter. Sesam bereichert den Geschmack von Broten, Kuchen, Keksen und anderem Gebäck. In der jüdischen Küche gibt es eine Süßigkeit namens Halva, die aus gemahlenem Sesam und Honig besteht. In der japanischen Küche werden die Samen geröstet, gemahlen und mit Meersalz gemischt und heißt „Gomasio". Im Mittleren Osten wird eine streichfähige Sesampaste durch langsames Mahlen von gerösteten Samen hergestellt. Diese Tahinipaste ist die Basis für Saucen, Dips und Aufstriche, darunter die bekannte Kichererbsenpaste „Hummus". Das Sesamöl wird häufig verwendet, es kann bis 160 °C erhitzt werden.	▪ Ungesättigte Fettsäuren ▪ Vitamin B, E ▪ Kalzium ▪ Eisen ▪ Phosphor ▪ Mangan 	Geschält, ungeschält, Öl, Paste
	**Mohnsamen** Die kleinen grauen Mohnsamen sind die Samen des Schlafmohns, aus dessen Pflanzensaft Opium gewonnen wird! Aber keine Sorge, der Morphingehalt in Mohnsamen ist zu gering, um einen Effekt auf den Körper zu haben. Mohnsamen werden vor allem verwendet, um Brot, Kuchen und Kekse zu dekorieren, und als Füllung in Mohnkuchen.	▪ Eisen ▪ Kalzium ▪ Kalium ▪ Mangan ▪ Magnesium ▪ Zink ▪ B-Vitamine	Geschält
	**Hanf** Hanfsamen stammen von einer Cannabispflanze mit keinen bis wenigen psychoaktiven Substanzen. Sie haben einen reichen und angenehm milden, nussigen Geschmack und können über Suppen und Salate gestreut werden. Sie enthalten viel Protein, alle essenziellen Aminosäuren, Faserstoffe und viele verschiedene Mineralien, weshalb sie oft als „Superfood" bezeichnet werden. Hanfsamen sind in der Rohkostküche und bei gesundheitsbewussten Menschen sehr beliebt.	▪ Eiweiß+++ ▪ B-Vitamine und Vitamin E ▪ Eisen ▪ Kalium ▪ Magnesium	Geschält, ungeschält, Pulver

 **Leinsamen** Der Leinsamen ist eine europäische Ölsaat, die von der Flachspflanze kommt, die gleiche Pflanze, aus der man den Stoff „Leinen" macht. Leinsamen sind rot-braun oder golden und haben ein nussiges Aroma. Leinöl hat ein ausgeprägtes (beinahe fischiges) Aroma und wird am besten kalt verwendet. Gemahlene Leinsamen in Wasser ergeben eine Art Gel, das ein gutes Bindemittel ist. In einigen veganen Backrezepturen werden sie statt Eiern benutzt. Leinsamen sind auch wegen ihres beinahe unglaublichen Nährstoffgehaltes beliebt.	▪ Phosphor ▪ Magnesium ▪ Mangan ▪ Omega-3-Fettsäuren+++ ▪ Eiweiß+++ ▪ Vitamin B_1	Ganz, gequetscht oder gemahlen, Öl

Leinsamen haben einen sehr hohen Anteil an Omega-3-Fettsäuren und an Protein.

Verwendung von Nüssen und Ölsaaten

Nüsse und Ölsaaten sind universell verwendbar:

- Roh verwendet geben sie einem Gericht Textur
- Trocken geröstet verstärken sie ihr Aroma
- Zu Öl gepresst
- Zu Nussmehl gemahlen, z. B. Mandelmehl (zum Kochen), oder noch weiter mahlen, bis das Öl austritt, und man erhält eine entsprechende „Nussbutter" oder auch Nussmus, z. B. Erdnussbutter, Mandelbutter, Tahin (Sesampaste), Sonnenblumencreme
- Eingeweicht und mit Wasser püriert, sodass man eine reichhaltige Creme erhält (Basis für eine warme oder kalte Sauce); fügt man mehr Wasser hinzu, erhält man eine geschmackvolle Nussmilch
- Nussschaum herstellen (Nussmilch gekocht und aufgeschäumt)
- Gemahlene Nüsse und zerkleinerte Ölsaaten als Bindemittel nutzen, ähnlich wie Eier, z. B. Cashews und Sonnenblumenkerne in Falafeln und Burgern
- Basis für (fermentierten) Nusskäse, vgl. Milchalternative Seite 87ff.

Aufbewahrung von Nüssen und Ölsaaten

Nüsse und Ölsamen müssen trocken in einem luftdichten Behälter an einem kühlen, dunklen Ort aufbewahrt werden, am besten vakuumiert. Aufgrund ihres hohen Fettgehaltes werden sie leicht ranzig. Bei guter Aufbewahrung halten sich Nüsse in der Schale bis zu einem Jahr. Ohne Schale halten sich Nüsse und Ölsaaten kürzer, maximal vier Monate. Man kann sie länger haltbar machen, bis zu einem Jahr, wenn man sie einfriert.

Nüsse und Ölsamen dürfen nicht zu hoch erhitzt werden (z. B. beim Rösten), da sonst die wertvollen mehrfach ungesättigten Fettsäuren zerstört werden. Generell wird 100 °C als sichere Temperatur angesehen.

Pflanzliche Öle

Man unterscheidet kaltgepresste Speiseöle und raffinierte Öle.

Von der Ölpflanze zum Speiseöl

Kaltgepresste Speiseöle

Die gereinigten und zerkleinerten Ölfrüchte und -saaten werden durch Druck in Pressen ausgepresst. Dabei entstehen Temperaturen bis zu 65 °C. Anschließend wird das Öl gefiltert und in dunkle Glasflaschen oder Dosen abgefüllt (lichtgeschützt!).

Raffinierte Öle

- **Warmpressen:** Die gereinigten und zerkleinerten Ölfrüchte und -saaten, deren Fette einen höheren Schmelzpunkt haben, werden durch Druck und Wärme ausgepresst.
- **Extrahieren:** Aus dem Ölrückstand (Presskuchen) wird das verbliebene Öl mit einem chemischen Lösungsmittel herausgelöst. Um das giftige Lösungsmittel wieder aus dem Öl zu entfernen, wird es auf 140 °C erhitzt, das Lösungsmittel verdampft. Wertvolle Inhaltsstoffe wie Vitamine werden jedoch zerstört.
- **Raffinieren:** Das Rohöl wird gereinigt. Bei diesem Vorgang wird es entsäuert, entfärbt, gebleicht und gefiltert. Dazu sind Temperaturen um 200 °C nötig.

Kürbiskernöl hat eine dunkelgrüne Farbe

Öle können aus Kernen, Samen, Keimen und Früchten gewonnen werden.

Kernöle und Samenöle

Kürbiskernöl
- Aus den Kernen des Kürbis (geschält oder ungeschält, in der Steiermark werden die Kerne vor dem Pressen geröstet)
- Sattgrün, nussiger Geschmack
- Nicht erhitzen!

Rapsöl
- „Olivenöl des Nordens“
- Hoher Gehalt an essentiellen Omega-3-Fettsäuren
- Häufig mit der Schale gepresst, muss dann raffiniert werden

Traubenkernöl
- Für einen Liter Öl benötigt man 50 kg Traubenkerne (500 kg Weintrauben)
- Intensiv grün, mild fruchtig, leicht nussiger Geschmack
- Hitzebeständig

Leindotteröl
- Aus der Leindotterpflanze (nicht verwechseln mit Leinöl!)
- Hellgrün, duftet nach frisch gemähtem Löwenzahn, milder Geschmack nach grünen Erbsen
- Sehr viel Omega-3- und Omega-6-Säuren

Sonnenblumenöl
- Meist raffiniert, daher hoher Rauchpunkt, geschmacksneutral
- Kaltgepresst: angenehm fruchtig
- Schmeckt nach Sonnenblumenkernen

Mohnöl
- Hellgelb, feinherber Geschmack

Pflaumenkernöl

- An Marzipan erinnernder Duft
- Eher nussiger Geschmack, erinnert an Mandeln und Walnüsse
- Ideal für Desserts und Süßspeisen
- Nicht erhitzen!

Lein-(samen-)öl

- Aus den Sämereien vom Flachs
- Goldgelb, schmeckt nussig und etwas nach Heu
- Wird nach längerer Lagerzeit bitter
- Sehr wertvoll, wegen des hohen Gehaltes an Omega-3-Fettsäuren

Hanföl

- Leicht nach Heu duftend, krautig bis nussig schmeckend
- Grünlich bis braun

Senföl

- Aus schwarzen Senfkörnern
- Mild-würzig, dezente Schärfe
- Typisch für die indische Küche

Keimöle

Maiskeimöl

- Aus geschälten Maiskörnern
- Meist raffiniert: hellgelb, geschmacksneutral, hitzebeständig
- Kaltgepresst: dunkelgelb, leichter Maisgeschmack

Weizenkeimöl

- Geschälte Weizenkörner
- Schmeckt zart nach Getreide

Fruchtöle

Arganöl

- Fein nussig (walnussartig); rötlich
- Die Früchte des Arganbaums haben ein bitteres Fruchtfleisch und bis zu drei Kerne, die jeweils etwas größer sind als eine Haselnuss, ihre Schale ist extrem hart
- In jedem dieser Kerne steckt eine kleine „Mandel", etwa so groß wie ein Sonnenblumenkern, daraus wird das Öl gewonnen (ein Liter Öl aus 30 kg Früchten)

Sojaöl

- Hellgelb (wenn raffiniert), neutraler Geschmack
- Hoch erhitzbar, zum Braten geeignet

Avocadoöl

- Aus dem Fruchtfleisch
- Dunkelgelb bis grünlich
- Hoher Rauchpunkt

Kokosöl

- Auch Kokosbutter genannt
- Sehr hoher Rauchpunkt
- Viel (50 %) Laurinsäure

Erdnussöl

- Hoher Rauchpunkt, selbst kaltgepresst bis 170 °C

Mandelöl

- Hellgelb, Marzipanaroma
- Aus Süßmandeln

Arganöl (hier ein Foto der Frucht) wird aufgrund seines hohen Vitamin-E-Gehalts auch von Kosmetikherstellern verwendet, da es nachweislich die Zellerneuerung fördert

Leider wird bei Olivenölen viel gepanscht und verfälscht. Ein großer Anteil des Betruges liegt in der Falschdeklaration. Ein hoher Preis ist nicht immer ein Indikator für gute Qualität.

Olivenöl

Olivenöl gehört zu den Fruchtölen. Anders als bei Ölen aus Ölsaaten oder Kernen (Maiskeimöl, Sonnenblumenkernöl) wird Olivenöl nur aus dem Fruchtfleisch der Olive gewonnen. Dieser gepresste Saft weist einen hohen Anteil an ein- und mehrfach ungesättigten Fettsäuren auf.

Bezeichnungen

Nativ/Nativ Extra bzw. Vergine

- Naturbelassen
- Durch schonende mechanische Verfahren (Pressen) hergestellt
- Keine Erhitzung
- Hinweis auf Ursprung: Stammt das Olivenöl aus einem einzigen Land (Ernte und Herstellung), so ist dieses angegeben; sind Ernte- und Herstellungsland unterschiedlich, müssen beide angegeben werden, z. B. Natives Olivenöl (extra), hergestellt in Italien, aus Oliven geerntet in Spanien

Raffiniert

- Herstellungsprozess siehe Seite 62
- Die wertvollen sekundären Pflanzenstoffe bzw. bioaktiven Begleitstoffe, die eine gesundheitsfördernde Ernährung begründen, werden durch das Herstellungsverfahren vernichtet

Ziele erreicht? – „Nüsse, Ölsaaten und pflanzliche Öle"

KOMPETENZ-ERWERB

1. Kreuzen Sie in der Tabelle an, ob die Aussage stimmt oder nicht stimmt.

Aussage	Stimmt	Stimmt nicht
Viele Nussarten werden zu Öl verarbeitet, z. B. Walnüsse, Kokosnüsse und Haselnüsse.		
Für vegetarisch lebende Menschen sind Nüsse ein perfekter Ersatz für Fleisch, weil sie einen hohen Eiweißanteil (10–25 %) haben.		
Zu den Ölsaaten zählen u. a. Sonnenblumenkerne, Kürbiskerne und Leinsamen.		
Warm gepresste Öle sind wertvoller als kalt gepresste.		
Erdnüsse sind keine Nüsse, sondern Hülsenfrüchte.		
Taksim ist der Name für die Sesampaste, die u. a. ein Bestandteil von Hummus ist.		
Nüsse und Ölsamen dürfen nicht zu hoch erhitzt werden, da sonst die wertvollen mehrfach ungesättigten Fettsäuren zerstört werden.		

2. Wählen Sie aus der Gruppe der Nüsse zwei aus und beschreiben Sie diese. Gehen Sie auch darauf ein, ob sie reich an Eiweiß sind und zählen Sie die Mineralstoffe auf.

3. Welche Nussart hat einen hohen Gehalt an Omega-3-Fettsäuren? Warum sind diese Fettsäuren so positiv?
4. Zählen Sie fünf Ölsaaten auf, die zu Ölen verarbeitet werden können.
5. Erklären Sie den Unterschied zwischen Leinöl und Leindotteröl.
6. Rollenspiel: Sie führen mit Ihrem Gast ein Verkaufsgespräch. Dieser fragt Sie, warum Gerichte, die Nusszubereitungen enthalten, so geschmackvoll sind. Gehen Sie dabei auf den Fettgehalt und die daraus resultierende Haltbarkeit ein.
7. Öle können aus Kernen, Samen, Keimen und Früchten hergestellt werden. Zählen Sie drei dieser pflanzlichen Öle auf und beschreiben Sie diese.
8. Nehmen Sie zu folgender Aussage Stellung: „Gute kalt gepresste Öle sind der wesentliche Geschmacksträger einer guten Salatmarinade." Diskutieren Sie darüber in der Klasse.
9. Beschreiben Sie die unterschiedlichen Verwendungen von Nüssen und Ölsaaten sowie ihre Aufbewahrung.
10. Lesen Sie den gekürzten Bericht über Olivenöl in der Publikation von „Stiftung Warentest" und interpretieren Sie ihn:

Von wegen Spitzenqualität

Modrig, ranzig, stichig, notierten die Prüfer beim Olivenöl-Test immer wieder. Die Proben sollten eigentlich das Feinste vom Feinen sein: Olivenöl nativ extra. Dieses als Spitzenqualität präsentierte Öl wird von den Konsumenten am häufigsten gekauft. Bei 12 von 32 Proben entpuppte sich das als Etikettenschwindel. In neun Fällen fand test Geruchs- und Geschmacksfehler, drei Mal haperte es an der chemischen Qualität. Der Preis spielt dabei keine Rolle.

Und was den Ausdruck „kalt gepresst" betrifft, sollten Verbraucher wissen: Native Olivenöle dürfen nur durch mechanische und physikalische Verfahren gewonnen werden. Das heißt, zwecks besserer Ausbeute darf keine Wärme von außen zugeführt werden. Allerdings kann auch durch den Pressvorgang eine Temperatur bis 80 Grad Celsius entstehen. Der gern benutzte Begriff „kalt gepresst" verschönt also das tatsächliche Herstellungsverfahren.

Hülsenfrüchte

Beachten Sie, dass bei der Vorbereitung von Hülsenfrüchten unterschiedlich lange Einweich- und Kochzeiten zu berücksichtigen sind:

1. Rote Linsen
2. Alblinsen
3. Kichererbsen
4. Flageoletbohne
5. Schwarze Linsen (Belugalinsen)
6. Mungobohne
7. Azukibohne
8. Cannellinibohne
9. Borlottibohne

Alle Bohnen, Linsen, Erbsen und sogar Erdnüsse gehören zur Familie der Leguminosen (Schmetterlingsblütler) und werden Hülsenfrüchte genannt. Sie enthalten eine Menge an Kohlenhydraten und Proteinen, weshalb sie oft auch als Fleischalternative verwendet werden. Die meisten Hülsenfrüchte enthalten zwischen zehn und 50 Gramm Eiweiß pro 100 Gramm Trockengewicht. In gekochter Form enthalten sie etwa die Hälfte dieses Proteins. Hülsenfrüchte sind auch reich an Ballaststoffen, was ein gutes Sättigungsgefühl erzeugt. Sie verfügen über einen relativ geringen Fettgehalt (ungesättigte Fette), der Vitamingehalt beschränkt sich hauptsächlich auf die Vitamine B_6 und E. Der Mineralstoffgehalt hingegen ist sehr umfangreich.

Meine Ziele

Nach Bearbeitung dieses Kapitels kann ich

- die verschiedenen Arten von Hülsenfrüchten nennen;
- ihre Herkunft, Verwendung, Aufbewahrung und Verarbeitung erläutern;
- die Bedeutung dieser Lebensmittel sowie ihren vielfältigen Einsatz in der vegetarischen und veganen Küche verstehen;
- die ernährungsphysiologischen Vorteile nennen und den Gästen erklären.

In vielen Ländern gehören Hülsenfrüchte zum festen Bestandteil des Kochens. Kichererbsen im Hummus, Bohnen im Chili und Linsen im indischen Dhal sind aber auch hierzulande immer öfter zu finden.

Hummus

Chili

Dhal

Ein Nachteil der hohen Menge an Ballaststoffen in den Hülsenfrüchten liegt in der schweren Verdaulichkeit und den damit verbundenen Blähungen. Wie die Blähungen weitestgehend minimiert werden können, lesen Sie auf Seite 69.

Frische Hülsenfrüchte sind einerseits die Samen (beispielsweise die Erbsen) und andererseits die Hülsen, also die grünen Bohnen oder die Zuckererbsenschoten. Alle Hülsenfrüchte haben eine zweiteilige Samenfrucht, die von einer festen Schale umgeben ist. In diesem Kapitel befassen wir uns mit den im Handel erhältlichen getrockneten Hülsenfrüchten. Die meisten Hülsenfrüchte dürfen nicht roh gegessen werden, weil sie das natürliche Toxin Lektin enthalten.

Durch das Kochen werden **Lektine** inaktiv. Beim Verzehr von besonders lektinreichen Arten, wie beispielsweise Feuerbohnen, können bereits vier oder fünf rohe Samen beim Erwachsenen erste Vergiftungssymptome (v. a. Erbrechen) verursachen. Diese treten rasch ein, meist ein bis drei Stunden nach Verzehr, und verschwinden ebenso rasch wieder.

Soja – der Star unter den Hülsenfrüchten

Wegen ihrer Nährstoffdichte werden Sojabohnen weltweit angebaut und genutzt. Ein Nachteil aus gesundheitlicher Sicht ist, dass sie sehr zäh und schwer verdaulich sind. Auf dem Weg, dieses Problem zu lösen, wurde eine ganze Reihe von Produkten aus der Sojabohne entwickelt, von denen beinahe alle ihre Wurzeln in der asiatischen Küche haben. Tofu, Tempeh und Sojaschnetzel werden als Fleischersatz verwendet. Andere Produkte dienen als Gewürz (z. B. Sojasauce) oder als Milchersatz (z. B. Sojadrink).

Um die Sojapflanze resistenter gegen Schädlinge zu machen und damit höhere Erträge zu erlangen, gibt es genmanipulierte Sojapflanzen. Der enorme Bedarf an Sojabohnen stieg hauptsächlich in der Futtermittelindustrie. Besonders in lateinamerikanischen Ländern wurden viele Wälder abgeholzt, um für die Sojabohne Platz zu machen („land grabbing"). Den Bauern in diesen Ländern wird entweder Land abgekauft oder ihnen wird viel Geld angeboten, wenn sie nur Soja anbauen. So entwickelten sich Monokulturen, die nicht nur für die Böden, sondern auch für die Eigenversorgung der dort lebenden Bevölkerung nachhaltig negative Auswirkungen haben. Inzwischen werden Sojabohnen auch in Europa angebaut. Bei der Herstellung von Sojaprodukten für den menschlichen Verzehr wird oft bewusst lokal angebautes, gentechnikfreies und biologisches Soja verwendet.

Seit 1875 wird Soja auch in Österreich angebaut. Soja rangiert mit über 75.000 Hektar nach Mais, Weizen und Gerste hierzulande bereits auf Rang vier der offiziellen Flächenstatistik.

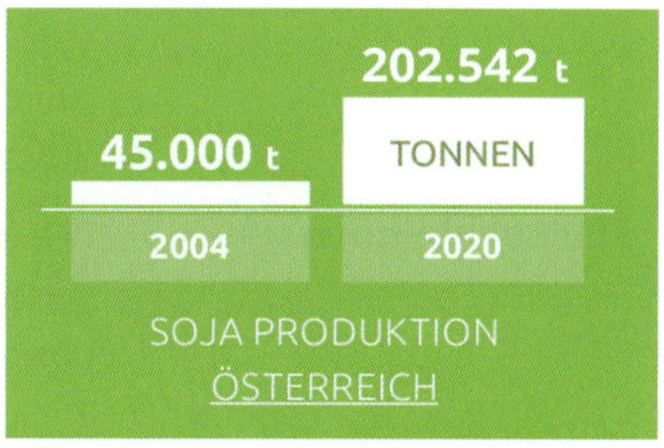

Sojabohnen

Überblick über die Hülsenfrüchte

Bei der Vorbereitung von Hülsenfrüchten sind unterschiedlich lange Einweich- und Kochzeiten zu beachten. Diese sind abhängig von der jeweiligen Sorte. Beim Einsatz von Hülsenfrüchten muss diese (teils längere) Vorbereitungszeit miteingeplant werden.

Hülsenfrüchte	
Linsen	Kleine, runde, flache Hülsenfrüchte, die man in grüner, brauner, schwarzer, oranger und gelber Farbe finden kann. Die meisten Linsen müssen nicht eingeweicht werden. Die erforderliche Kochzeit ist im Vergleich zu anderen Hülsenfrüchten relativ kurz. 
Rote Linsen 1	Mit Farben von gelb bis korallenrot sind dies die süßesten Linsen. Sie verlieren beim Kochen sehr leicht ihre Farbe und Form und sind deshalb für Dhal (Linsenpüree), Suppen und Füllungen besonders geeignet. Man findet sie meistens geschält.
Alblinsen 2	Sie sind, ähnlich den Du-Puy-Linsen, klein und grün und gehören zu den fast ausgestorbenen, aber wiederbelebten Sorten.
Schwarze oder Beluga-Linsen 5	Sind etwas kleiner als andere Linsen und sehen ein wenig wie Kaviar aus, daher der Name „Beluga". Schwarze Linsen haben eine relativ kurze Kochzeit und behalten ihre Form, deshalb sind sie gut für Salate und Gemüsebeilagen zu verwenden. Ihre schöne schwarze Farbe verändert sich bei Säureeinwirkung eher zu dunkelbraun.
Braune Linsen	Sie werden manchmal auch kontinentale Linsen oder Tellerlinsen genannt. Sie sind recht robust und groß, haben einen milden, stärkehaltigen Geschmack und behalten ihre Form gut, wenn sie nicht zu lange gekocht werden. Hervorragend für Suppen und Eintöpfe geeignet.
Grüne Linsen, Du-Puy-Linsen	Wahrscheinlich die bekanntesten Linsen in der französischen Küche. Sie sind kleiner als die braunen Linsen und grün mit kleinen grauen Sprenkeln. Nur Linsen aus der Gemeinde Le Puy in der Region Haute-Loire dürfen diese Herkunftsbezeichnung tragen. Diese Linsen behalten beim Kochen ihre Form und Farbe sehr gut und haben einen leicht nussigen Geschmack.
Cannellini-Bohnen 8	Kleine, nierenförmige Bohnen.
Borlottibohnen 9	Gefleckte Bohnen, die vor allem in der italienischen Küche beliebt sind. Das gefleckte Aussehen bleibt beim Kochen nicht erhalten. Die Borlottibohne ist eine geschmackvolle Bohne, die in Gemüsesuppen, Füllungen, Aufstrichen, Dips und Aufläufen verwendet werden kann.
Azukibohnen 7	Die kleinen roten Bohnen sind vor allem in der makrobiotischen Küche bekannt, wo sie als Superfood für die Nieren angesehen werden. Sie müssen vor dem Kochen nicht unbedingt eingeweicht werden, jedoch macht Einweichen sie leichter verdaulich. Da sie leicht süßlich und cremig sind, werden sie oft in Kombination mit süßem Gemüse (z. B. Kürbis) oder in asiatischen Süßspeisen und Desserts verwendet. 
Flageoletbohnen 4	Die kleinen, hellgrünen Bohnen sind unreife Kidneybohnen. Sie werden oft in der französischen Küche verwendet, sind weniger mehlig als andere Bohnen und haben einen kräuterartigen, frischen Geschmack.
Mungobohnen 6	Auch grüne Sojabohnen genannt, sind klein und grün. Man lässt sie oft keimen und erhält dann Mungosprossen.
Limabohnen	Sind recht große Bohnen, die auch als Butterbohnen bekannt sind. Sie kommen aus Südamerika, um genauer zu sein aus Peru, daher der Name.
Riesenbohnen	Noch größer als Limabohnen, grauweiß und mit kartoffelähnlicher Textur. Beliebt in der griechischen und spanischen Küche, manchmal in Dosen in Tomatensauce erhältlich.
Kidneybohnen	Auch Rote Bohnen oder Nierenbohnen, sind, wie der Name sagt, nierenförmig. Sie stammen aus der lateinamerikanischen Küche.

Gelbe Sojabohnen	Die runden, gelben Sojabohnen können gekocht und wie Bohnen verwendet werden, sind aber schwer verdaulich. Sie enthalten mehr Proteine und Fett als andere Hülsenfrüchte und werden gerne zur Herstellung von Sojadrinks, Sojasahne, Sojamehl, Sojasauce, Miso, Tofu usw. verwendet.
Schwarze Bohnen	Diese nierenförmigen, festen Bohnen werden unter anderem in der makrobiotischen Küche wegen ihrer therapeutischen Qualitäten genutzt.
Kichererbsen 3	Kichererbsen sind mittelgroße, braune bzw. gelbe Hülsenfrüchte, die vor dem Kochen eingeweicht werden sollten. Sie werden in Salaten und mit Couscous verwendet. Außerdem sind sie die Hauptzutat im Hummus. Kichererbsen können auch zu Mehl gemahlen werden, das in der indischen Küche „Besan“ genannt wird. Aus diesem Mehl kann man Pfannkuchen und andere Backwaren und herzhafte Kekse herstellen. 
Schälerbsen	Diese gelben oder grünen, getrockneten Erbsen sind geschält und gespalten. Sie sind für Erbsenpüree, Suppen, Saucen oder sogar als Beilage geeignet.
Markerbsen	Die auch als Felderbsen bekannten Hülsenfrüchte werden in den Niederlanden viel verwendet. Es gibt sie frisch, als Konserve und getrocknet.

Verwendung und Aufbewahrung von Hülsenfrüchten

Hülsenfrüchte sind kostengünstig und einfach zu verarbeiten. Sie sind lange haltbar, entweder getrocknet oder in Konserven. Sie müssen luftdicht bei Raumtemperatur aufbewahrt werden. Ihre Verwendung ist vielfältig, z. B. als Eintöpfe, Pürees, Cremes, Salate, Bratlinge oder als Füllung in Teigtaschen und Gemüse.

Konservierte Hülsenfrüchte in Gläsern oder Dosen sind gebrauchsfertig und müssen nur erhitzt werden. Aber oft lohnt es sich, sie selbst zu kochen, wenn man einen besseren Geschmack erzielen will oder Hülsenfrüchte die Hauptrolle in einem Gericht spielen. Die Kochzeit von getrockneten Hülsenfrüchten kann recht lang sein, und oft müssen sie vorher eingeweicht werden.

Je älter die Bohnen sind, desto mehr Wasser benötigen sie und desto länger ist auch die Einweichzeit.

Zubereitung

Hülsenfrüchte können vor allem bei Menschen, die diese nicht gewohnt sind, **Blähungen** hervorrufen. Um diesen Effekt zu minimieren, geben Sie ein Stück Kombu ins Einweichwasser. Schütten Sie das Einweichwasser weg und spülen Sie die Hülsenfrüchte ab. Verlängern Sie die angegebene Kochzeit und kochen Sie während der gesamten Zeit die Kombualge mit.

Eine weitere Option ist es, die Hülsenfrüchte mit Gewürzen zu versehen, die die Blähungen entweder vermindern oder ganz aufheben, das sind vor allem Asant (Asafoetida-Pulver), Kümmel, Kreuzkümmel, Thymian, Rosmarin, Anis, Fenchel, Bohnenkraut, Bärlauch, Oregano, Majoran, Ingwer, Safran, Ysop, Pfefferminze oder Zitronenverbene. Beachten Sie jedoch, dass die Hülsenfrüchte sehr leicht den Geschmack der Gewürze annehmen!

Kombu = Alge; meist aus Japan aus kultiviertem Anbau, ein Großteil wird vor der Küste von Hokkaido in recht kaltem Wasser geerntet.

Wichtig: Salz oder Sojasauce sollte erst gegen Ende der Kochzeit hinzugegeben werden. Salz macht die Haut der Hülsenfrüchte härter, d. h., dass die Hülsenfrüchte eventuell nicht weich werden.

Hinweise für die Zubereitung

Überprüfen Sie die Hülsenfrüchte auf Steine und Verunreinigungen, sorgfältiges Waschen ist wichtig (bis das Waschwasser komplett klar ist).

Hülsenfrüchte in viel kaltem Wasser einweichen (als Richtlinie die dreifache Menge Wasser); in der Regel über Nacht einweichen (acht bis 15 Stunden) – nicht zu lange, sonst setzt der Keimungsprozess ein.

Hülsenfrüchte ohne Salz zum Kochen bringen; eventuell fünf bis zehn Minuten köcheln, abgießen und spülen, bis kein Schaum mehr zu sehen ist, dann neues Wasser (oder ungesalzene klare Suppe) hinzugeben.

Auf kleiner Flamme mit dem Deckel offen oder halboffen kochen, entfernen Sie gelegentlich den Schaum und geben Sie klare Suppe oder Wasser hinzu.

Die Kochzeit variiert von 20 Minuten für Linsen bis zu zwei Stunden für rote Bohnen und Kichererbsen. Sie können Hülsenfrüchte auch im Druckkochtopf kochen. Die Kochzeit verkürzt sich dann.

Viele kleine Linsenarten (Puy, Beluga, Schwäbische Alblinse oder Berglinsen) benötigen nach dem Waschen lediglich eine Garzeit von ca. 20 Minuten – ohne vorherige Einweichzeit.

Besonders schmackhaft werden Linsengerichte, wenn Sie die Linsen in Öl kurz anschwitzen und dann in einer ungesalzenen klaren Suppe fertig garen.

Bis zu sechs Stunden können manche Bohnen, z. B. Azukibohnen, köcheln, bis sie ganz zart sind (und weniger blähen).

Hülsenfrüchte sind meist nicht für „schnelle Gerichte“ geeignet. Lesen Sie die Packungsbeilage!

Ziele erreicht? – „Hülsenfrüchte“

KOMPETENZ-ERWERB

1. Kreuzen Sie in der Tabelle an, ob die Aussage stimmt oder nicht stimmt.

Aussage	Stimmt	Stimmt nicht
Hülsenfrüchte sind eine wichtige Eiweißquelle und werden daher als Fleischalternative verwendet.		
Sojabohnen werden weltweit angebaut.		
Zu den Hülsenfrüchten zählen u. a. Linsen, Bohnen, Erdnüsse, Kichererbsen und Erbsen.		
Je jünger die Bohne, desto mehr Wasser benötigt sie und desto länger ist auch die Einweichzeit.		
Salz im Kochwasser macht die Haut der Hülsenfrüchte härter, d. h., dass die Hülsenfrüchte eventuell nicht weich werden.		

2. Beschreiben Sie Soja, vor allem den Einsatz dieser Hülsenfrüchte in der veganen Küche. Gehen Sie bei Ihrer Beschreibung auch auf die Problematik beim Anbau dieser Pflanze ein (Stichwort: Futtermittel, Gentechnik).

3. Warum ist es ein Nachteil, dass Hülsenfrüchte eine hohe Menge an Ballaststoffen aufweisen? Wie kann diesem Umstand entgegengewirkt werden?

4. Zählen Sie die Arten von Linsen auf und beschreiben Sie zwei näher.

5. Beschreiben Sie folgende Bohnen:

Name	Beschreibung
Cannellini	
Azuki	
Mungo	
Flageolet	
Kidney	

6. Rollenspiel: Sie haben auf Ihrer Speisenkarte eine Reihe von Gerichten mit Hülsenfrüchten. Ein Gast erklärt Ihnen, dass er häufig Blähungen bekommt, wenn er größere Mengen von Bohnen isst. Erklären Sie ihm, worauf bei der Zubereitung zu achten ist, damit dieser Effekt minimiert wird. Führen Sie mit einer Mitschülerin bzw. einem Mitschüler ein Rollengespräch.

7. Blättern Sie zum Rezeptteil und lesen Sie das Rezept „Gemüse-Kichererbsen-Ragout". Bereiten Sie anschließend eine Präsentation vor und erklären Sie die Zubereitung dieses Gerichtes. Beschreiben Sie auch, was genau Kichererbsen sind, gehen Sie dabei auch auf die unterschiedliche Verwendung dieser Hülsenfrucht sowie auf ihre Kochzeit ein.

Getreide

Die nomadischen Völker sammelten Körner von Wildgräsern. Vor mehr als 7 000 Jahren gab es in dem Gebiet zwischen Syrien und Afghanistan bereits Gerste.

Getreide (zusammen mit Erdäpfeln) ist weltweit das am meisten verbreitete Grundnahrungsmittel. Bei uns werden die verschiedenen Getreidesorten oft als Beilage oder Basis von Gerichten verwendet. Einige vergessene Alternativen wie Quinoa, Amaranth, Hirse oder Bulgur erleben gerade ihr Comeback in der Küche.

Es gibt sieben Hauptgetreidearten, und zwar Hirse, Mais, Hafer, Gerste, Weizen, Reis und Roggen. Diese Getreidearten gehören der botanischen Familie der Gräser an. Sie werden jährlich gesät und im Spätsommer die Samen geerntet. Es gibt auch eine Reihe von Pflanzen, wie Buchweizen, Amaranth und Quinoa, die ähnliche Eigenschaften wie Getreide haben, tatsächlich aber zu einer anderen botanischen Familie gehören. Sie werden daher als Pseudogetreide bezeichnet.

KOMPETENZ-ERWERB

Meine Ziele

Nach Bearbeitung dieses Kapitels kann ich

- die verschiedenen Getreidearten mit ihrem Ursprung nennen;
- ihre Verwendung, Aufbewahrung und Verarbeitung erläutern;
- die Bedeutung dieser Lebensmittel sowie ihren vielfältigen Einsatz in der vegetarischen und veganen Küche verstehen;
- die ernährungsphysiologischen Vorteile nennen und den Gästen erklären;
- kreativ gestaltete Mahlzeiten mit Getreide zubereiten.

Egal aus welcher Pflanzenfamilie das Getreide stammt, es hat immer den gleichen Aufbau:

- Fruchtschale und Samenschale, welche das Sameninnere schützen (Ballaststoffe/ Vitamin B)
- Aleuronschicht (Eiweißstoffe, Mineralstoffe)
- Mehlkörper; stellt den größten Teil des Korns dar und ist die erste Nahrungsquelle des Keimlings (Stärke und Eiweiß)
- Keimling; „Embryo" des Getreidekorns (Fett, Eiweiß, Stärke, Vitamin E, Mineralstoffe)

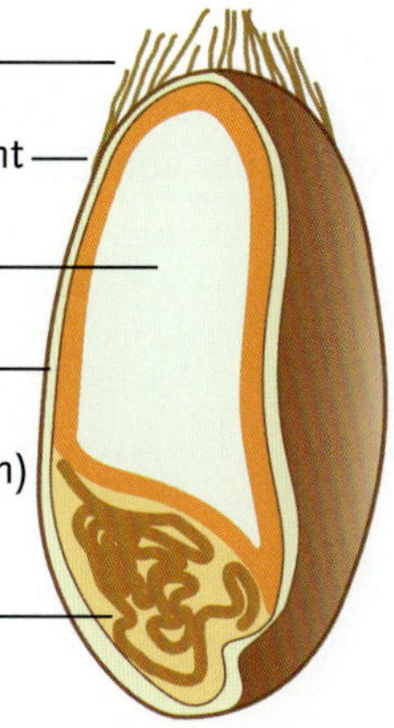

Aufbau des Getreidekorns

Getreidebratlinge

Suppe mit Sojafleisch

Couscous

Der Mehlkörper vieler Getreidesorten enthält ein spezielles Eiweiß, **Gluten** oder auch **Kleber** genannt. Diese sind für die gute Eigenschaft des Backens verantwortlich, ohne jedoch ernährungsphysiologisch hochwertig zu sein. Der Kleber verleiht der Backware die richtige Konsistenz. Unter dem Begriff Gluten sind dabei jene Eiweißstoffe zusammengefasst, die beim Kontakt mit Wasser fadenziehend und klebrig werden. Sobald das Mehl mit Flüssigkeit in Verbindung kommt, quellen die Eiweißstoffe auf und binden die Flüssigkeit im Teig. Der Kleberanteil im Weizen ist besonders hoch.

Manche Getreidesorten haben auf der Fruchtschale noch eine weitere schützende Schale, auch Getreidespelze oder Hülse genannt. Spelzen werden immer entfernt, da sie nicht essbar sind.

Manche Menschen vertragen das Klebereiweiß nicht. Diese Unverträglichkeit wird als **Zöliakie** bezeichnet. Glutenfreie Getreidesorten sind Mais, Reis und Hirse. Auch einige Pseudogetreide wie Amaranth, Buchweizen, Quinoa oder Leinsamen sind glutenfrei.

Allen Getreidepflanzen ist gemeinsam, dass sie neben Vitaminen und Mineralien besonders reich an Kohlenhydraten sind. Das macht sie zu einem idealen, tagtäglichen Nahrungsmittel für unseren Körper. Brot und Nudeln (aus Mehl gemacht, wobei es sich i. d. R. um gemahlenen Weizen handelt), Reis und Getreide enthalten auch etwas Eiweiß, manche mehr (Hafer, Quinoa), manche weniger (Reis). Der größte Nährstoffgehalt ist in den Schalen und Aleuronschichten sowie im Keimling enthalten, während der Mehlkörper hauptsächlich aus Stärke besteht. Deshalb wird der Verzehr von Vollkorngetreide (nicht ausgemahlen) empfohlen.

Aufgabenstellung

- Lesen Sie den Artikel des Europäischen Informationszentrums für Lebensmittel über Vollkorngetreide.

  Sie finden ihn im digitalen Zusatzpaket.

Mehl ist der fein gemahlene Mehlkörper von Getreide.

Getreideerzeugnisse

Aus Mahlmühlen	Aus Schälmühlen
■ Durch Mahlen von unbespelztem Getreide hergestellte Erzeugnisse (Schrot, Grieß, Dunst oder Mehl) ■ Jedes Erzeugnis zeichnet sich durch eine andere Größe bzw. Feinheit aus	■ Erzeugnisse aus bespelztem Getreide (Hafer, Gerste, Hirse, Reis) ■ Die Spelzen werden vor dem Mahlen entfernt

Ausmahlgrad

Der Ausmahlgrad ist das Maß für die Abtrennung von Schalenteilen und vom Keimling. So enthalten **Vollkornmehle** alle Bestandteile des gereinigten Getreides, unabhängig, ob es sich um Schrot oder feines Mehl handelt. Beide sind gesundheitlich genauso wertvoll.

Auszugsmehle hingegen sind hell, weil Schalen und Keimling abgesondert wurden. Der Ausmahlgrad wird durch die Mehltype festgelegt: Die Typenzahl gibt an, wie viel Milligramm Asche zurückbleiben, wenn 100 Gramm wasserfreies Mehl verbrannt werden. Die Asche wiederum besteht aus unverbrennbaren Mineralstoffen, die sich vorwiegend in den Schalenteilchen befinden.

Mehle	
Vollkornmehl	Das Korn wird ganz vermahlen, nicht gesiebt und beinhaltet damit die wertvollen Mineralien aus der Kleie.
Mehltyp W 700	Beim Sieben dieses Mehls werden Kleie und Keimling entfernt. Es enthält viel Stärke, da es hauptsächlich aus Mehlkörper besteht.
Mehltyp W 480	Dieses Mehl wird sehr fein gesiebt und hauptsächlich zur Herstellung von Feingebäck verwendet. Es ist das hellste Mehl und sozusagen das Mehl für alle Zwecke.

Glattes und griffiges Mehl
Glattes Mehl (W 700) ist feinkörnig. Je feiner das Mehl, desto besser und schneller nimmt es Flüssigkeit auf. Dadurch eignet es sich für Strudel, Palatschinken oder Kekse sowie zum Binden von Saucen. Griffiges Mehl (W 480) besteht aus gröberen Mehlpartikeln. Es lässt sich leicht in Flüssigkeiten einrühren, ohne zu klumpen, und ist daher ideal für Knödel, Spätzle, Nockerl und Rührteige.

Weitere Produkte

- Zerkleinertes, gemahlenes, gequetschtes Getreide: z. B. Getreideflocken für Müsli oder Brei
- Geröstetes und gepufftes Getreide: z. B. geröstete Gerste für Kaffeeersatzprodukte (in Italien Yorzo); Popcorn (gepuffter Mais), Mais- und Reiswaffeln; gepufftes Pseudogetreide, wie gepuffter Amaranth oder Quinoa
- Durch Milchsäuregärung und alkoholische Gärungsprozesse veränderte Produkte: z. B. Getreidedrinks. Hierzu werden Getreide oder auch Mehle gekocht und einem Enzymprozess ausgesetzt. Sie sind weißliche, süßliche, milchähnliche Getränke, die als Alternative zu Kuhmilch Verwendung finden

Durch die Milchsäuregärung (beispielsweise im Sauerteig für die Brotherstellung) wird das Getreide leichter verdaulich. Wird zusätzlich Hefe hinzugegeben, entstehen Alkohol und Kohlendioxid. Bei der Bierherstellung wird der Fokus auf den alkoholischen Gärprozess gelegt.

Getreidesorten

* alle mit Stern gekennzeichneten Produkte sind glutenfrei

Getreidesorten	
Reis*	Reis ist leicht verdaulich, es gibt über 100 000 Sorten. Je nach Stärke bzw. Eiweißanteil und Verarbeitung variiert das Verhältnis der aufgenommenen Flüssigkeit zu Reis von 1:1 bis 4:1. Die gängigsten Sorten sind Langkorn- bzw. Mittelkornreis (z. B. für Risotto) und Rundkornreis (z. B. für Milchreis). Er wächst, im Gegensatz zu den anderen Getreidesorten, als einziger in Wasser. Reis ist reich an Kohlehydraten und Vitamin B, enthält relativ wenig Eiweiß und kein Gluten.
Weißer Reis*	Das ist Reis, bei dem erst in der Reismühle die Spelzen und anschließend durch Schleifen Silberhäutchen und Keimling entfernt wurden.
Parboiled Reis*	Schnellkochender Reis, dem mit einem Spezialverfahren (hoher Dampfdruck) die Kleie entfernt wird. Im Vergleich zu weißem Reis bleiben viele Vitamine und Mineralien erhalten.
Vollkornreis, Rundkorn*	Misst ungefähr vier bis sechs Millimeter. Die Spelze wird entfernt, aber die Kleie mit ihren wertvollen Mineralien bleibt erhalten. Wenn gekocht, wird dieser Reis eher cremig und klebrig. Eignet sich für Süßspeisen und Risotti.
Braunreis*	Wertvoller Dessertreis.
Vollkornreis, Langkorn* 1	Ungefähr sechs bis acht Millimeter lang. Nach dem Kochen ist der Reis eher trocken und eignet sich daher sehr gut für Pfannengerichte und Reissalate.
Risottoreis* 2	Während des Kochens nimmt dieser Reis viel Feuchtigkeit auf und behält meist seine Form und auch seine Konsistenz recht gut, er wird durch das Kochen cremig, aber nicht breiig. Ein gutes Risotto wird langsam gekocht, unter ständigem Rühren und schrittweisem Zugießen von heißer Flüssigkeit. Die bekanntesten Sorten sind Arborio, Vialone, Carnaroli, Maratelli und Baldo, sie stammen hauptsächlich aus dem Piemont und der Lombardei.
Basmatireis*	Als weißer Parboiled-Reis und in der Variante Vollkorn im Handel. Der Reis ist sehr aromatisch und nach dem Kochen „trocken" (sollte nicht zu lange gekocht werden). Ein besonders aromatischer Basmati stammt vom Fuße des Himalayas.
Jasminreis*	Dieser Langkornreis kommt aus Thailand und wird auch als Duftreis bezeichnet. Er ist nach dem Kochen trocken und hat ein blumiges Aroma. Den qualitativ hochwertigsten Jasminreis findet man unter dem Namen „Thai Hom Mali" (Reis mit Blumenaroma).
Schwarzer oder Lila Reis*	Schwarzer Reis stammt ursprünglich aus China und war dort den Kaisern vorbehalten. Dieser Vollkornreis nimmt während des Kochvorgangs eine kräftige lila Farbe an. Der Farbwechsel ist ein natürlicher Vorgang, der Reis wird nicht mit Tintenfisch-Farbe gefärbt, wie dies manchmal in der spanischen Küche der Fall ist. Mittlerweile gibt es auch im europäischen Handel verschiedene Sorten, z. B. thailändischen Reis, der nach dem Kochen leicht klebrig ist. Es gibt auch einen Schwarzen Langkornreis, der aus der Poebene im Piemont stammt. Dieser Reis hat einen leicht süßlichen Geschmack, sein Duft erinnert an frisch gebackenes Brot.
Pandan Reis*	Dieser duftende, weiße Langkornreis stammt aus Thailand. Die Reiswurzeln nehmen beim Wachsen den Geruch der Blätter der Schraubenpalme (Pandanus) auf. Dieser Reis ist auch vorgekocht mit Palmblättern der Schraubenpalme erhältlich.
Roter Reis*	Die bekanntesten Sorten stammen aus der Camargue (Südfrankreich) oder aus Thailand (roter Jasminreis). Es handelt sich bei beiden Sorten um qualitativ hochwertigen Langkornreis.
Klebreis*	Klebreis ist der Reis, mit dem man „mochi" herstellt, ein japanisches Dessert. Er verfügt über eine natürliche Süße und wird sehr cremig, weich und klebrig.
Calasparra Reis/ Spanischer Reis*	In Spanien wird dieser Reis oft zur Zubereitung von Paella verwendet. Er wird in der Provinz Murcia zwischen 400 und 500 Höhenmetern angebaut. Dort treffen mehrere Flüsse aufeinander und somit ist reichlich qualitativ hochwertiges Wasser vorhanden. Dieses Qualitätsgetreide kann drei- bis viermal die eigene Menge an Wasser aufnehmen. Nach dem Abkühlen kleben die Körner zusammen, direkt nach dem Kochen sind sie jedoch relativ locker. Diesen Reis findet man meist in handgenähten Stoffbeuteln mit dem Aufdruck „D. O." (denominacion de origen), was bedeutet, dass die Herkunft des Reises zertifiziert ist.

Mais* **Maismehl*** 1	Mais ist die robusteste der Getreidepflanzen. In ihren Kolben stecken die typischen goldgelben Körner, die einen hohen Anteil an Kohlenhydraten, Eiweiß und Fett beinhalten, jedoch kein Gluten. Mais wird hauptsächlich zu Grieß, Polenta, Mehl, Flocken oder Tortillachips verarbeitet. Die Körner bereichern Salate und Eintöpfe. 
Maisgrieß* 2	Das fertige Produkt, also der gekochte Maisgrieß, wird als **Polenta** bezeichnet. Es gibt vorgegarte Polenta („Schnellkochpolenta“), diese braucht nur zehn Minuten.
Hirse* 3	Ist reich an Silizium, Eisen, Fluor, Kohlenhydraten, Eiweiß und essenziellen Fettsäuren. Wenn die unverdauliche Schale entfernt wurde, findet man ein kleines, hartes, rundes, gelbes Korn, es beinhaltet kein Gluten. Hirse wächst, ebenso wie Reis, in Rispenform und spielt traditionell vor allem auf dem afrikanischen Kontinent eine wichtige Rolle. Sie eignet sich hervorragend für Pasten oder Brei. Wenn sie so gekocht wird, dass das Wasser komplett verkocht, harmoniert sie besonders mit einer Sauce. Nachdem die Hirse gekocht wurde, ist sie fest und eignet sich für die Herstellung von Bratlingen und Kroketten. Sie wird auch in Flockenform verwendet.
Teff* 4	Teff ist ein Getreide, das den Gräsern zugeordnet wird, wobei unklar ist, zu welcher Familie er gehört. Da Teff im Handel oft unter Hirseprodukten zu finden ist, steht er auch hier an dieser Stelle. Ein gebräuchlicher Handelsname ist auch Zwerghirse.  Teff ist reich an Ballaststoffen und Mineralien wie Eisen, Kalzium, Magnesium und Zink. Er hat einen niedrigen Phytinsäuregehalt, weshalb die Mineralien gut aufgenommen werden können. Teff besteht aus ganz kleinen runden Körnern in Sandkorngröße, weshalb er etwas schwierig zu handhaben ist. Er stammt ursprünglich aus Äthiopien und wird in den letzten Jahren vermehrt als glutenfreies Mehl zum Backen angeboten. In Äthiopien wird daraus eine Art Fladenbrot gebacken.
Foniohirse*	Sie wird hauptsächlich in Westafrika angebaut und hat sehr kleine Körner, die eine große Menge Wasser aufnehmen können (Hirse-Wasser-Verhältnis ist 1:5). Meist wird sie zu Couscous oder Taboulé verarbeitet.
Hafer, Hafergrütze, Haferkleie	Das Haferkorn entwickelt sich, wie Reis und Hirse, zu einer losen Rispe. Dieses Korn enthält viel Eiweiß, Fette, B-Vitamine, Kalzium und weitere Mineralien wie Eisen, Magnesium und Zink. Hafer ist am ehesten in Form von Haferflocken bekannt. Er wird wegen seines nussigen Geschmacks häufig in Müsli, Kuchen, Desserts und Suppen verwendet. Aufgrund des hohen Fettgehaltes handelt es sich um ein sehr „cremiges“ Getreide. Das wird sehr offensichtlich bei der Zubereitung von Haferbrei.
Weizen Weizengrütze 5	Weizen ist ein vielseitig verwendbares Getreide mit diversen abgeleiteten Produkten wie Bulgur und Couscous. Er enthält viele Kohlenhydrate, Eiweiße und Silizium. Die hochwertigen Mineralien befinden sich hauptsächlich in den äußeren Schalen des Korns. Weizen enthält Gluten (Klebereiweiß), das ausgewaschen für die Herstellung von Seitan verwendet werden kann. Weizenhaltiges Brot ist ein typisch europäisches Lebensmittel.  Es wird zwischen Weichweizen und Hartweizen unterschieden. Hartweizen enthält einen höheren Anteil an Gluten und wird eher im Süden und in wärmeren Regionen angebaut.
Bulgur 6	Für die Herstellung von Bulgur wird das Korn gegrützt (geschnitten), vorgekocht und wieder getrocknet. Dadurch wird die Garzeit verkürzt und das Getreide ist leichter zu verdauen. Meist wird zur Herstellung Weizen verwendet, es können jedoch auch Gerste oder andere Getreide sein. Bulgur ist deshalb keine Getreidesorte, sondern entstammt einem Veredelungsverfahren. Es gibt ihn in einer Vollkornvariante und in einer geschälten Variante. Er kann warm oder kalt verzehrt werden und eignet sich in einer Vielzahl von Salaten.
Couscous 7	Beim Couscous wird das Getreide (Weizen, Hirse) nicht geschnitten, sondern geschrotet. Daraus entsteht Grieß, der dampfgegart und anschließend wieder getrocknet wird. Man findet ihn geschält oder auch als Vollkornvariante. Couscous hat eine sehr kurze Garzeit und kann warm oder kalt verzehrt werden. Er eignet sich für Salate, aber auch für Puddings und Süßspeisen.

Buchweizen*, Buchweizengrütze* 8	Buchweizen gehört zur Familie der Knöterichgewächse und bringt ein kleines, dreieckiges Korn hervor. Er enthält viele Kohlenhydrate, ist glutenfrei und leicht verdaulich. Buchweizen findet hauptsächlich in Form von Mehl, z. B. für die Herstellung von Blinis, Verwendung. Als „Kasha“ werden geröstete Buchweizensamen bezeichnet. Buchweizen besitzt die Fähigkeit zu binden und wird in Form von Buchweizenflocken zum Binden von Kuchen und Suppen verwendet. 
Quinoa* 9	Quinoa hat seine Herkunft in Zentral- und Südamerika. Auf Anhieb sehen die Körner dem Hirsekorn sehr ähnlich, sie sind aber flacher. Quinoa ist reich an Nährstoffen und hat einen höheren Eiweißgehalt als viele andere Getreidesorten. Es enthält zudem große Mengen an Eisen, Kalium, B-Vitaminen und kein Gluten. Neben dem weißen Quinoa wächst es auch in roter und schwarzer Variante. Quinoa kann geschrotet, gepufft oder gemahlen werden und findet auch in Form von Cornflakes, Flocken, in Keksen und in Müsli Verwendung. Quinoa sollte immer gewaschen werden, da es schwer verdauliche und bitter schmeckende Saponine enthält. Während des Kochens öffnen sich die Körner wie Samenkörner.
Wildreis* 10	Bei diesen langen, schwarzen Körnern handelt es sich nicht um eine der üblichen Reissorten, sondern um ein Wildgras mit nordamerikanischer Herkunft. Es enthält einen hohen Eiweißanteil, viele Mineralien (u. a. Zink) und Vitamin B_2. 
Gerste Gerstengraupen (Rollgerste) Gerstenflocken 11	Gerste wächst in einem ährigen Blütenstand mit langen Grannen Sie beinhaltet einen hohen Anteil an Kohlenhydraten, Silizium, Magnesium, B-Vitaminen und Gluten. Gerste wird in Grützen und in Flockenform verwendet. Das ganze Korn findet man in Suppen und Salaten. Gekeimte oder gemälzte Gerste ist die Hauptzutat in der Bier- und Whiskeyproduktion. Sie ist auch Hauptbestandteil in verschiedenen Getreidemalzextrakten wie z. B. im Maissirup oder im Gerstenmalzsirup (Malzextrakt). Geröstete Gerste findet man in Getreidekaffees. Perlgraupen sind geschälte und polierte Gerstenkörner.
Roggen Roggenflocken	Ein starkes Getreide, welches als Ähre wächst und vorrangig beim Brotbacken und bei Knäckebrot eingesetzt wird. Roggen enthält sehr viele Mineralien und verhältnismäßig viel Kalium und Folsäure. Roggen enthält Gluten, jedoch weniger als Weizen. Roggen ist schwer verdaulich und sollte vor dem Kochen eingeweicht werden. Beim Brotbacken muss Roggen gären (fermentieren). Die Körner quellen dadurch auf und können leichter verdaut werden. Dies ist auch der Fall, wenn man mit Sauerteig oder Backferment bäckt. Hefe hat nicht die benötigten Eigenschaften, um die Roggenkörner aufquellen zu lassen und öffnen zu können, und eignet sich somit nicht zum Backen von Roggenbroten.
Triticale	Ist eine gezüchtete Getreideart aus dem weiblichen Weizen und dem männlichen Roggen. Wegen der hohen Ernteerträge und der besonderen Robustheit wurde diese Züchtung hauptsächlich für Tierfutter angebaut. Seit ca. 30 Jahren hat dieses Getreide aber auch in der Backindustrie Bedeutung.

* alle mit Stern gekennzeichneten Produkte sind glutenfrei

Weizengattungen	
Einkorn 1	Stammt vom wilden Weizen ab. 
Emmer, Zweikorn 2	Ist auch eine Pflanzenart aus der Weizengattung und wird zu Nudeln verarbeitet. Das ganze Korn findet in der italienischen Küche Verwendung und ist dort als Farro bekannt.
Khorasan-Weizen (Kamut)	Khorasan-Weizen ist ein großes und kostbares Getreide, das unter dem Namen Kamut (eingetragene Marke) verkauft wird. Es wird auch als Urgetreide bezeichnet und wieder vermehrt angebaut. Kamut wird hauptsächlich zu Bulgur, Couscous, Brot und Teigwaren verarbeitet.

Dinkel 1	Bei Dinkel ist es wichtig, „echten“ Dinkel zu kaufen. Vieles, das als Dinkel verkauft wird, ist zum Großteil Hybridweizen. Echte Dinkelkörner unterscheiden sich optisch wesentlich von Weizenkörnern. Dinkel kann bei Menschen mit Weizenallergie eingesetzt werden, wenn man den echten Dinkel nutzt. Dinkel beinhaltet jedoch Gluten und kann somit nicht bei Zöliakiepatienten verwendet werden. Er ist reich an Mineralien und enthält, wie auch Weizen, essenzielle Aminosäuren.
Grünkern 2	Grünkern ist halbreif geernteter Dinkel. Die Körner sind noch etwas „grün“ und kompakt. Sie werden getrocknet und können wie Dinkel eingesetzt werden. Dieses Korn hat einen nussigen Geschmack und ist leicht verdaulich.
Amaranth* 3	Amaranth besitzt lange, rote Blütenstände und stammt aus Zentral- bzw. Südamerika. Diese Nutzpflanze ist sehr reich an Eiweiß, besonders an Lysin und enthält viele Mineralien, u. a. Magnesium, Phosphor, Kalium, Zink und B-Vitamine. Aufgrund der kleinen Körner ist es schwierig, beim Kochen das ganze Restwasser verdampfen zu lassen. Sie werden schnell klebrig und breiig. Amaranth wird jedoch häufig gepufft oder geröstet. Er hat einen nussigen Geschmack und wird oft zu Müslimischungen hinzugefügt. Amaranth wird auch als Mehl verwendet, um eine Art Polenta herzustellen, aus der Kuchen und Kekse gebacken werden.
Hiobsträne*	Die Hiobsträne sollte klar von anderen Getreiden unterschieden werden, denn es handelt sich hierbei um die Samen eines Wildgrases. Es besitzt einen nussigen und delikaten Geschmack und wird meist zusammen mit Reis oder einem anderen Getreide gekocht oder in Suppen verwendet.

Verwendung und Aufbewahrung von Getreide

Getreide werden getrocknet, sodass sie das ganze Jahr über zur Verfügung stehen. Getreideprodukte lagert man am besten an einem kühlen, dunklen und trockenen Ort, in dicht schließenden Boxen. Getreide bleibt rund ein Jahr haltbar. Getreide kann auf verschiede Arten zubereitet werden. Der einfachste Weg ist es, es in Wasser zu kochen.

Getreideverarbeitung

Grob zerkleinert	Fein gemahlen	Zerkleinert	Geröstet, Gepufft
■ Grütze ■ Bulgur ■ Grieß ■ Couscous	■ Mehl in verschiedenen Ausmahlgraden	■ Flocken	■ Wie Kaffee geröstet ■ Gepuffter Mais (Popcorn) ■ Mais- und Reiswaffeln

Gefüllte Zucchini mit Hirse, Tomaten und Oliven

Grundzubereitung von Getreide

Das Getreide waschen und eventuelle Verunreinigungen entfernen.

Wassermenge (Standard)

Getreide
Getreide : Wasser bzw. klare Suppe = 1 : 2

Hirse
Verhältnis 1 : 3; dann ist das Ergebnis weniger körnig und trocken

Wenn man Getreide leicht verdaulich zubereiten will, kann man es einweichen. Bei manchen Sorten reichen ein paar Stunden, andere weichen besser über Nacht ein (zwischen acht und zwölf Stunden).

Die Garzeit ist abhängig von

Getreideart	Verarbeitungsgrad	Ergebnis
Hirse hat beispielsweise eine kürzere Garzeit als die meisten Reissorten	Geschälter Reis hat eine kürzere Garzeit als Vollkornreis	Getreide als Füllung oder Süßspeise gart man länger als Getreide für Beilagen

Buchweizen-Törtchen mit weißem Bohnen-Karotten-Hummus und Koriander

Obwohl es nicht nötig ist, können Getreide auch gewaschen und anschließend sofort bei niedriger Temperatur (bis ungefähr 24 °C) auf einem Backblech im Ofen getrocknet bzw. leicht geröstet werden. Dieses Darren gibt dem Getreide einen nussigen Geschmack und macht es leichter verdaulich.

Vollkorngetreide

Vollkorngetreide in Milch zu kochen, ist schlecht für die Verdauung, besser ist folgende Zubereitung:

1. In kaltem Wasser oder salzarmer klarer Gemüsesuppe ansetzen (oder in etwas Öl kurz anschwitzen, dann kaltes Wasser bzw. Suppe aufgießen)

   Begründung
   - Korn öffnet sich am besten bei geringer, langsamer, aber ausreichender Wärmezufuhr
   - Salz behindert das Öffnen
   - Schnellkochtopf liefert in diesem Fall keine Zeitersparnis und auch kein besseres Ergebnis
   - Anschwitzen bringt besondere Geschmacksstoffe
   - Kochgeschirr sollte Wärme gut speichern und gleichmäßig verteilen

2. Zugabe von Kräutern oder anderen Gewürzen
3. Zugabe von Salz erst gegen Ende des Kochvorgangs

   Begründung
   - Das Getreide kann während des Kochens den Geschmack aufnehmen
   - Das Korn ist weich und hat sich bereits „geöffnet"

4. Herd ausschalten – 15 Minuten ziehen lassen

   Begründung
   - Körner nehmen gesamten Geschmack der klaren Suppe (inkl. Salz) langsam auf, Hitzezufuhr ist nicht mehr nötig, Korn quillt

Wie entstehen die Löcher im Brot?
Die Gärprozesse bei der Brotteigherstellung sorgen für die Entwicklung von Kohlendioxid bzw. „Luft" im Brot. Es wird damit auch eine gute Krume erreicht. Hefe hat nicht die Fähigkeit, Getreide aufquellen zu lassen, obwohl es immer heißt: „Der Teig muss gehen". Aus der von der Hefe abgebauten Stärke entsteht Kohlendioxid, was den Teig aufgehen lässt. Das Gas kann durch das vorhandene Teiggerüst nicht entweichen, so entstehen die Löcher.

Ziele erreicht? – „Getreide"

KOMPETENZ-ERWERB

1. Kreuzen Sie in der Tabelle an, ob die Aussage stimmt oder nicht stimmt.

Aussage	Stimmt	Stimmt nicht
Amaranth und Buchweizen sind sogenannte Pseudogetreide.		
Vollkornreis hat eine kürzere Garzeit als weißer Reis.		
Vollkorngetreide ist nicht ausgemahlenes Getreide.		
Couscous ist dampfgegarter, getrockneter Grieß und wird aus Mais gewonnen.		
Mais- und Reiswaffeln werden durch „Puffen" hergestellt.		

2. Beim Reis unterscheidet man zwischen Langkorn- und Rundkornreis. Erklären Sie den Unterschied in der Zubereitung und der Verwendung. Geben Sie konkrete Beispiele an.
3. Der Ausmahlgrad von Mehl wird durch die Type festgelegt. Was gibt die Typenzahl an?
4. Zählen Sie die Weizengattungen auf und beschreiben Sie zwei näher.
5. Beschreiben Sie folgende Produkte

Name	Beschreibung
Bulgur	
Hirse	
Couscous	
Wildreis	
Buchweizen	
Maisgrieß	

6. Rollenspiel: Ein Gast erklärt Ihnen, dass er Zöliakie hat und daher kein Gluten zu sich nehmen darf. Erklären Sie ihm, welche Getreide für ihn unbedenklich sind. Suchen Sie im Rezeptteil die Quinoapfanne und erklären Sie ihm die Vorzüge dieses Getreides sowie die Zubereitung dieser Speise. Führen Sie mit einer Mitschülerin bzw. einem Mitschüler ein Rollengespräch.
7. Erklären Sie die Beilagen und beantworten Sie folgende Fragen: Woraus wird Polenta hergestellt? Welche Beilagen empfehlen Sie einem Gast mit Zöliakie?

Portion Vollreis ______

Portion gegrillte Knödelscheiben ______

Portion gegrille Polenta-Scheiben ______

Alternative Produkte in der vegetarischen und veganen Küche

Pioniere der veganen Gastronomie – Schillingers Swing Kitchen
www.swingkitchen.com

In der vegetarischen und veganen Küche werden Fleisch, Fisch, Milchprodukte und Eier durch sinnvolle Alternativen ersetzt. Dabei sind verschiedene Dimensionen zu beachten. Einerseits sollen Alternativen zu Geschmack, Aussehen und Konsistenz, andererseits ernährungsphysiologisch wertvolle Nahrungsmittel, die hochwertiges Eiweiß liefern gefunden werden. Für Milchalternativen eignen sich zum Beispiel Hülsenfrüchte (unter anderem Soja), Nüsse und verschiedene Getreidesorten.

Um Fleisch am Teller zu ersetzen, gibt es mehrere Möglichkeiten: Tofu und andere Sojaprodukte, Seitan aus Weizen oder Dinkel sowie Hülsenfrüchte. Das Ei ist ein „Multitalent" in der Küche, da es unterschiedliche Funktionen und Eigenschaften vereint. Die Experimentierfreudigkeit und Kreativität der Köchinnen und Köche steht hier im Mittelpunkt. Oft reicht es, auch nur eine bestimmte Funktion des Eies zu ersetzen. Aber sogar vegane Eierspeise oder veganer Eiaufstrich sind möglich.

Meine Ziele

KOMPETENZ-ERWERB

Nach Bearbeitung dieses Kapitels kann ich

- sagen, welche Fleisch-, Fisch-, Milch und Ei-Alternativen es gibt;
- die speziellen Eigenschaften der pflanzlichen Alternativen zu Fleisch, Fisch, Milch und Ei nennen und verstehen;
- Fleisch-, Fisch-, Milch- und Ei-Ersatz selbst herstellen;
- Gerichte mit diesen Ersatzprodukten zubereiten.

1 Alternativen zu Fleisch und Fisch

Einen „Fleischtiger" wie meinen Bruder davon zu überzeugen, dass es schmackhafte Alternativen zu Fleisch gibt, ist eine große Herausforderung für mich. Ich weiß schon einiges über Tofu, Tempeh und Seitan, aber bestimmt nicht alles ...

Ein Video zur Herstellung von Seitan finden Sie unter folgendem Link:
www.vegucation.at/schulen

Aus kulinarischer Sicht ist es für Sie sicher interessant, Ihre veganen Gerichte auf etwas basieren zu lassen, das sowohl in Konsistenz als auch im Geschmack überzeugt. Das Spektrum der Fleischalternativen ist in den letzten Jahren um einiges größer geworden.

Fakt ist, dass für 70 Prozent der Weltbevölkerung nicht Fleisch und Fisch die Haupteiweißquelle darstellen, sondern Bohnen und Hülsenfrüchte.

Der Begriff „Fleischersatzprodukt" ist etwas irreführend. Auf der einen Seite wird er für Fertigprodukte verwendet, die sich die Aufgabe stellen, die Konsistenz, die Form und den Geschmack von Fleisch nachzuahmen. Hier denken wir hauptsächlich an pflanzliche Burger, „Geschnetzeltes" und „Würstchen". Auf der anderen Seite wird dieser Begriff auch für Zutaten verwendet, die in einem Gericht das Fleisch aus ernährungswissenschaftlicher Sicht ersetzen. In diesem Fall sind damit Hülsenfrüchte, Nüsse und Samen gemeint.

Fleischalternativen sind seit einigen Generationen einem großen Wandel unterworfen. Tofu, Seitan und Co. finden sich heutzutage bereits auf vielen Speisenkarten. Wir beleuchten im Folgenden die Entwicklungsgeschichte der Fleischersatzprodukte.

1.1 Die erste und zweite Generation

Zunächst stellt sich die Frage, ob Bohnen, Hülsenfrüchte, Nüsse und Samen „Fleischersatzprodukte" sind oder ob es so ist, dass das Fleisch sie ersetzt hat. Jedenfalls haben in vielen Ländern Menschen begonnen, Produkte herzustellen, die aus den oben genannten eiweißreichen Zutaten bestehen. Im Fall von Tofu (Japan und China) sowie Tempeh (Indonesien) sind diese Produkte aus Sojabohnen hergestellt. Im Fall von Seitan (japanische und chinesische Küche) stammt das Eiweiß aus Weizen.

1.2 Die dritte Generation

Seit Anfang des 20. Jahrhunderts dachten Hersteller in der westlichen Welt zunehmend über neue Arten von Fleischersatz nach. Sie entwickelten Produkte, die nicht nur eiweißreich, sondern auch einfach in der Anwendung und dem Fleisch ähnlich waren; die erste Welle von Fertigprodukten war entstanden. Vordenker unter den Wissenschaftlern entwickelten essbare Eiweiße aus Pilzen (z. B. Quorn), da sie erkannten, dass es in Zukunft in der Weltbevölkerung einen Eiweiß-Engpass geben würde.

Es ist fast Fleisch
Weltweit investieren Unternehmer wie Bill Gates oder die Twittergründer Evan Williams und Biz Stone in die Entwicklung neuer Produkte.

1.3 Die vierte Generation

Aufgrund steigender Nachfrage haben die Hersteller in den letzten Jahren immer mehr neue vegetarische und vegane Produkte entwickelt, die dieselbe Konsistenz und den gleichen Geschmack wie Fleisch versprechen. Der Unterschied zwischen der dritten und der vierten Generation ist, dass es Herstellern gelungen ist, Pflanzenproteine in langen Fäden zu texturieren, sodass es sich beim Reinbeißen genauso anfühlt wie bei einem Stück Fleisch.

1.4 Die Generation „Clean Meat"

Wo hört die Suche nach dem perfekten Fleischersatz auf? Wie können wir eine wachsende Weltbevölkerung mit genug Eiweiß versorgen, ohne unangenehme Nebeneffekte (wie z. B. Umweltzerstörung)?

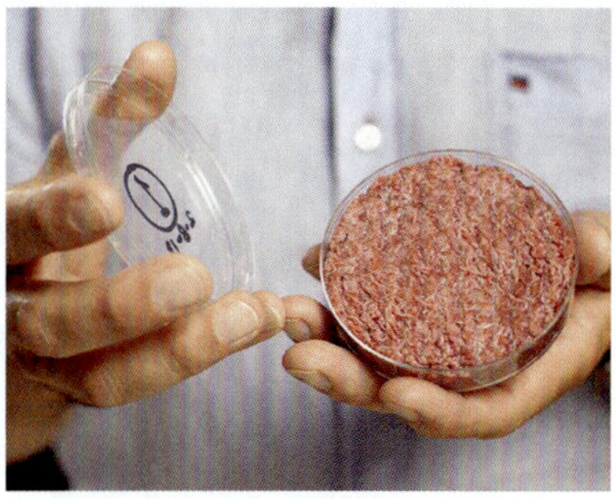

Im Labor gezüchtetes „Fleisch"

Manche Wissenschaftler/innen sehen die Antwort darin, Fleisch im Labor zu züchten. Das ist sogar schon möglich und erste Produkte sind bereits am Markt. So hat Singapur 2020 als weltweit erstes Land Clean Meat als sicher eingestuft und am Lebensmittelmarkt zugelassen. Konkret wurden Chicken Nuggets der Firma Eat Just begutachtet. Weltweit forschen unter dem Auftrag mehrerer großer Firmen zahlreiche Wissenschaftler/innen an den perfekten Varianten von Rind-, Schweine- und Geflügelfleisch.

So weit, so gut. Die offene Frage bleibt, ob Konsumentinnen/Konsumenten Clean Meat essen wollen. Die Unternehmensberatung Kearney blickt optimistisch auf den Fleischmarkt der Zukunft: Laut Prognosen soll Clean Meat etwa 2025 marktreif sein und sich bis 2040 zu einem Big Player entwickeln – zu einem derart großen, dass Clean Meat mit 35 Prozent Umsatzanteil das konventionelle Fleisch mit 40 Prozent beinahe einholen wird, während die restlichen 25 Prozent auf vegane Fleischalternativen entfallen werden. Forschungsergebnisse kommen zum Schluss, dass etwa zwei von drei Konsumentinnen/Konsumenten Clean Meat probieren würden. Beinahe die Hälfte zieht es als regelmäßige Alternative zu konventionellem Fleisch in Betracht.

1 Tofu, 2 Seitan, 3 Tempeh, 4 und 5 Fleischalternativen und Beyond Meat

Produktinformation	Zubereitungsformen	Abgeleitete Produkte
 **Tofu** Tofu wird aus geronnener Sojamilch hergestellt, genau wie Käse aus geronnener Milch. Im ostasiatischen Raum essen nicht nur vegetarisch lebende Menschen Tofu. Er hat eine weiche Konsistenz und einen neutralen Geschmack. Somit muss man ihn gut würzen, räuchern, in einer Sauce köcheln lassen oder marinieren. Tofu ist eine wirklich vielfältig einsetzbare Zutat. Für die Zubereitung von Desserts wird Seidentofu verwendet.	▪ Backen ▪ Frittieren ▪ Kochen ▪ Marinieren ▪ Panieren ▪ Räuchern ▪ Grillen ▪ Dämpfen	▪ Streifen ▪ Würstchen ▪ Tofu-Burger ▪ Kroketten ▪ Gemüsepastete ▪ Schokoladen-, Fruchtmousse ▪ Saucen ▪ Aufstriche
 **Tempeh** Tempeh wird aus fermentierten Sojabohnen hergestellt. Die Sojabohnen werden gekocht und mit Schimmelpilzen geimpft. Während des Fermentationsprozesses lässt der Pilz die Sojabohnen „zusammenwachsen" – es entsteht ein festes Stück. Tempeh hat einen intensiveren Geschmack als Tofu. Trotzdem sind Würze und Marinade der Schlüssel zu gutem Geschmack. Da Tempeh fester als Tofu ist, kann er auch geschmort werden.	▪ Backen ▪ Frittieren ▪ Kochen ▪ Marinieren ▪ Panieren ▪ Räuchern ▪ Grillen ▪ Dämpfen	▪ Geräuchert ▪ Als „Speck" (mit roten Pilzen geimpft)
 **Texturiertes Soja** TVP ist die Abkürzung für texturiertes Pflanzenprotein. In den meisten Fällen wird TVP aus Sojamehl hergestellt. Das Sojamehl wird entfettet und die übrigen Eiweiße werden erhitzt, sodass sie eine andere Konsistenz erhalten. Dann wird es getrocknet. Das Endprodukt ist ein feines Granulat. Bevor das TVP in einem Gericht verwendet werden kann, muss es rehydriert werden. In einem Risotto kann es jedoch ohne vorherige Rehydrierung genutzt werden. Es ist besser, das TVP in einer aromatischen Flüssigkeit zu rehydrieren, da es kaum Eigengeschmack hat und erst durch Gewürze und andere Zutaten Geschmack erhält.TVP wird gerne in der Großküche eingesetzt, da es billig und ungekühlt lange haltbar ist.	▪ Backen ▪ Frittieren ▪ Kochen ▪ Marinieren ▪ Panieren ▪ Räuchern ▪ Grillen ▪ Dämpfen	▪ TVP gehackt ▪ TVP-Schnetzel ▪ TVP-Körner (wie gehackt) ▪ TVP-Steak ▪ TVP-Burger
 **Seitan** oder **Weizenprotein** Während Tofu und Tempeh aus Sojabohnen hergestellt werden, wird Seitan aus Weizengluten gemacht, manchmal auch aus Dinkel. Um Seitan herzustellen, wird ein Teig aus Mehl und Wasser zubereitet. Anschließend wird die Stärke ausgewaschen, und übrig bleibt ein sehr elastischer Teig aus purem Gluten. Anschließend köchelt man den Teig in einer würzigen klaren Suppe. Weniger arbeitsaufwendig ist es, Seitan mit Glutenpulver herzustellen. Obwohl der gängigste Herstellungsweg das Köcheln des rohen Glutens ist, kann man es auch dämpfen, frittieren oder anbraten. Die Konsistenz von fertigem Seitan ist sehr unterschiedlich, manche Firmen verkaufen recht saftigen und weichen Seitan, andere eher recht harten und gummiartigen. Wichtig ist, den passenden Seitan für Ihr Gericht zu finden. Der Geschmack des gewählten Seitans hängt außerdem hauptsächlich von der Suppe ab, in der er gekocht wurde.	▪ Backen ▪ Frittieren ▪ Kochen ▪ Marinieren ▪ Panieren ▪ Räuchern ▪ Grillen ▪ Dämpfen	▪ Seitangehacktes ▪ Seitansteak ▪ Seitanschnetzel ▪ Seitanwurst ▪ Saté ▪ Gyros ▪ Schnitzel 

 **Pilze, z. B. Quorn** Während Tofu, Tempeh und Seitan recht traditionelle Produkte sind, die es in Asien schon seit Jahrhunderten gibt, wurde Quorn erst in der Mitte des 20. Jahrhunderts erfunden. Quorn ist der Markenname von Analogfleisch, das auf Mykoproteinen basiert. Mykoproteine werden von einem Schimmelpilz hergestellt. Für Quorn wird ein Pilz in großen Fermentationstanks gezüchtet. Während des Fermentationsprozesses lebt der Pilz von Glukose und zugefügten Vitaminen und Mineralien und stellt Eiweiß her. Das Eiweiß wird extrahiert, erhitzt, getrocknet und anschließend mit Gewürzen zu verschiedenen Produkten geformt (z. B. „Hühnchen"-Geschnetzeltes). Außer ein paar Burgern in den USA enthalten alle Quorn-Produkte Eiereiweiß als Bindemittel, was sie für Veganer und Veganerinnen nicht geeignet macht.	■ Backen ■ Frittieren ■ Kochen ■ Marinieren ■ Panieren ■ Räuchern ■ Grillen ■ Dämpfen	■ Burger ■ Wurst ■ Gyros ■ Schnitzel ■ „Hähnchenschenkel" ■ Gehackt ■ Steak
 **Beeter** und **Beyond Meat** Anfang des 21. Jahrhunderts haben Wissenschaftler einen Weg gefunden, Pflanzenprotein auf ganz neue Art zu texturieren, sodass es der Konsistenz von Fleisch ähnlicher denn je ist. Der Prozess ähnelt dem Herstellungsprozess von TPP. Aus dieser Forschung gingen die Produkte „Beeter" aus Holland und „TVP" aus den USA hervor. Als Mark Bittman, der New-York-Times-Koch und Gastronomie-Kritiker, „Beyond Meat" probierte und verkündete, dass es fast nicht von Hühnerfleisch zu unterscheiden sei, stellte das einen medialen Durchbruch für diese neue Art der Fleischersatzprodukte dar.	■ Backen ■ Frittieren ■ Kochen ■ Marinieren ■ Panieren ■ Räuchern ■ Grillen ■ Dämpfen	■ Spieße ■ „Beef"-Streifen ■ Gehackt ■ Hackbällchen ■ „Hähnchenspieße" ■ „Hähnchen"-Teriyaki ■ „Speck"

Die Suche nach besseren Alternativen zu Fleisch geht weiter. Momentan wird sehr viel Forschung zur noch umweltfreundlicheren Herstellung von Fleischalternativen betrieben, z. B. welche Produkte auf Basis von Lupinensamen hergestellt werden können. Lupinen kann man in Europa gut anbauen und sie finden schon jetzt bei den meisten Biobäuerinnen und Biobauern als Dung und als Viehfutter Verwendung.

Allergiker und Allergikerinnen mit einer Überempfindlichkeit gegen Hülsenfrüchte können mit **Lupinensamen** Probleme haben. Die EU-Allergen-Verordnung weist Lupine mit dem Buchstaben P aus.

1.5 Alternativen zu Fisch

Sie möchten mit einer rein pflanzlichen Küche echte Fischfans überzeugen? Es ist möglich, denn eine Reihe von Anbietern hat sich dieser Ersatzprodukte angenommen. Neben Fischfilets und Thunfisch (auf Basis von Soja oder Weizenprotein) gibt es mittlerweile auch Scampis und Riesengarnelen. Diese eignen sich besonders für eine kalorienarme Ernährung. Sie werden aus der Jamswurzel hergestellt, die hauptsächlich in den Tropen verbreitet ist und dort als wichtige Nahrungs- und Heilpflanze gilt. Aus Seetang wird nach einem patentierten Verfahren sogar vegetarischer Kaviar hergestellt.

Eine „Haut" aus Seetang lässt das Lachsfilet optisch wie echten Lachs aussehen.

Werden Sie Expertin und Experte!

- www.beyondmeat.com
- www.biogast.at
- www.devegetarischeslager.nl
- www.ruegenwalder.de
- www.vivera.com
- www.vegini.at
- www.wheaty.com

1.6 Verwendung und Aufbewahrung

Tofu wird meist vakuumverpackt verkauft und muss gekühlt werden. Nach dem Öffnen kann man ihn in Wasser in einem geschlossenen Behältnis im Kühlschrank aufbewahren. Er hält sich bis zu vier Tage, das Wasser muss täglich gewechselt werden.

Tofu kann auch eingefroren werden, was die Konsistenz jedoch erheblich verändert. Er wird fester und gibt nach dem Auftauen Wasser ab, was es wiederum einfacher macht, ihn zu marinieren. Aus diesem Grund wird das Einfrieren von Seidentofu nicht empfohlen. Einfrieren kann jedoch von Vorteil sein, wenn man einen festeren Tofu wünscht.

Tofu mariniert mit Spargel

Seitan gerollt mit Petersilie und Zwiebel

Tempeh mit Wokgemüse

Tempeh muss im Kühlschrank gelagert werden und sollte nach dem Öffnen innerhalb von ein paar Tagen verbraucht werden. Wenn man Tempeh einfriert, gibt es nur geringfügige Veränderungen des Geschmacks und in seiner Konsistenz.

Man kann **Seitan** am Stück, zerteilt, als „Steak" oder als „Gehacktes" kaufen. Mit Ausnahme von Seitan-„Gehacktem" wird er meist vakuumverpackt verkauft oder in Gläsern, zusammen mit der klaren Suppe, in der er gekocht wurde. Nach dem Öffnen kann man Seitan einige Tage im Kühlschrank aufbewahren. Einfrieren verändert die Konsistenz und den Geschmack nur minimal.

TVP (Textured Vegetable Protein)-Granulat kann in einer Sauce eine sehr ähnliche Konsistenz wie Hackfleisch haben. TVP ist sehr billig und lässt sich leicht aufbewahren. Man muss es nur dunkel und trocken lagern.

Aufgabenstellung

- Die Herstellung von Seitan ist arbeitsintensiv, was den Preis von Fertigprodukten erhöht und so Ihre Lebensmittelkosten steigen lässt. Bereiten Sie Seitan selbst zu. Die Basisrezeptur finden Sie im Rezepturenteil auf Seite 169.

Übrigens: Es gibt Seitan- bzw. Glutenpulver zu kaufen, was die Herstellung erleichtert.

2 Alternativen zu Milch und Milchprodukten

In einer Zeitschrift der Veganen Gesellschaft Österreich habe ich gelesen, dass Milch, Obers, Joghurt und Käse ganz einfach durch pflanzliche Alternativen zu ersetzen sind. Die Produkte werden nicht nur auf Basis von Soja, das wusste ich, sondern auch auf Basis von Reis, Hafer, Dinkel, Kokosnüssen und Mandeln hergestellt. Klingt interessant!

Sojamilch hat eine der Kuhmilch vergleichbare Konsistenz, sie ist laktose- und cholesterinfrei, enthält aber weniger Kalzium

Eine weit verbreitete Falle beim vegetarischen Kochen ist es, sich zu sehr auf Milchprodukte zu stützen. Das liegt vor allem daran, dass

- die meisten Köchinnen und Köche Milchprodukte und ihre Verwendung bereits sehr gut aus der Ausbildung und Praxis kennen,
- Milchprodukte meist gut verfügbar und günstig sind,
- Milchprodukte einem Gericht leicht den gewünschten vollen Geschmack geben können, z. B. kann ein gereifter Käse durch seinen starken Umami-Geschmack ein Gericht sehr bereichern,
- sie den Gerichten eine cremige Konsistenz verleihen können.

Auch zu Milch und Milchprodukten gibt es viele verschiedene Alternativen. Sie bestehen einerseits aus wertvollen Grundprodukten, wie Nüssen, Hülsenfrüchten und Getreide. Andererseits gibt es die fertigen Alternativen, die wir als „analog" bezeichnen.

Milch oder „Drink"?
Milch, Joghurt und Käse sind geschützte Begriffe, die im Handel und in der Gastronomie nur für Produkte aus Tiermilch verwendet werden dürfen, wie Kuhmilch oder Ziegenkäse. Das ist der Grund, warum sich bei der Vermarktung oft Bezeichnungen wie „Haferdrink" und „pflanzliche Alternative zu Joghurt" auf den Verpackungen finden. Dies gilt natürlich nicht für Konsument/innen!

Wegen der hohen Preise für Käse werden sogenannte Analogkäse in industriell hergestellten Produkten wie Pizza und Lasagne verwendet. Sie bestehen oft aus Stärke (Kartoffelstärke), Öl (Sojaöl) und Aromastoffen (Milchpulver oder Molke). Diese Produkte sind daher manchmal nicht völlig vegan oder pflanzlich, oft nicht einmal vegetarisch.

Pflanzliche Milchalternativen sind eigenständige Produkte, die einige interessante gesundheitliche und kulinarische Eigenschaften aufweisen, die es rechtfertigen, sich näher mit ihnen zu befassen, nicht zuletzt für Menschen mit Laktoseunverträglichkeit oder Milcheiweißallergie.

Genf, 23. März 2015 – Das Berufungsgericht in Brüssel hat ein Urteil vom 10. März 2015 bestätigt, dass Alpro seine pflanzlichen Produkte auf Basis von Soja als Alternative zu Joghurt und anderen Milchprodukten vorstellen darf.
Dem Berufungsgericht zufolge muss die Gesetzgebung jedoch so interpretiert werden, dass es nicht zulässig ist, dass Alpro seine Produkte als „Variation von Milchprodukten" und „pflanzliche Variation von Joghurt" bezeichnet, sondern als „pflanzliche Alternative zu Milchprodukten".

Produkt	Produktinformation	Beispiele	Verwendung
Sojadrink ■ Soja-Reis-Drink 1 ■ Sojamilch (gesüßt und ungesüßt)	Die gemahlenen Sojabohnen werden in Wasser gekocht und danach die Feststoffe von der Flüssigkeit, der Sojamilch, getrennt. Da Sojamilch oft als Alternative zu Kuhmilch verwendet wird, und da sie kein freies Kalzium enthält (wie Kuhmilch), wird ihr oft Kalzium zugesetzt. Sojamilch enthält alle notwendigen Aminosäuren. Außer Kalzium wird Salz und manchmal auch Zucker und Vanille hinzugegeben, um den Sojadrink für unsere westlichen Geschmacksknospen zugänglicher zu machen.		■ Dessert ■ Getränk ■ Dressing ■ Gebäck ■ Eis ■ Saucen ■ Schlagobers ■ Suppe ■ Quiche
Getreidedrink ■ Hafermilch 4 ■ Reismilch ■ Dinkelmilch 2 ■ Hirsemilch	Hafer, Reis, Dinkel, Hirse und Roggen sind Getreide, die wie Sojabohnen verwendet werden, um ein Getränk daraus zu machen. Die Konsistenz und der Geschmack variieren je nach Getreide oder Kombination von Getreiden. Getreidedrinks werden auch aromatisiert, z. B. Hafermilch Schokolade.		■ Getränk ■ Sauce ■ Obers ■ Gebäck ■ Dessert
Nussdrink ■ Mandelmilch 5 ■ Haselnussmilch 7 ■ Kokosmilch, verdünnt, neutraler Geschmack, gut als Milchersatz ■ Kokosmilch, 100 %, cremig und dick, gut zum Kochen 3	In verschiedenen Kulturen rund um den Globus sind Getränke aus Nüssen nichts Ungewöhnliches oder Besonderes. In Mexiko wird z. B. ein traditionelles erfrischendes Getränk, Horchata genannt, aus Mandeln und Reis gemacht und mit Zimt gewürzt.		■ Sauce ■ Suppe ■ Gebäck ■ Dessert ■ Curry

Für den besten Milchschaum im Kaffee verwenden Sie Pflanzenmilch in der „Barista"-Variante!

Saatendrink ▪ Quinoadrink ▪ Hanfdrink 6	Quinoa hat den Vorteil (wie Soja), alle notwendigen essenziellen Aminosäuren zu enthalten; das macht Quinoamilch sehr wertvoll. Hanfmilch aus eingeweichtem und gemahlenem Hanf hat einen recht nussigen Geschmack und eine hohe Dichte.		▪ Sauce ▪ Suppe ▪ Gebäck ▪ Dessert ▪ Curry
Pflanzliche Joghurtalternativen 9	Pflanzlicher Joghurt wird ähnlich wie Kuhmilchjoghurt hergestellt, indem man eine mikrobielle Kultur (Laktobazillus) in die Pflanzenmilch gibt. Dabei gibt man oft noch Zucker hinzu, der den Bakterien als Nahrung dient.	▪ Haferjoghurt ▪ Sojajoghurt ▪ Lupinenjoghurt ▪ Kokosjoghurt ▪ Mandeljoghurt	▪ Dessert ▪ Sauce ▪ Dressing ▪ Eis
Pflanzliche Obersalternativen	Viele Sorten Pflanzenmilch gibt es auch in einer Obersvariante. Im Gegensatz zu Obers aus Kuhmilch kann man die meisten dieser Varianten nicht aufschlagen. Beim Kochen haben sie oft die Tendenz zum Ausflocken, wenn sie verdünnt werden.	▪ Soja Cuisine zum Kochen ▪ Sojaschlagsahne (gesüßt) ▪ Reissahne ▪ Reisschlagsahne ▪ Hafersahne	▪ Sauce ▪ Dessert ▪ Gebäck ▪ Dressing
Margarine/Butteralternativen 8	Butter kann durch pflanzliche Margarine ersetzt werden, der Geschmack und die Backqualitäten sind fast gleich.	▪ Soja-Margarine ▪ Pflanzliche Margarine auf Basis von Rapsöl	
Pflanzliche Käsealternativen	„Veganen Käse" gibt es von verschiedenen Firmen in verschiedenen Geschmacksrichtungen und unterschiedlicher Konsistenz, der Markt entwickelt sich schnell. Es gibt alte, gereifte Käse 11, Streichkäse, Blauschimmelkäse, Schmelzkäse, Mozzarella, Gouda, Cheddar, Käse in Scheiben 10, 12 usw. Einige der Produkte sind für Menschen, die an traditionelle Käsesorten guter Qualität gewöhnt sind, nicht wirklich mit herkömmlichem Käse vergleichbar. Andere kommen einem Käse schon recht nahe. Interessant ist der sogenannte **Artisan-Käse,** der nach traditioneller Art mit ähnlichen Techniken hergestellt wird, die vor Jahrhunderten von Mönchen für Käse aus Tiermilch entwickelt wurden. Es war vor allem die Rohkostküche, die in den letzten Jahren die Entwicklung von pflanzlichem Käse hoher Qualität den entscheidenden Schritt vorangebracht hat. Darüber hinaus kann man von der japanischen Küche viel lernen, die bereits seit Jahrhunderten einen cremigen Käse aus Tofu kultiviert, der Misozuke heißt.		▪ Pizza ▪ Auflauf ▪ Brotaufstrich ▪ Käseplatte

Lesen Sie immer auf der Packung, ob sich eine Pflanzensahne aufschlagen lässt oder nicht.

Werden Sie Expertin und Experte

- www.dr-cow.com
- https://drmannahs.com
- https://veganz.de
- https://vegavita.at
- www.wilmersburger.de

VegNews magazine

2.1 Verwendung und Aufbewahrung

Für die Verwendung in der Küche ist wichtig zu wissen, dass **Sojamilch** etwa die gleiche Fettmenge wie Magermilch hat. Beim Kochen hat Sojadrink etwa die gleiche Dichte wie fettarme Kuhmilch. Seien Sie vorsichtig beim Erhitzen, mit Wasser verdünnt oder in Kaffee flockt Sojamilch leicht aus. Einige Firmen haben Produkte für „Profis" entwickelt, die nicht gerinnen. Vor Gebrauch schütteln, sonst bleibt das Kalzium unten in der Packung.

Sojajoghurt oder anderer pflanzlicher Joghurt ist leicht selbst zu machen, mit der gleichen Technik, mit der man auch Kuhmilchjoghurt machen würde.

Aufgabenstellung

- Bereiten Sie Sojajoghurt selbst zu. Die Basisrezeptur finden Sie im Rezepturteil auf Seite 170.

Hefeflocken aus Nährhefe (nicht zu verwechseln mit Bäckerhefe!) werden manchmal über ein Gericht oder einen Salat gestreut, um ihm ein wenig Käsearoma zu geben, so wie man es mit Parmesan tun würde. Die Flocken werden auch oft für Käsesaucen genutzt. Gemahlene Nüsse oder Pininenkerne mit ein wenig Salz und Knoblauch verwandeln Hefeflocken in einen nussigen „Parmesan".

Nussdrinks wie Mandelmilch und Haselnussmilch sind als Fertigprodukte leicht zu finden. Sie sind jedoch nicht ganz billig, da Nüsse teuer sind. Man kann Nussdrinks auch selbst herstellen. Bei Kokosmilch ist darauf zu achten, ob sie aus gemahlenem Kokosfleisch oder aus Kokoswasser (farbloses Getränk) bestehen. Beide unterscheiden sich sehr in Farbe, Konsistenz und ihrer Verwendung beim Kochen. Hin und wieder findet man auch Cashewmilch und Walnussmilch.

Aufgabenstellung

- Bereiten Sie einen Mandeldrink selbst zu. Die Basisrezeptur finden Sie im Rezepturteil auf Seite 167.

3 Alternativen zu Eiern

Meine Oma sagt: „Wie willst du einen Kuchen ohne Eier backen? – das geht doch gar nicht." Da hat sie unrecht, meine Oma! Aber es ist nicht ganz einfach, Eier zu ersetzen. „Man muss kreativ und experimentierfreudig sein", sagt mein Kochlehrer. Na, da bin ich mal gespannt.

Wenn es eine Zutat gibt, die sehr vielseitig ist und viele unterschiedliche Funktionen in sich vereint, dann ist es unbestritten das Ei.

Was wir aus dem Kochunterricht wissen:

- Eiweiß macht Mousses und Cremes luftig und cremig
- Eiweiß ist die Grundlage von Marshmallows und Schaumgebäck
- Eier haben bindende Eigenschaften in Terrinen, Quiches und Teigen
- Eier sind ein leichter, cremiger Emulgator in Dressings und warmen Saucen
- Aus Eiweiß lassen sich Glasuren herstellen
- Eier sorgen für die Bräunung

Das Ziel der Beigabe eines **Emulgators** ist es, zwei nicht miteinander mischbare Flüssigkeiten (z. B. Öl und Wasser) zu einem gleichmäßig verteilten Gemisch zu vermengen und zu stabilisieren. Die so entstandene Mischung bezeichnet man als Emulsion.

Insgesamt können Eier beim Kochen bis zu zwanzig verschiedene Funktionen erfüllen. Daher ist es nicht verwunderlich, dass ein Ei nicht so leicht durch eine pflanzliche Alternative ersetzt werden kann. Es ist vielmehr notwendig, jede der unterschiedlichen Funktionen jeweils durch eine andere Zutat zu kompensieren.

Produkt	Produktinformation	Funktion
Tofu	Tofu kann in verschiedenen Gerichten, wie zum Beispiel Quiches, als Bindemittel eingesetzt werden. Seidentofu wird häufig für Desserts und cremige Saucen benutzt, weil er für eine reichhaltige Struktur sorgt. Verwenden Sie Tofu oder Sojamilch nie beim Kochen, wenn das Gericht viel Wasser enthält. Dies bringt Soja zum Stocken.	■ Bindemittel ■ Sauce ■ Aufstriche
Sojamilch	Sojamilch kann die Rolle des Eies beim Backen erfüllen, da es Protein enthält. Ebenso können Sie Sojamehl verwenden.	■ Auflockerung ■ Bindemittel ■ Aufheller ■ Glanz
Aquafaba	Das Abtropfwasser von Kichererbsen aus Dosen bzw. aus dem Glas ist ein Multitalent als Eialternative. Zwei bis drei Minuten mit dem Mixer braucht man, um einen Schnee herzustellen.	■ Bindemittel ■ Emulgator ■ Schaumbilder ■ Verdickungsmittel
Leinsamen	Fein gemahlene Leinsamen funktionieren mit Wasser vermischt wie ein Bindestoff, besonders bei vollwertigem Backen sind Leinsamen eine gute Alternative. Allerdings kann man mit Leinsamen kein sehr feines und leichtes Gebäck erwarten. **Chia-Samen** eignen sich sehr gut, um leichten Pudding und Desserts zu machen, da sie über eine gelierende Wirkung verfügen.	■ Auflockerung ■ Bindemittel ■ Geliermittel
Natron, Backpulver	Beide haben eine Triebeigenschaft, was bedeutet, dass sie Teige gut aufgehen lassen. Backpulver hat auch den Vorteil, dass es gut in Kombination mit einer Säure wie Zitronensaft oder Essig zu verwenden ist.	■ Auflockerung
Agar 1 und **Irisches Moos** 2	Sowohl Agar als auch Irisches Moos lassen sich als Geliermittel einsetzen. Wird nur Agar verwendet, ist die Funktion der von Gelatine ähnlich. Wird zusätzlich noch stärkehaltiges Bindemittel hinzugegeben, wirkt es wie ein Eiersatz. Wird Irisches Moos eingeweicht und gemischt, so lässt es sich als Eialternative für verschiedene Desserts benutzen.	■ Geliermittel ■ Bindemittel

Kudzu 2**, Maizena** und **Pfeilwurz**	Diese stärkehaltigen Bindemittel lassen sich gut als Eialternativen einsetzen. In herzhaften Gerichten bietet sich eine Verbindung aus Sojamilch und Speisestärke an. Wird zusätzlich noch Agar verwendet, so ergibt sich die eitypische Struktur von Desserts.	▪ Verdickungsmittel ▪ Geliermittel ▪ Aufheller, Glanz
Kurkuma 3	Kurkuma gibt Ihrem Gericht eine tiefgelbe Farbe und „imitiert" Eier. Verwenden Sie nicht zu viel Kurkuma, weil es bitter ist.	▪ Farbstoff
Kala Namak, schwarzes Salz 4	Dieses Gewürz stellt zwar keine Eialternative dar, kann aber einen dem Ei ähnlichen Geschmack erzeugen. Kala Namak ist ein Gewürz aus der indischen Küche. Das schwarze Salz hat einen hohen Sulfat-Anteil, genauso wie Eier. In Verbindung mit anderen Gewürzen kann so der Geschmack von Eiern insistiert werden.	▪ Geschmacksgeber
Industrielle Ei-Ersatzprodukte ▪ Orgran No Egg ▪ MyEy	Orgran No Egg und MyEy Ei-Ersatz bestehen aus Stärke, die entweder aus Erdäpfeln oder aus Tapiokamehl gewonnen wird. Wenn nicht zu viele Eier benötigt werden, sind diese Eialternativen der perfekte Ersatz beim Backen. Das weiße Pulver kann mit etwas Wasser aufgeschlagen werden und ähnelt geschlagenem Eiweiß. Alternativ kann das Pulver mit den anderen Zutaten im Teig vermischt werden.	▪ Verdickungsmittel ▪ Farbstoff ▪ Bindemittel ▪ Auflockerung
▪ The Vegg	The Vegg besteht aus Nährhefe (für den Geschmack), Natriumalginat (eine Alge, die bindende Eigenschaften hat), schwarzem Salz (für den Geschmack) und Betakarotinen (für die Farbe). The Vegg ersetzt Eigelb. Man kann es zum Panieren und für Quiches verwenden und sogar Rührei und Omelettes damit machen. Erhältlich ist es in Onlineshops.	▪ Paniermittel ▪ Farbstoff ▪ Bindemittel ▪ Farbgeber
▪ Beyond Eggs	Diese Produktreihe wurde speziell als Eialternative für die Lebensmittelindustrie entwickelt. Es gibt vier verschiedene Mischungen, eine für Backwaren, eine für Nudeln und Pasta, eine für Dressings und Saucen und eine für Rührei, Omelettes und Quiches. Beyond Eggs ist bei speziellen Großhändlern in Säcken zu 25 Kilogramm verfügbar.	▪ Paniermittel ▪ Farbgeber ▪ Bindemittel ▪ Verdickungsmittel

Wenn sich in der Backmischung etwas Säurehaltiges befindet, wird der Teig aufgehen und luftig.

Anstelle eines Eies verwenden Sie:

- 50 g Tofu
- 60 g Seidentofu in Rezepten für Palatschinken, Waffeln und Kuchen
- 60 ml Sojajoghurt Natur
- 50 ml Sojasahne
- 80 ml Sojamilch

Wenn Sie sich an den Inhaltsstoffen der oben genannten Eialternativen orientieren, können Sie sich auch leicht selbst einen Ei-Ersatz zusammenstellen.

Ei-Ersatz

Rezept 1
2 EL Weizenstärke
2 EL Wasser
1 TL Backpulver

Rezept 2
2 EL Mehl
1 EL Backpulver
2 EL Öl
2 EL Wasser

Sojaprodukte als Ei-Ersatz

Fast alle Sojaprodukte sind als Ei-Ersatz geeignet: Sojamilch, Sojajoghurt und Sojasahne sowie Seidentofu und Natur-Tofu. Soja ist fast geschmacksneutral und hat ähnliche Eigenschaften wie das Ei.

Sojamilch sollte nicht in bereits „feuchten" Gerichten verwendet werden, da sie unter Einfluss von Wärme gerinnen kann.

Mousse au chocolat
400 Gramm Seidentofu, 200 Gramm Schokolade, 1/3 Becher Sojamilch, 1/2 Becher Ahornsirup, Salz, Vanillearoma. Verwenden Sie bei der Zubereitung einen Mixer.

Eine Mischung aus Tofu und Sojamilch, im Mixer zubereitet, ersetzt Obers und Eier in Quiches. Für veganes Rührei ist fester Tofu notwendig.

Aufgabenstellung

- Bereiten Sie ein veganes Rührei zu. Die Rezeptur finden Sie im Rezepturteil auf Seite 193.

Weitere Tipps:

- Mayonnaise lässt sich leicht ohne Eier herstellen. Verwenden Sie Sojamilch, Senf, Essig, Salz und Öl
- Statt Eigelb lässt sich auch Sojamilch aufs Gebäck streichen
- Wenn das fertige Gericht fest und „stabil" sein soll, ist Sojamehl die beste Wahl

Obst als Ei-Ersatz

Bananen und Apfelmus bieten eine feste Struktur und einen süßen Geschmack für Palatschinken oder süße Gebäcke. Eine halbe zerdrückte Banane oder drei Esslöffel Apfelmus ersetzen ein Ei. In feuchten Desserts, z. B. Kürbis- oder Mandelkuchen, eignet sich Apfelmus als Ersatz besser.

Für einen Brownie eignen sich pürierte Bananen als Ei-Ersatz

Agar und Irisches Moos

- Bei Haselnusscreme, Schokoladencreme, Vanillecreme: Getreidemilch, Agar und Kudzu gemischt sorgen für eine Struktur und ein Esserlebnis, das man von Eiercreme erwarten würde. Für ein Eiweiß wird 1 EL Agar-Pulver in 1 EL Wasser aufgelöst und gemeinsam aufgeschlagen.
- Kokosnusscreme, Karamell und Irisches Moos sorgen zusammen mit Agar für die richtige Struktur von „upside-down desserts" (Desserts, die umgedreht werden).

Leinsamen und Chia-Samen

Leinsamen, gekocht und gesiebt, kann man in Palatschinken und Meringue verwenden. Sie geben einen leicht nussigen Geschmack, der zu stark werden kann, also nutzen Sie es bevorzugt, wenn beispielsweise Schokolade (oder andere Aromen) einen starken Eigengeschmack haben.

Leinsamen machen das Gericht fester und stabiler. Chia-Samen (eingeweicht) können zu den anderen Zutaten hinzugegeben werden, sollten aber gut im Mixer zerkleinert werden.

Anstelle eines Eies verwenden Sie:

- 1 EL gemahlene Leinsamen (oder Chia-Samen) mit 3 EL Wasser,
- mischen es und lassen es ein paar Minuten stehen.

Ziele erreicht? – „Alternative Produkte in der vegetarischen und veganen Küche"

KOMPETENZ-ERWERB

1. Kreuzen Sie in der Tabelle an, ob die Aussage stimmt oder nicht stimmt.

Aussage	Stimmt	Stimmt nicht
TVP ist die Abkürzung für Textured Vegetable Protein.		
Tofu stammt ursprünglich aus Japan und China, Tempeh aus Indonesien.		
Menschen mit Laktoseunverträglichkeit oder Milcheiweißallergie vertragen keine Sojamilch.		
Fast alle Sojaprodukte sind als Ei-Ersatz geeignet.		
Aquafaba ist eine neue Eialternative.		
TVP ist billiger als Rindfleisch.		

2. Ordnen Sie den Produkten die Herkunftspflanze zu. Schreiben Sie a, b oder c in das Kästchen: Klebereiweiß (a), Soja (b), Lupine (c)

☐ Tofu ☐ Wurst (vegan) ☐ TVP

☐ Seitan ☐ Steak (vegan) ☐ Tempeh

3. Beschreiben Sie die Verwendung und die Aufbewahrung von Tofu.

4. Welche Fischalternativen gibt es?

5. Beschreiben Sie folgende Produkte als Alternativen in der vegetarischen und veganen Küche. Gehen Sie auch auf ihre Verwendung ein.

Name	Beschreibung
Tofu	
Seitan	
Getreide-drink	
Sojamilch	
Agar	

6. Erklären Sie, wo die Bezeichnung Sojamilch nicht verwendet werden darf und wie das Produkt korrekterweise genannt werden kann.

7. Warum muss man beim Erhitzen von Sojamilch vorsichtig sein?

8. Beschreiben Sie einige Produkte, die als Ei-Ersatz dienen.

9. Lesen Sie die Speisenkarte genau durch: Welche Fleisch- und Fischalternativen finden Sie? Überlegen Sie, aus welchen Grundzutaten sie gemacht sein können.

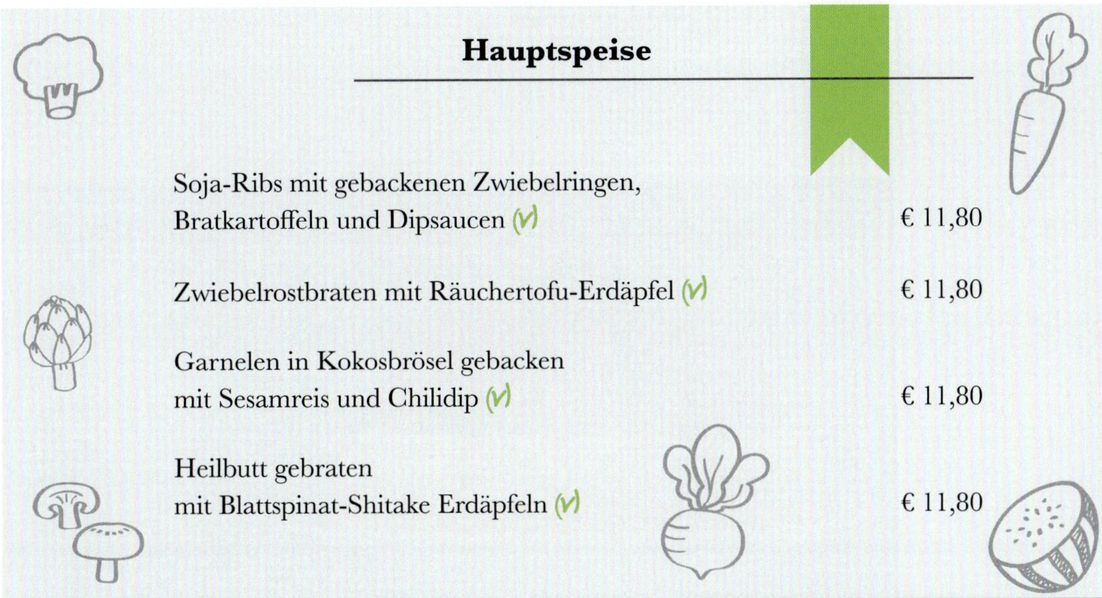

Hauptspeise

Soja-Ribs mit gebackenen Zwiebelringen, Bratkartoffeln und Dipsaucen (V)	€ 11,80
Zwiebelrostbraten mit Räuchertofu-Erdäpfel (V)	€ 11,80
Garnelen in Kokosbrösel gebacken mit Sesamreis und Chilidip (V)	€ 11,80
Heilbutt gebraten mit Blattspinat-Shitake Erdäpfeln (V)	€ 11,80

10. Schreiben Sie eine Menükarte für ein dreigängiges veganes Menü. Wählen Sie Rezepturen aus dem Rezepturteil von Seite 163ff. aus oder nehmen Sie eine der Speisenkarten zu Hilfe. Achten Sie dabei darauf, Ihre Speisen für nicht-vegane Gäste schmackhaft zu präsentieren! Hilfestellungen dazu finden Sie im Teilkapitel „Gerichte benennen" sowie im Kapitel „Management und Marketing".

Speisenkarten finden Sie im digitalen Zusatzpaket.

Mehr zum Thema Kommunikation und Zielgruppen ansprechen erfahren Sie im Kapitel **Spezialisierung Gerichte benennen** sowie im Kapitel **Management und Marketing**.

11. Rollenspiel: Erklären Sie einem Gast, warum Hühnereiweiß so vielfältig ist und wie es in der veganen Küche ersetzt werden kann. Gehen Sie auf folgende Aussagen ein:

- Eier können beim Zubereiten von Speisen verschiedene Funktionen haben.
- Bis heute gibt es keine Alternative pflanzlicher Art, die diese Funktionen in einem vereint.
- Es ist möglich Eier zu ersetzen, aber es ist erforderlich, für jede Funktion eine separate pflanzliche Alternative zu wählen.

Führen Sie mit einer Mitschülerin bzw. einem Mitschüler ein Rollengespräch.

Bindemittel, Geliermittel und Süßungsmittel

Die Liste neuer Süßstoffe und Zuckerersatzprodukte ist lang. Ebenso lang ist die Liste der Behauptungen (positiv wie negativ), einige Zuckerarten betreffend. Genau wie mit anderen Gesundheitsansprüchen ist es wichtig, sich zu informieren und eine eigene Meinung zu bilden.

In der Öffentlichkeit besteht ein wachsendes Bewusstsein hinsichtlich der Verwendung alternativer Süßungs- und Verdickungsmittel. Viele Konsumentinnen und Konsumenten möchten auf raffinierten Zucker verzichten, und hierfür gibt es unzählige Möglichkeiten.

Fast alle natürlichen Süßstoffe sind pflanzlichen Ursprungs. Honig ist vegetarisch, aber nicht vegan. Außerdem gibt es neue synthetische Süßstoffe. Zum Binden und Gelieren gibt es viele Möglichkeiten, pflanzliche Zutaten zu verwenden. Traditionelle Mehle und Bindemittel sowie neuentdeckte Produkte wie Algen können dabei hilfreich sein.

KOMPETENZ-ERWERB

Meine Ziele

Nach Bearbeitung dieses Kapitels kann ich

- sagen, wie Verdicken und Gelieren funktioniert;
- diese Erkenntnisse in der veganen und vegetarischen Küche anwenden;
- alternative Binde- und Geliermittel verwenden, und zwar nicht nur als Ersatz, sondern auch als eigenständige Produkte mit ihren eigenen Qualitäten;
- alternative Süßungsmittel nennen und ihren Einfluss auf Geschmack und Zubereitung erläutern;
- grundlegende Informationen über Binde-, Gelier- und Süßungsmittel finden sowie selbst zubereiten.

1 Süßstoffe

In der Zeitung habe ich gelesen, dass Stevia von der EU als Lebensmittelzusatzstoff zugelassen wurde, und in Ernährungslehre habe ich gelernt, dass Stevia eine bis zu 300-fache Süßkraft von Zucker hat und für Diabetikerinnen und Diabetiker geeignet ist. Doch da gibt es sicher noch mehr Süßungsmittel …

Mehr über Stevia erfahren Sie auf der Webseite der European Stevia Association: www.eustas.org

In der vegetarischen Küche sind Süßstoffe genauso wichtig wie in der klassischen Küche. Süßungsmittel spielen eine essenzielle Rolle bei der Zubereitung von Desserts und Süßspeisen. Süßstoffe können herzhaften Gerichten das gewisse Etwas verleihen. Honig ist ja bekanntermaßen nicht vegan. Um ihn zu ersetzen, wird meist Agavendicksaft oder Agavensirup verwendet, da er einen honigähnlichen Geschmack hat. Je nachdem, wie Sie Honig einsetzen möchten, könnten Sie ihn auch durch andere Alternativen wie Ahornsirup, Getreidesirup (aus Reis, Weizen oder Mais) oder Fruchtkonzentraten ersetzen. Bei den sogenannten Designer-Süßstoffen oder synthetischen Süßungsmitteln empfiehlt es sich, die Zutatenliste genau zu lesen.

Stevia

Agave

Ahornsirup

Gesundheitliche Aspekte

In unserer Gesellschaft ist das Bewusstsein für den Einsatz von Zucker und Süßungsmitteln in den letzten Jahren gestiegen. Manche Menschen meiden raffinierten (weißen) Zucker oder synthetische Süßstoffe, andere überhaupt jegliche Art von Zucker. Das kann aus medizinischen Gründen (z. B. Diabetes) oder einfach aus gesundheitlichen Gründen der Fall sein. Deshalb ist es sinnvoll zu wissen, wie man Backwaren oder Desserts mit weniger Zucker oder mit gesünderen Alternativen zubereiten kann.

Vorsicht: Manche Süßungsmittel enthalten Milchzucker, z. B. Tagatose. Der Zucker in Tagatose wird aus Abfällen der Käseproduktion synthetisiert und ist weder vegan noch vegetarisch.

Aufgabenstellung

- Recherchieren Sie den Begriff Aspartam. In welchen Produkten ist dieser Inhaltsstoff häufig zu finden?

Unraffinierte Zucker sind generell gesünder, da sie Spurenelemente und Vitamine und manchmal Ballaststoffe enthalten. Das hat zur Folge, dass man länger braucht, um sie zu verdauen, und somit der Blutzuckerspiegel nicht schlagartig in die Höhe schießt. Das hängt jedoch auch noch davon ab, wie der Zucker eingesetzt wird. Isst man einen gehäuften Löffel unraffinierten Zuckers, wird dies den Blutzuckerspiegel viel mehr in die Höhe treiben, als wenn man dieselbe Menge Zucker in einem Gericht verwendet, da die anderen Zutaten die Verdauung verlangsamen.

Süßungsmittel	
Kokosnusszucker (Kokosblütenzucker) 1	Wird aus dem Saft von abgeschnittenen Kokosblütenknospen der Kokospalme gewonnen. Er wurde traditionell als Süßungsmittel im Süden und im Südosten Asiens verwendet. Er ist auch im Stück (meist in Kristallform) oder als Granulat erhältlich. Kokosnusszucker schmeckt und sieht etwa so aus wie brauner Zucker mit einem Hauch von Karamell. Verwechseln Sie ihn nicht mit Palmzucker. Dieser wird aus dem Pflanzensaft verschiedener Palmen hergestellt (z. B. der Dattelpalme) und unterscheidet sich deutlich in Geschmack und Konsistenz.
Dattelzucker 2	Dattelzucker wird aus dehydrierten und anschließend zermahlenen Datteln hergestellt. Er klumpt einerseits und schmilzt andererseits nicht, also kann er nicht auf genau die gleiche Weise wie Zucker verwendet werden. Trotzdem kann man ihn meist in Rezepturen einsetzen, in denen nach braunem Zucker verlangt wird. Manche Köche und Köchinnen empfehlen, nur zwei Drittel des benötigten weißen oder braunen Zuckers durch Dattelzucker zu ersetzen. Dattelzucker gibt es auch in flüssiger Form. Dieser Sirup ist in den Küchen des Nahen Ostens beliebt, wo er z. B. auf Tahini serviert wird, als Dip auf das Brot.
Agavensirup 3	Agavensirup oder Agavendicksaft stammt aus den Blättern der Agave. Diese Pflanze ist in Mittelamerika und im nördlichen Südamerika beheimatet und sieht ein bisschen wie eine riesige Sukkulente aus. Agavensirup ist rund eineinhalbmal süßer als Zucker. In veganen Rezepturen wird Honig oft durch Agavensirup ersetzt. Man kann ihn in unterschiedlichen Ausführungen kaufen, von sehr hell und mild im Geschmack bis hin zu recht dunkel (ungefiltert) mit einem karamellartigen Geschmack. Es gibt auch eine Version in Rohform, die in der Rohkostküche sehr beliebt ist.
Stevia	Stevia ist eine Pflanze, die Steviolglycoside enthält, die gemeinhin 200- bis 300-mal süßer sind als weißer Zucker. Man kann die Blätter der Pflanze verwenden oder Produkte, die aus der raffinierten Steviapflanze bestehen. Die Süße von Stevia entfaltet sich im Mund langsamer als die Süße anderer Zuckerarten. Da das Süßungsmittel einen bitteren Nachgeschmack hinterlässt, sollte es nur in moderaten Mengen eingesetzt werden. Steviolglycoside stellen eine relativ neue Zuckerart dar, ihr Einsatz wird durch europäische Gesetze reguliert. Steviolglycoside dürfen bislang kommerziell nur in bestimmten Lebensmitteln wie Eiscreme, Schokolade und Limonaden eingesetzt werden.
Aztekisches Süßkraut	Diese kleine Pflanze aus Zentralamerika wird traditionell zum Süßen von Speisen und als Medizin verwendet. Die Blätter sind 1 000- bis 1 500-mal süßer als weißer Zucker. Da die Pflanze auch Kampfer enthält, kann man Zucker in großen Mengen damit nicht ersetzen. Ein paar Blätter davon in einer Speise zu verwenden, stellt kein Problem dar.
Birkenzucker, Xylit	Birkenzucker, auch bekannt als Xylit, ist ein natürlicher Zuckeralkohol, der in vielen Gemüse- und Obstsorten sowie in der Rinde bestimmter Holzarten, z. B. Birken, enthalten ist. Birkenzucker hat eine antikariogene Wirkung, beugt also Karies vor. Auf einige Säugetiere, vor allem Hunde, wirkt er dagegen toxisch. Birkenzucker kann im Verhältnis 1 : 1 gegen Zucker ausgetauscht werden.

2 Binde- und Geliermittel

Aus dem Kochunterricht kenne ich Gelatine und weiß, dass sie aus dem Bindegewebe von Schweinen und Rindern hergestellt wird – Gelatine kommt daher für vegetarische und vegane Gerichte nicht infrage. Ich bin neugierig zu erfahren, welche pflanzlichen Alternativen es da gibt.

Traditionell werden Saucen, Suppen und Desserts mit Mehlen (vor allem Weizenmehl), Stärken (Mais- und Kartoffelstärke), Flocken (Haferflocken) oder einfach einem Stück Brot, Teigwaren, Erdäpfeln oder Reis gebunden.

Neben diesen Zutaten gibt es auch zwei Techniken, die angewandt werden, die gut bekannte Mehlschwitze und die weniger bekannte Mehlbutter.

Eier dienen in Backrezepten meist entweder der Auflockerung oder der Bindung. Substitutionsprodukte sind:

- Soll das Gebäck am Ende eher locker und luftig sein, bietet sich der Ei-Ersatz an, siehe Seite 90ff.
- Soll das Endprodukt eher fest gebacken sein, verwenden Sie Sojamehl (2 EL Sojamehl und 2 EL Wasser verrühren). Zudem können in gleicher Weise 1/4 Tasse Apfelmus und 1 TL Öl oder eine zerdrückte Banane verwendet werden. Als weitere Möglichkeit besteht der Leinsamen-Ersatz, siehe Seite 93.

Obwohl die meisten Produkte, die in der Molekularküche verwendet werden, pflanzlicher Herkunft sind, ist es trotzdem sinnvoll, genau auf das Etikett zu schauen: Crumiel, Yopol, Instantgel und Ovoneve sind weder vegan noch vegetarisch

In **Quiches** wird ein Ei durch 1/4 Tasse pürierten Seidentofu ersetzt. Ist dieser nicht zur Hand, können im Notfall Mineralwasser und Speisestärke helfen. 1/4 Liter Mineralwasser und 2 EL Speisestärke ersetzen zwei Eier.

Soja-, Hafer-, Reis- und Mandel-Drink sowie Kokosmilch ersetzten Milch. Die meisten der Drinks sind in verschiedenen Geschmacksrichtungen erhältlich.

Zum Backen allerdings sollten lieber ungesüßte Varianten verwendet werden, da das Gebäck sonst süßer ausfallen könnte. Kokosmilch eignet sich als leckerer und cremiger Obersersatz besonders gut zum Aufschlagen.

Butter kann in vielen Fällen durch pflanzliche Margarine ersetzt werden. Beim Backen sollte eine Vollfettmargarine verwendet werden. Beispiele: Alsan-S, Deli Reform Pflanzenmargarine, Sojola (Soja-Margarine).

Eine bindende Wirkung haben **Kartoffelstärke, Johannesbrotkernmehl** und **Guarkernmehl.** Letzteres, auch Guaran genannt, wird aus den Samen der Guarbohne hergestellt.

Auch **Brot** ist ein tolles Bindemittel, welches viel zu oft weggeworfen wird. Es kann benutzt werden, um Suppen, Saucen, Eintöpfe oder Desserts zu binden.

Zur generellen Auflockerung beim Backen dienen geschmacksneutrales Öl oder Püree aus Früchten wie Äpfel oder Bananen.

Um eine Emulsion zu erreichen, zum Beispiel zur Erreichung des Schmelzens von Schokolade oder Kakao, können Mandelbutter und Sonnenblumen- oder Sojalecithin genutzt werden. Sie fungieren als verbindendes Element zwischen Wasser und Öl und verhelfen so dem Teig geschmeidiger zu werden und ein größeres Backvolumen zu erzielen.

Pektin ist ein Geliermittel, das hauptsächlich in Stein- und Kernobst zu finden ist. Es geliert besonders gut durch Zugabe von Zitronensaft und Süßungsmitteln, muss aber zwei bis drei Minuten kochen.

Es findet bei der Herstellung von Gelees, Marmeladen und Süßigkeiten Verwendung.

Neuere Binde- und Geliermittel

Produkt	Produktinformation
Pfeilwurz 7	Die weiße Stärke stammt von einer tropischen Pflanze, die in Mittel- und Südamerika beheimatet ist. Manchmal wird Kartoffelstärke oder Maniok (Cassava) falsch deklariert und als Pfeilwurz verkauft. Der Unterschied von Pfeilwurz zu Mais- oder Kartoffelstärke ist, dass sie sehr klar bleibt und für Saucen und Suppen gut geeignet ist. Sie schmeckt auch von allen Stärkearten am neutralsten und bindet schon bei niedriger Temperatur (ca. 65 °C). Diese Eigenschaften des Pfeilwurz sind beim Binden von kälteren Saucen sehr hilfreich oder wenn man eine Sauce noch im letzten Moment nach dem Kochen andicken möchte. Der Pfeilwurz verhindert bei der Eisherstellung auch die Bildung von Eiskristallen. Es ist jedoch Vorsicht geboten, da Saucen, die mit Pfeilwurz gebunden wurden, durch Einfrieren oder erneutes Erhitzen ihre Festigkeit auch leichter verlieren. Oft muss man Pfeilwurz erst ganz zum Schluss hinzufügen (nachdem der Kochvorgang abgeschlossen ist), da die Stärke sehr schnell eindickt. Am besten ist es, sie separat mit etwas kaltem Wasser anzurühren und dieses Gemisch dann in das eigentliche Essen einzurühren.
Kudzu, Kuzu 2	Kudzu ist die japanische Alternative zu Pfeilwurz und, genau wie diese, in bestimmten vegetarischen Küchen (z. B. in der makrobiotischen Küche) beliebt. Die Stärke kommt aus der Wurzel einer berüchtigten japanischen Kletterpflanze. Berüchtigt deshalb, weil man diese Pflanze kaum ausrotten kann. Die Wurzeln der Pflanze werden zu feinem, weißem Pulver vermahlen, das sich ähnlich wie andere Stärken verhält. Der Kudzupflanze werden auch Heilkräfte nachgesagt.
Xanthan 8	Xanthan ist ein natürlich vorkommendes Polysaccharid. Es wird mithilfe von Bakterien aus zuckerhaltigen Substraten (Zellulose, Mais oder verschiedenen Krautarten) gewonnen. Xanthan ist warm und kalt löslich, kann Alkohol andicken und gut eingefroren werden. Es sollte sehr sparsam verwendet werden, da es sehr stark bindet. Es wird gewöhnlich für Zutaten verwendet, die sich sehr schwer andicken lassen.
Gummiarabikum 5	Wird aus dem Pflanzensaft bestimmter Akazienarten gewonnen. Es wird in der Süßwarenindustrie verwendet und um Wein und andere Getränke einzudicken.

Agar 3	Agar ist der bekannteste Gelatineersatz. Es handelt sich dabei um eine dehydrierte rote Algenart. Agar hat Eigenschaften, die sowohl das Binden als auch das Gelieren ermöglichen. Die Fähigkeit, Flüssigkeiten zu binden, ist dreimal stärker als bei Gelatine. Agar ist in Pulver-, Flocken- und Stangenform erhältlich. Der Einsatz von Pulver ist der Einfachheit halber empfohlen. Es bindet innerhalb von Minuten, während andere Formen teilweise eine Kochzeit von zwanzig Minuten benötigen. Agar wird in der industriellen Eisproduktion auch als Stabilisator eingesetzt. Um aktiv zu werden, muss Agar aufgelöst und dann erhitzt werden, braucht jedoch, anders als Gelatine, keine Kühlzeit. Agar wird schon bei 38 °C aktiv. Ein weiterer Unterschied zu Gelatine ist, dass diese bei ca. 38 °C schmilzt, Agar jedoch erst bei 85 °C. Dies hat ein festeres Gefühl im Mund zur Folge. Um diesem Problem entgegenzuwirken, wird manchmal ein Gemisch aus Agar und Stärke verwendet. Das weichere Ergebnis bringt allerdings eine etwas trübe Transparenz mit sich. Wenn Agar mit Essig oder Lebensmitteln mit hohem Oxalsäurewert (Schokolade, Rhabarber) gemischt wird, wird es nicht fest.
Knorpeltang, Irisch(es) Moos 6	Diese rote Algenart besteht genau wie Agar hauptsächlich aus Carrageen* (E 407). Traditionell wurde sie in Irland verwendet, um eine Art Milchpudding herzustellen, ähnlich wie Pannacotta. Die Alge wurde in Milch gekocht, abgeseiht und anschließend mit Zucker und anderen Geschmacksstoffen verfeinert. Auszüge aus dem Knorpeltang werden auch als Klärmittel bei der häuslichen Bierherstellung verwendet. Das Interessante an Knorpeltang ist, dass er seine Bindefähigkeit auch ohne Hitze entfaltet, es muss nur sorgfältig gerührt werden.
Gellan	Wie Xanthan stammt auch Gellan von Bakterien ab. Gellan sieht eher wie Pektin aus und ist recht hitzeresistent, jedoch nur für kurze Zeit. Wie der Name vermuten lässt, handelt es sich hierbei um ein vorzügliches Geliermittel, es bildet ein festes, klares Gallert, das sich leicht schneiden lässt. Gellan bleibt bis zu einer Temperatur von 70 °C resistent. Man löst es am besten in kalter Flüssigkeit auf, erhitzt es dann auf 85 °C und lässt es langsam abkühlen. Achtung: Gellan verliert seine Gelierfähigkeit bei einem Überschuss an Salz!
Johannisbrotkernmehl E 410 4	Wird vom Johannisbrotbaum gewonnen und hauptsächlich in industriell hergestellten Desserts und in Babynahrung verwendet. Es eignet sich sehr gut zur Eisherstellung, aber auch für warme Speisen. Schon in geringen Mengen Flüssigkeiten bildet Johannisbrotkernmehl eine gelartige Konsistenz, die robust gegenüber Säure und Salzen oder Hitze ist. Es muss nicht aufgekocht werden und ist geschmacksneutral.
Guarkernmehl	Es kann eine große Menge Flüssigkeit binden und stark zähflüssig machen. Zucker verringert jedoch seine gelierende Wirkung. Guarkernmehl verstärkt die Wirkung anderer Verdickungsmittel und kommt daher oft in Verbindung mit Johannisbrotkernmehl zum Einsatz. Es wird gerne in der Eisindustrie verwendet, da es die Struktur von Eis verbessert und es langsamer schmilzt.
Sago 1	Sago oder Perlsago ist eine gekörnte Stärke und schon seit Jahrhunderten bekannt. Die Kügelchen quellen in heißen Flüssigkeiten stark auf und werden glasig, beim Abkühlen binden sie. Damit die Flüssigkeit nicht breiig wird, sollte man Sago nur so lange kochen bzw. einweichen, bis die Kügelchen weich sind, aber noch ihre Form behalten. Sago eignet sich gut zum Eindicken von Puddings, Grützen und Suppen.

* Das Kohlenhydrat Carrageen wird in der Lebensmittelindustrie zur Stabilisierung, etwa von Eis, Kuchen und anderen Süßigkeiten, verwendet. Es sind allerdings nur Carrageene mit großen Molekülen zugelassen. Diese gelten als unbedenklich und werden vom Körper nicht aufgenommen. Allerdings können Carrageene die Aufnahme anderer Lebensmittelinhaltsstoffe erschweren und sie stehen im Verdacht, allergieähnliche Symptome auslösen zu können.

2.1 Verwendung und Grundzubereitung

Viele Bindemittel (besonders Stärken) verleihen dem Endprodukt eine trübe oder opake Transparenz. Stärke ist also nicht für alle Zubereitungen geeignet.

Das Verdicken von Flüssigkeiten verleiht den Speisen eine andere Textur sowie Konsistenz. In der neueren Küche haben die Verdickungs- und Geliermittel ein größeres Einsatzgebiet erlangt. So kann eine Flüssigkeit durch verschiedene oder auch nur durch die Menge der entsprechenden Bindemittel unterschiedliche Viskositäten bis hin zu einem festen Würfel erlangen. Jede dieser Texturen und Viskositäten erzeugt ein anderes Mundgefühl.

Auch das Aroma kann durch Bindemittel beeinflusst werden. So geben alle Stärken (Mehle) der Speise einen etwas „stumpfen" Geschmack. Das ist auch der Grund, warum heute eher durch „Reduktion" gebunden wird. Diese Methode ist nur für heiße, zu kochende Zutaten gedacht. Man erreicht ein absolut klares Gesamtaroma.

Verdicken

Beim Verdicken werden Feststoffe in einer Flüssigkeit mehr oder weniger stark gelöst. Je nach Teilchengröße bzw. -dicke entstehen kolloide Lösungen oder Suspensionen, also Stoffgemische mit unterschiedlich großen Teilchen. Je kleiner und feiner die Teilchen sind, desto geschmeidiger wird das Mundgefühl.

Handelt es sich um eine hohe Konzentration von kleinen festen Teilchen, kann auf diese Weise schon mit arteigenen Zutaten eine Bindung entstehen, also ohne zusätzliche Bindemittel. Besonders wirkungsvoll sind Bindemittel, die sehr lange Molekülketten enthalten. Lösen sich diese Molekülketten in Wasser, entstehen „Hydrokolloide", d. h. wässrige Lösungen mit relativ großen Teilchen. Alle Stärken sind Polysaccharide (= Vielfachzucker) und bilden solche Hydrokolloide. Damit Stärken Flüssigkeiten binden können, müssen sie in einer kalten Flüssigkeit gut verteilt werden. Dabei nehmen die Stärken Wasser auf und quellen.

Möglicherweise können Guarkernmehl und Johannisbrotkernmehl das Auftreten von Allergien begünstigen, vor allem bei Sojaallergikerinnen und Sojaallergikern.

Es gibt Stärken (z. B. Tapiokastärke), die eine sehr zähflüssige Masse bilden. Von einer Flüssigkeit kann nicht mehr gesprochen werden – eher von einem Vorstadium des Gelierens.

Nach dem Quellen in kalten Flüssigkeiten muss die Stärke mit der zu bindenden Flüssigkeit aufgekocht werden. Die gequollenen Stärkekörner platzen dabei auf und legen die in der Stärke vorkommenden Polysaccharidketten frei. Diese lagern Wasser ein und binden so die Flüssigkeit. Je nach Zusammensetzung und Herkunft der Stärke (z. B. Weizen-, Reis-, Maisstärke) entstehen unterschiedliche Kleister oder Gele.

Werfen Sie einen Blick auf die Verpackung der Stärke! In der Zutatenliste ist angegeben, ob es sich um eine modifizierte Stärke handelt oder nicht.

Es gibt allerdings auch **modifizierte Stärken,** das sind Stärken, die durch verschiedene Verfahren (z. B. durch Trocknen oder Zugabe von Säuren) verändert wurden. Modifizierte Stärken können auch ohne Erhitzung binden.

Hier ist modifizierte Stärke enthalten.

Sämtliche **nicht modifizierte Stärken** benötigen Hitze, um eine Bindung zu erreichen. Das bedeutet, dass nach dem Quellen in kalten Flüssigkeiten die Stärkelösung mit der zu bindenden Flüssigkeit aufgekocht werden muss. Die gequollenen Stärkekörner platzen auf, Molekülketten werden freigelegt und füllen sich mit der sie umgebenden Flüssigkeit. Die Struktur dieser Ketten ist dann ein ungeordneter Zustand – die Flüssigkeit dickt ein.

Gelieren

Auch zum Gelieren werden Hydrokolloide benutzt. Es handelt sich hierbei um natürliche Substanzen.

Hydrokolloide sind

Algen	Pflanzensamen	Mikrobielle Fermentation
■ Agar ■ Alginat ■ Carrageen	■ Johannisbrotkernmehl ■ Guarkernmehl	■ Xanthan ■ Gellan

Bei der Auswahl des Geliermittels gilt es zu bedenken, ob die Speise heiß oder kalt serviert, klar, opak, fließend oder fest oder cremig sein sollte. Jeder Gelbildung geht eine gründliche Vermischung des Hydrokolloids in einer kalten Flüssigkeit voraus.

Das Bilden von Gelen ist eine äußerst spannende Reaktion. Flüssigkeiten können in einen festen Zustand gebracht werden oder auch in eher fließende Gele. Auch hier wird die Viskosität der Ausgangszutaten erhöht. Beim Gelieren binden die Hydrokolloide mit ihren langen ineinander verschlungenen Molekülketten die Flüssigkeit. Diese langen Ketten müssen für eine vollkommene Gelierung gut zusammenhalten. Einige Hydrokolloide brauchen dazu eine Hilfe, ein Gerinnungsmittel – das ist wie eine Art Kupplung zu verstehen. Das können z. B. Enzyme sein, Aminosäuren oder Kalziumionen. Diese Mittel unterstützen die Gelbildung, indem sie die Verknüpfung der langen Molekülketten fördern. Oft sind diese Gerinnungsmittel auch in den Lebensmitteln selbst vorhanden.

Ziele erreicht? – „Bindemittel, Geliermittel und Süßungsmittel"

KOMPETENZ-ERWERB

1. Kreuzen Sie in der Tabelle an, ob die Aussage stimmt oder nicht stimmt.

Aussage	Stimmt	Stimmt nicht
Tagatose wird aus Abfällen der Käseproduktion synthetisiert und ist weder vegan noch vegetarisch.		
Eine bindende Wirkung haben Kartoffelstärke, Johannesbrotkernmehl und Guarkernmehl.		
Pektin ist ein Geliermittel, das hauptsächlich in Beerenobst zu finden ist.		
Agatha ist ein bekannter Gelatineersatz.		
Stärken, die durch verschiedene Verfahren (z. B. durch Trocknen oder Zugabe von Säuren) verändert wurden, heißen modifizierte Stärken.		

2. Beschreiben Sie folgende Süßungsmittel.

Name	Beschreibung
Dattelzucker	
Stevia	

3. Beschreiben Sie folgende Gelier- und Bindemittel.

Name	Beschreibung
Agar	
Johannisbrotkernmehl	

4. In der Öffentlichkeit besteht ein wachsendes Bewusstsein hinsichtlich der Verwendung alternativer Süßungs- und Verdickungsmittel. Beschreiben Sie zunächst die klassischen Methoden und gehen Sie dann auf alternative Produkte sowie alternative Methoden in der veganen und vegetarischen Küche ein.

5. Lesen Sie den Text über Molekularküche. Recherchieren Sie anschließend dieses Thema im Internet und diskutieren Sie im Anschluss Ihre persönlichen Anwendungsmöglichkeiten.

Die Molekularküche nutzt Erkenntnisse aus der modernen Lebensmitteltechnologie, um Gerichte mit völlig neuartigen Eigenschaften zu erzeugen. Verwendet werden natürliche Grundprodukte, darunter auch Texturgeber, die als vielseitige und vegetarische Alternativen zu Gelatine eingesetzt werden. Dazu zählen Xanthan (E 415) oder die aus Algen gewonnenen Stoffe Agar-Agar und Alginat, aber auch Johannisbrotkernmehl sowie Guarkernmehl. Es entstehen Schäume, Airs, warme Gelees, heißes „Eis", das beim Abkühlen im Mund schmilzt, Bonbons aus Olivenöl oder „Kaviar" aus Melonen. Letzteres ist eine Kreation des spanischen Spitzenkochs Ferran Adrià. Das Verfahren nennt sich Sphärifikation. Adrià lässt Gelkugeln entstehen, die nach zartem Druck der Zunge an den Gaumen zerplatzen und ihr Inneres freigeben.

Spezialisierung

Längst stellt die rein pflanzliche Küche keine Randerscheinung mehr dar, obwohl sie häufig mit Vorurteilen zu kämpfen hat. Einige stellen sich darunter eine Ernährung vor, die nur wenig Genuss und Abwechslung mit sich bringt. Gerade deshalb ist es enorm wichtig, auf besondere Zubereitungstechniken einzugehen, um pflanzliche Rohstoffe sowohl optisch als auch geschmacklich ansprechend anzubieten und die Möglichkeiten zu erweitern. Denn nur eine Ernährungsform, welche Spaß macht und die Sinne befriedigt, wird auf Dauer beibehalten und auf Nachahmung stoßen.

Fragen Sie Ihre Gäste, was das wichtigste Kriterium für ein gelungenes Gericht ist, werden sie neben anderen Faktoren zweifellos antworten: „Es muss einfach schmecken!" Gerade in der pflanzlichen Küche gibt es eine große Vielfalt an geschmacklichen Variationen, die ein Gericht voll zur Geltung bringen lassen.

Einen Korb voller pflanzlicher Lebensmittel vor sich, werden Sie neue Gerichte erfinden und kreative, ganzheitliche Menüs planen, zubereiten und servieren. Pflanzliche Gerichte gibt es auf allen Kontinenten und es bereichert unsere Küche ungemein, wenn man weltweit Anleihen nimmt und geschmacklich adaptierte Zubereitungen in unsere Kochtöpfe einfließen lässt.

Spezielle Ernährungsformen und Zubereitungsarten

Diskutieren Sie in kleinen Gruppen folgenden Ausspruch: „Viele Menschen denken bei pflanzlicher Kost an Verzicht."

Pflanzenbetonte Ernährungsformen haben sich im Laufe der Zeit auf den verschiedenen Kontinenten unseres Planeten entwickelt, ebenso wie spezielle Zubereitungsarten mit besonderen Geräten und Techniken, die den Umgang mit pflanzlichen Lebensmitteln erleichtern und eine Fülle von Experimentiermöglichkeiten bieten.

Vegane Backwaren stehen der konventionellen Backkunst in nichts nach und es ist gut erlernbar, wie die Klassiker mühelos für die pflanzliche Küche adaptiert werden können.

Um den Geschmack eines Gerichtes voll zur Geltung zu bringen, müssen wir uns trauen, noch mehr und vor allem verschiedene Gewürze zu verwenden. Nur so ist es möglich, einen individuellen Kochstil zu entwickeln und unsere Gäste damit zu begeistern.

KOMPETENZ-ERWERB

Meine Ziele

Nach Bearbeitung dieses Kapitels kann ich

- sagen, welche verschiedenen Küchengeräte und Zubereitungstechniken sich in der pflanzlichen Küche bewährt haben;
- auf die Wünsche spezieller Personengruppen, beispielsweise Rohköstlerinnen und Rohköstler, eingehen;
- im Zusammenhang mit Backwaren erläutern, in welcher Weise die Klassiker nicht vegan sind und wie eine vegane Variante umsetzbar ist;
- Gerichte kreieren, die absolute Geschmackserlebnisse liefern.

1 Besondere Ernährungsformen und Zubereitungen

Als Vegetarier habe ich mit vielen Vorurteilen zu kämpfen. Viele Menschen stellen sich da eine Ernährungsform vor, die wenig Genuss und Abwechslung bietet. Ich will und kann nicht missionieren, aber ich möchte Argumente sammeln, um mit so manchen festgefahrenen Ansichten aufzuräumen.

Ein englischsprachiges Video mit dem Titel „A Guest's Desires" finden Sie unter folgendem Link: www.vegucation.at/schulen

Auch in der pflanzlichen Küche gibt es eine Vielzahl von unterschiedlichen Zubereitungsarten. Diverse Techniken und Gerätschaften haben sich zur Umsetzung sehr bewährt und es lassen sich aus den einfachsten Rohstoffen kreative und ausgefallene Gerichte zubereiten.

Makrobiotik

Das Wort Makrobiotik hat seinen Ursprung im Griechischen und bedeutet „langes Leben". Die makrobiotische Ernährung kombiniert die Einfachheit beim Essen und die Vermeidung von als Gift angesehenen Inhaltsstoffen in Lebensmitteln mit den Prinzipien des **Zen-Buddhismus.**

Das Kernstück der makrobiotischen Lebensführung ist in George Ohsawas Ernährungslehre nachzulesen, die besagt, dass ein ausgewogenes Verhältnis in der Nahrung zu einem ausgeglichenen Zustand des Qi im Körper führt. Alle Lebensmittel werden nach ihrer energetischen Eigenschaft in Yin (ausdehnend), Yang (zusammenziehend) oder völlig ausgewogen eingeteilt.

Der Schwerpunkt dieser fettarmen und ballaststoffreichen Ernährungsform liegt auf vollwertigem Gemüse und Getreide. Grundlegend besteht die makrobiotische Ernährung aus

- Vollkorn-Getreide (Naturreis, Hirse, Buchweizen, Weizen, Mais, Roggen),
- Gemüse,
- Bohnen,
- Algen (Nori, Kombu, Hiziki) und
- kleinen Mengen an Früchten, Samen und Nüssen.

Anhägerinnen und Anhänger der makrobiotischen Ernährungsweise meiden Fleisch und tierische Fette wie Butter oder Schmalz. Auch Milchprodukte, Eier, künstliche Süßungsmittel und chemische Zusatzstoffe sind kein Bestandteil ihrer Ernährungsform. Wichtigste Nahrungsgrundlage der Makrobiotik ist das ganze Korn verschiedener Getreidearten, vor allem Reis.

Aufgabenstellung

- Auch die ayurvedische Ernährung und die TCM (Traditionelle Chinesische Medizin) haben eine stark vegetarische Ausrichtung. Recherchieren Sie dazu, zum Beispiel unter www.ayurveda.de und tcm-ernaehrung.at.

Enzyme sind sehr temperaturempfindlich.

Rohkost

Die Rohkostküche umfasst Gerichte, bei denen die Basiszutaten nur so verarbeitet werden, dass möglichst viele Vitamine, Mineralstoffe, Enzyme und sekundäre Pflanzenstoffe erhalten bleiben. Deshalb wird nichts über 42 °C erhitzt, also weder gebacken, gebraten, gekocht noch pasteurisiert.

In der Rohkostküche werden drei Lebensmittelkategorien kombiniert:

- Grünes Blattgemüse, da es viel Chlorophyll enthält und alkalisch ist
- Süße, reife, frische Früchte, weil sie Zucker bzw. Kohlenhydrate enthalten
- Fetthaltige Lebensmittel, wie Samen, Avocados, Oliven, pflanzliche Öle und Nüsse

Rohkost ist nicht per Definition vegetarisch oder vegan, sondern kann auch rohen Fisch, rohes Fleisch und rohe Milchprodukte enthalten.

Wichtig ist die Zufuhr von essenziellen pflanzlichen Fettsäuren, vor allem Omega-3-Fettsäuren. Chia-Samen, Hanfsamen, Walnüsse und Leinsamen sind jene pflanzlichen Lebensmittel mit den meisten Omega-3-Säuren.

Generell gilt es zu beachten, dass manche Lebensmittel nicht roh konsumiert werden sollten. Hierzu gehören u. a. Kartoffeln (im Gegensatz zu Süßkartoffeln), grüne Bohnen, manche essbare Wildpilze, ungekeimte Hülsenfrüchte und Getreide sowie uneingeweichte Samen.

Gerichte, die im Rezepturenteil dieses Piktogramm enthalten, sind Beispiele für die **Rohkostküche.**

Molekularküche

Die Molekularküche befasst sich mit den biochemischen und physikalisch-chemischen Prozessen bei der Zubereitung von Speisen und Getränken. Die Verwendung und Verarbeitung von pflanzlichen Zutaten spielt dabei eine wichtige Rolle. Im Mittelpunkt stehen Erkenntnisse über die Änderung von Texturen einzelner Produkte oder allgemein die Wechselwirkung zwischen physikalisch-chemischen Prozessen und Veränderungen eines Produktes. Zudem werden Methoden aus der modernen Lebensmitteltechnologie genutzt, um Gerichte mit völlig neuartigen Eigenschaften zu erzeugen. Lesen Sie dazu auch einen kurzen Artikel auf Seite 104.

Die molekular inspirierte Küche nutzt verschiedene Geräte, die aus dem Laborbedarf stammen.

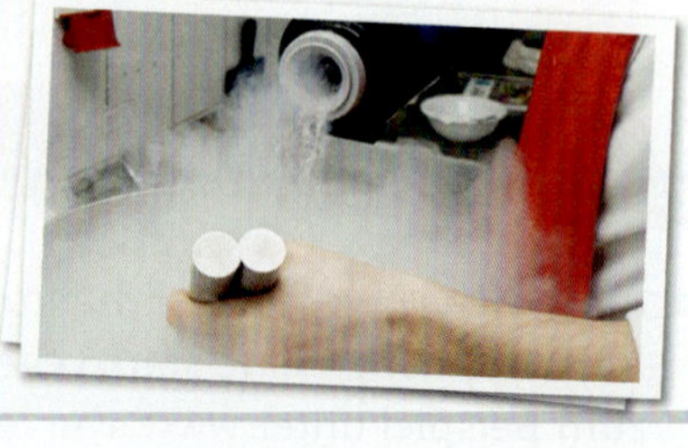

Fermentation

Die enzymatische Umwandlung organischer Stoffe ist unter dem Begriff Fermentation bekannt. In der Regel findet auch eine Vermehrung von Bakterien- oder Pilzkulturen statt.

Fermentation

Kontrollierte Fermentation	Unkontrollierte Fermentation

■ Es werden gezielt Bakterien, Pilzkulturen oder Enzyme zugegeben, um die Art und den Grad der Fermentierung zu steuern	■ Findet oxidativ statt, d. h. als Reaktion auf die Sauerstoffzufuhr ■ Auch die Spontangärung ist eine unkontrollierte Fermentation

Die Fermentation von Lebensmitteln hat eine alte Tradition, die man in fast allen Kulturen findet. Durch diese Art der Konservierung wurden Lebensmittel länger haltbar gemacht, was speziell in Ländern mit langen, kalten Wintern eine wichtige Technik darstellte.

Zu den bekanntesten Fermenten zählen unter anderem

- Kombucha, fermentierte Sojaprodukte (Miso, Natto, Tamari und Shoyu)
- Wasserkefir
- Soja- und Kokosjoghurt
- Milchsauer vergorenes Gemüse (Sauerkraut, Gurken, Bohnen, Kürbis etc.)
- Alkoholische Getränke, wie Bier und Wein

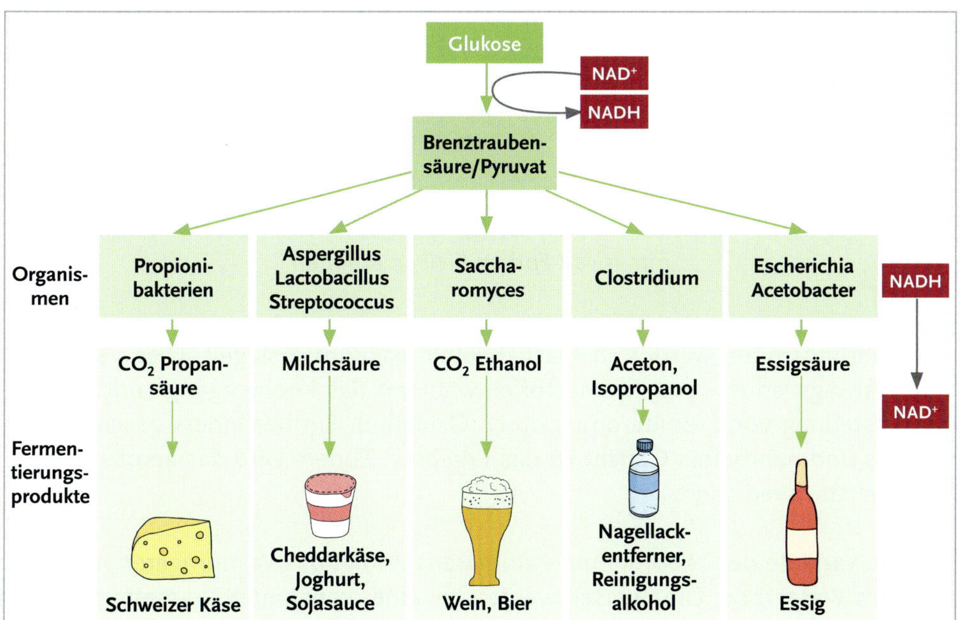

Probiotische Kulturen
Es ist möglich, veganen Käse und Joghurt auf Nussbasis zu fermentieren, indem man einer gemixten, cremigen Nussmasse probiotische Kulturen zusetzt. Fermentierte Produkte weisen ein erhöhtes Enzym- und Bakterienaufkommen auf und sind somit für den menschlichen Körper leicht verdaulich. Die probiotischen Kulturen sind gut für den Darm und damit für das Immunsystem.

Das Dörren ist ein langsamer Prozess, der einige Stunden in Anspruch nehmen kann

Dehydrieren

Das **Dörren** ist eine der ältesten und gesündesten Methoden, um Lebensmittel zu konservieren. Durch den schonenden Entzug der Feuchtigkeit wird die Bildung von schädlichen Keimen und Bakterien gehemmt und eine natürliche Haltbarmachung ohne Zusatzstoffe gewährleistet.

Es bleibt ein Maximum an wichtigen Vitaminen und Nährstoffen erhalten, vor allem wenn man eine Trocknung bei niedrigen Temperaturen vornimmt. Der natürliche Geschmack bleibt erhalten, manchmal wird er sogar intensiver.

Professionelle Dörrgeräte haben abwaschbare, antihaft-beschichtete Folien, das Trockengut kann somit nicht durch das Dörrgitter fallen. Es erfolgt eine gleichmäßige Belüftung und somit Trockenleistung von der Rückwand aus. Die warme Luft muss nicht wie bei anderen Geräten von unten durch alle Ebenen zirkulieren. So sind diese Geräte nicht nur für das Trocknen von Früchten, Gemüsen und Kräutern geeignet, auch Gerichte, wie

- biegbare Gemüse- und Frucht-Wraps
- Kuchen- und Pizzaböden,
- Kräcker und Brote sowie
- Knuspermüslis

lassen sich problemlos zubereiten.

Darüber hinaus kann das Gerät zum langen Marinieren von Gemüse, zum sanften Erwärmen von Gerichten oder zum Fermentieren bei kontrollierter Temperatur genutzt werden.

Vakuumieren

Diese Technik bezieht sich auf das Garen von Lebensmitteln unter Vakuumverschluss bei relativ niedrigen Temperaturen von unter 100 °C.

Obst und Gemüse bleiben komplett saftig, die Außenseite wird nicht verkocht, die intensiven Farben bleiben erhalten

Die Nahrungsmittel werden in Plastikbeuteln vakuumversiegelt. Dies verhindert Verdunstungsverluste von Aromastoffen während des Kochvorgangs und hemmt die Entstehung von Fremdaromen durch Oxidation. Ein besonders geschmackintensives und nahrhaftes Gericht ist das Ergebnis. Zudem wird das aerobe bakterielle Wachstum reduziert.

Als eine Variante des Niedrigtemperaturgarens erfolgt das Vakuumgaren meistens in einem Wasserbad. Die Speisen werden bei einer konstanten Wassertemperatur von 50 bis 85 °C zubereitet. Garzeit und Temperatur richten sich nach dem Gargut. Beispielsweise benötigen Karfiol oder Brokkoli bis zu acht Stunden, wohingegen marinierte Steinpilz-Steaks nur vier Stunden garen.

Die Vakuumbeutel bestehen aus mehreren Schichten Polyamid und Polyethylen. Somit können keine Weichmacher aus der Folie in das Gargut gelangen.

Mixen

In der pflanzlichen Küche, insbesondere im Bereich der Rohkost, wird dem Mixen eine große Bedeutung zugeschrieben. Empfehlenswert sind Hochgeschwindigkeitsmixer mit mindestens 25 000–30 000 Umdrehungen in der Minute. Es lassen sich einerseits harte Materialien verarbeiten und andererseits besonders feine Konsistenzen erreichen.

Die Produktpalette reicht von Smoothies und Eiscremes über Suppen, Aufstriche und Saucen bis zu fruchtigen Desserts, Cocktails, Schäumen und Parfaits.

Wird eine absolut cremige, homogene Konsistenz gewünscht, ist ein Mixer unerlässlich

Grüne Smoothies sind im Trend. Durch einen ausgewogenen Mix aus grünem Blattgemüse und Obst kann mit diesen der Tagesbedarf an Vitaminen und anderen Nährstoffen gedeckt werden. Bei der Herstellung sollte jedenfalls ein Hochleistungsmixer verwendet werden. Beim Zerkleinern wird die Zellstruktur des Blattgrüns aufgebrochen und die gesundheitsfördernden Inhaltsstoffe werden aufgeschlossen.

Entsaften

Im Gegensatz zu Mixern trennen Entsafter die Faserstoffe von Gemüse, Gräsern und Obst von der Flüssigkeit.

Aus dem durch das Pressen entstandenen Trester von Mandeln, Nüssen und Trockenfrüchten lässt sich Konfekt herstellen.

In der Gastronomie kommen meist hydraulische Pressen zum Einsatz. Die Qualität ist mit Walzenpressen gleichzusetzen.

Entsafter

Zentrifugalentsafter

- Eine sehr schnell drehende Zentrifuge entsaftet
- Nicht schonend
- Verursacht eine schnelle Oxidation des Saftes und einen schnellen Nährstoffverlust

Walzenentsafter

- Es gibt Ein-Walzen- und Zwei-Walzen-Modelle (effizienter)
- Die verbleibenden Trester sind extrem trocken, der Saft oxidiert langsamer
- Auch für das Pürieren von frischen oder tiefgefrorenen Früchten, z. B. für Sorbets, bestens geeignet

Spiralschneider

Mit diesem Gerät werden aus Gemüse (vor allem Zucchini, Karotten, Kohlrabi und Roten Rüben) Gemüsenudeln in verschiedenen Stärken gedreht. Diese werden dann als Rohkostnudelgerichte mit verschiedenen Saucen serviert. Ursprünglich stammt die Technik aus Japan und findet dort viel Einsatz, da die Gemüsenudeln oft als Beigabe zu Sushi und Sashimi dienen. Neben den mechanischen Spiralschneidern kommen in der Gastronomie auch elektrische Modelle zum Einsatz.

Der Spiralschneider ist in der pflanzlichen Küche ein oft verwendetes Gerät

Kennen Sie einen Nussmilchbeutel?
Es sind dies feinmaschige Stofftaschen, die man zum Filtern von faserhaltigen, gemixten Flüssigkeiten einsetzen kann, um die Faserstoffe vom Saft zu trennen. Auf diese Weise lässt sich sehr leicht Nussmilch herstellen. Nüsse und Wasser werden in einem Hochgeschwindigkeitsmixer sehr fein gemixt und die erhaltene Flüssigkeit wird durch einen Nussmilchbeutel gepresst. Das Resultat ist einerseits eine cremige Milch, frei von Trüb- und Schwebstoffen, und andererseits der sogenannte Nusstrester, der im Beutel verbleibt. Dieser kann als Mehlbasis für Brote, Kuchen usw. weiterverwendet werden.

Das generelle Mengenverhältnis liegt bei einem Teil Nüsse/Samen zu drei bis vier Teilen Wasser. Hierbei wird die Konsistenz von tierischer Vollmilch erreicht. Wird weniger Wasser verwendet, dann wird die Konsistenz cremiger und ähnelt mehr einer Nusssahne. Wird der Wasseranteil jedoch erhöht, erhält man eine wässrigere und weniger fetthaltige Milch.

Darüber hinaus können die Beutel zum Abhängen von fermentierenden Käsemassen und für das Auspressen von Säften und anderen Flüssigkeiten verwendet werden.

Küchenmaschine

Im Gegensatz zu einem Mixer zeichnet sich eine Küchenmaschine (Food processor) durch einen breiteren Behälter aus, in dem größere Mengen grobkörnig gehackt werden können. Empfehlenswert ist ein Multifunktionsgerät mit verschiedenen Einsätzen. Die Produktionspalette reicht von grob zerkleinertem Gemüse und Nüssen bis zu rohen Massen für pflanzliche Pâtés, Kräcker-, Kuchen- und Pizzateige sowie Saucen und Cremes.

2 Vegane Backwaren

Alternativen zu Eiern, Milch, Butter usw. haben wir ja schon kennengelernt. Ich freue mich nun zu erfahren, wie einzelne Teige und Massen mit den verschiedenen Ersatzprodukten so werden, dass ich sie meinen Gästen präsentieren kann.

Gebäck, Kuchen und Kekse sind für viele mit Verzicht behaftet, denken Sie dabei an Menschen mit Zöliakie, Gluten-, Ei- oder Laktoseunverträglichkeit, Diabetes, vegan lebende Menschen oder Menschen, die auf Cholesterin verzichten. Das Gute ist, dass viele der bekannten Teigarten und Gebäcksorten sowie Füllungen und Überzüge sich auch in veganer Form ohne weiteren Aufwand herstellen lassen.

Milch und Butter können dabei durch pflanzliche Alternativen ersetzt werden. Wie im Kapitel Eialternativen zu lesen, benötigt die Substitution von Ei etwas Fingerspitzengefühl und muss je nach gewünschter Backeigenschaft mit pflanzlichen Lebensmitteln aufgewogen werden. Darüber hinaus eröffnen die veganen Backzutaten neue Möglichkeiten für kreative Eigenkreationen.

Gebäckgrundsorten

Produkt	Produktinformation	Beispiele
Rührmasse	 Diese einfache und schnell zubereitete Grundmasse (auch **Sandmasse** genannt) ist sehr vielseitig. Die saftige, lockere Masse enthält traditionell Milch, Butter und Eier. Milch kann durch einen Pflanzendrink (Soja-, Reis-, Mandeldrink etc.), Butter durch Öl oder hochwertige Pflanzenmargarine ohne gehärtete Fette ersetzt werden. Das Ei im Rührteig sorgt für gute Triebeigenschaften, Bindung und auch vollen Geschmack. Ein vergleichbares Ergebnis wird durch zusätzliches Backpulver, etwas pürierten Tofu als Ei-Ersatz und beispielsweise Orangensaft für den Geschmack erzielt.	▪ Marmorkuchen 1 ▪ Gugelhupf ▪ Obstkuchen
Hefeteig, Germteig	Dieser Teig ist geschmeidig und dehnbar, dadurch wird er beim Backen luftig und bleibt saftig. Hefeteig muss je nach Rezeptur und Anwendung mehrmals an einem warmen Ort ruhen. Dabei sollte man darauf achten, dass die Raumtemperatur 40 °C nicht übersteigt, denn sonst sterben die Hefebakterien ab und der Teig geht nicht auf. Hefeteig wird zumeist unter Zugabe von Milch, Butter und Eiern zubereitet. Für die Substitution von Milch wird ein Pflanzendrink, für Butter beispielsweise Öl verwendet. Das Ei dient im Hefegebäck als Bindemittel und Feuchtigkeitsspender und macht es geschmeidig und saftig. Dies kann auch durch Zugabe von mehr Öl erreicht werden.	▪ Hefezopf 2 ▪ Brioche ▪ Pizza 3
Mürbteig	Der saftige und mürbe (knusprige und dennoch zarte) Teig lässt sich aufgrund des hohen Fettgehaltes gut lagern. Es wird oft vom 1-2-3-Teig gesprochen, da er aus einem Teil Zucker, zwei Teilen Butter und drei Teilen Mehl besteht. Traditionell werden meist Eier verwendet, für eine vegane Variante genügen pro Ei wenige Esslöffel Pflanzendrink. Alsan-Margarine eignet sich als Butterersatz.	▪ Kekse ▪ Boden für Tartes und Quiches 4 ▪ Spritzgebäck ▪ Streusel für Obstkuchen 5
Biskuitteig	 Die lockere Konsistenz des Teiges wird durch Aufschlagen von Eiweiß erreicht. Agar-Pulver dient als Eiweißersatz. Veganes Biskuit kann unter Zugabe von Triebmitteln, pflanzlichem Öl und bindenden Mehlen wie beispielsweise Tapiokastärke oder Pfeilwurzelmehl hergestellt werden. Auch mit Aquafaba (aus dem Abtropfwasser von Kichererbsen oder Bohnen) ist die Herstellung von Biskuit möglich. **Wiener Masse** ist luftig locker, aber etwas feinporiger als Biskuit und eignet sich somit insbesondere für Feingebäck wie Petit Fours und kleine Törtchen. Die gedrungene Konsistenz wird durch die enthaltene Butter erzielt. Das Ei in der Wiener Masse kann analog zum Biskuit ersetzt werden.	▪ Biskuitrolle mit Marmelade, Creme oder Topfenfülle 6 ▪ Boden für Obstkuchen und -torte

Blätterteig, Plunderteig	Der Teig ist außen knusprig, innen saftig und hat einen hohen Fettgehalt. Blätter- und Plunderteig besteht aus einem Grundteig und der Ziehbutter, die aus Mehl und Butter oder pflanzlicher Margarine hergestellt wird. Mehrfaches Einschlagen und Ausrollen von Fettschichten geben dem Teig das blättrige Aussehen. Der Grundteig für Blätterteig besteht aus einer Mischung aus Mehl, Salz, Butter oder Öl und Wasser, die Ziehbutter wird in je zwei einfachen und doppelten Touren eingearbeitet. Für die Zubereitung von Plunderteig besteht der Grundteig aus einem leichten Hefeteig. Nach dem Aufgehen wird die Ziehbutter daraufgelegt und der Teig insgesamt dreimal einfach touriert.	Croissants Plundergebäck *Im Handel erhältlicher fertiger Blätterteig ist oft vegan. Ein Blick auf die Zutatenliste oder das V-Label schafft Klarheit.*
Sauerteig	Er dient der Herstellung von saftigen Broten. Der Sauerteig lockert das Brot beim Backen ähnlich wie die Hefe. Die meisten Brotsorten enthalten kein Ei. Als geschmacksgebende Komponente werden hin und wieder tierische Fette wie beispielsweise Schweineschmalz eingesetzt. Pflanzliche Aromen können von Kräutern und Gewürzen oder herben Getreidesorten stammen. Für die Herstellung von Sauerteig wird Roggenmehl mit etwas warmem Wasser angerührt und mehrere Tage zum Gären beiseitegestellt. Anschließend wird der Sauerteig mit Mehl, Salz, Gewürzen und evtl. Hefe weiterverarbeitet.	Brot
Strudelteig	Strudelteig besteht aus Mehl, Öl, Salz und Wasser und ist damit vegan. Er wird hauchdünn ausgerollt und eine Füllung darin eingeschlagen. Strudelteig wird vor dem Backen gerne mit Butter bestrichen, damit er geschmeidig und saftig bleibt und während des Backens nicht reißt. Hier kann eine pflanzliche Alternative verwendet werden.	**Süße Variante** z. B. Apfelstrudel **Pikante Variante** z. B. Krautstrudel; kalt und warm serviert
Teig für Pasteten	Der Teig für die Herstellung von Pasteten enthält Eigelb. Etwas pflanzliche Margarine und Pflanzendrink für die Konsistenz und eine Prise Kurkuma für die goldene Farbe machen den Teig vegan. Die Füllung kann aus Tofu, Tempeh oder Seitan bestehen. Mit Agar-Agar geliertem Gemüse entsteht eine mediterrane Version.	

Nach einem jahrzehntelangen Rechtsstreit mit der k. u. k. Zuckerbäckerei Demel darf sich nur die Torte aus dem Hause Sacher mit dem Prädikat „Original" schmücken. Die Sachertorte wird von vielen Konditoreien und Bäckereien imitiert.

Gebäcksorten verschiedener europäischer Länder

Österreich

Sachertorte

Der Tortenboden (Sachermasse) wird einmal durchgeschnitten und mit Marillenmarmelade wieder zusammengesetzt. Die Torte wird aprikotiert und mit Schokoladeglasur überzogen. Die vegane Variante besteht aus Sojamehl, pflanzlicher Margarine und Agar-Pulver.

Linzer Torte

Die Torte besteht aus einem mürben Nussteigboden mit roter Johannisbeermarmelade (Ribiselmarmelade) und einem Gitter aus Teig. Bei der veganen Variante werden die Zutaten wie bei einer Sachertorte ersetzt.

Deutschland

Schwarzwälder Kirschtorte

Die Schwarzwälder Kirschtorte besteht aus mit Kirschwasser aromatisierten Schokoladebiskuitböden, einer Kirschfüllung und Sahnecreme sowie Schokoladenraspeln und Kirschen als Dekor. Für die Tortenböden eignet sich Sojamehl, um die gewünschte Festigkeit zu erreichen und etwas Öl, um den Boden locker zu backen. Sojadrink und Margarine ersetzen Milch und Butter. Für die Füllung eignet sich Soja-Schlagsahne bzw. alternativ Kokos- oder Reisschlagsahne.

Butterkuchen

Der Butterkuchen besteht aus einem Blechkuchen aus Hefeteig mit kleinen Butterstückchen. Der Kuchen wird mit Zucker und Mandelblättchen oder regional auch mit einer Zucker-Zimt-Mischung bestreut. Die Butter wird durch Pflanzenmargarine ersetzt.

Schwarzwälder Kirschtorte

Frankreich

Croissant

Ein Croissant wird aus Plunderteig zubereitet und mit und ohne Füllung angeboten. Die Füllungen reichen von Marmelade und Schokolade bis zu Käse. Zartbitterschokolade ab 70 % enthält keine Milch und ist daher vegan.

Tarte Tatin

Bei mittlerer Hitze wird in einer gusseisernen Pfanne der Zucker karamellisiert. Dann wird das Obst (meist Äpfel) und der Mürb- oder Blätterteig darüber geschichtet und im Ofen gebacken. Anschließend wird die Tarte (kopfüber) auf einen Teller gestürzt.

Petit Four

Petit Four (auf Deutsch: kleiner Ofen) ist ein süßes Häppchen mit meist aufwendiger Verzierung. Frische Petits Fours werden aus Wiener Masse ausgestochen, gefüllt und mit Zuckerguss oder Schokolade überzogen. Trockene Petits Fours sind aus Makronen- oder Blätterteig und werden nicht glasiert.

Tarte Tatin

Italien

Cantuccini

Die Cantuccini oder Biscotti di Prato stammen aus der italienischen Provinz Prato. Das Mandelgebäck wird ähnlich dem Zwieback einmal als Brot und anschließend in Scheiben von beiden Seiten gebacken. Anstelle von reinem Weizenmehl kann ein Gemisch aus gemahlenen Mandeln, Weizenmehl und Dinkelmehl verwendet werden. Speisestärke oder Sojamehl verhelfen zur gewünschten Festigkeit.

Panettone

Panettone stammt ursprünglich aus Mailand. Der kuppelförmige Hefekuchen enthält kandierte Früchte und wird traditionell zu süßem Wein zur Weihnachtszeit gereicht. Der Teig wird mit Milch, Butter und Eiern angerührt, was durch Sojadrink und Pflanzenmargarine ersetzt werden kann. Um die Masse fest zu backen, eignet sich Tapiokastärke.

Panettone

Kanelbullar

Runeberg-Törtchen

Scones

Schweden

Kanelbullar

Die Kanelbullar ähnelt einer Zimtschnecke. Das mit Kardamom gewürzte Hefegebäck wird mit Zimt oder Früchten gefüllt und mit Hagelzucker bestreut. Der Teig und die Füllung enthalten Milch und Butter, die durch die üblichen veganen Alternativen leicht ersetzt werden können.

Pepparkakor

Pepparkakor bezeichnet dünne süße Pfefferkuchen, die in Schweden besonders zur Weihnachtszeit verzehrt werden. Charakteristisch sind die Gewürze Ingwer, daher die leichte Schärfe, Kardamom und Gewürznelken. Das traditionelle schwedische Grundrezept ist vegan.

Finnland

Runeberg-Törtchen

Die kleinen Mandeltörtchen sind meist mit Rum aromatisiert und werden mit Himbeermarmelade und Zuckerguss garniert. Für den Teig werden Butter und Sahne verwendet, beides ist leicht durch vegane Alternativen zu ersetzen. Der beigefügte Ei-Zuckerschaum gelingt rein pflanzlich mit Öl, Zucker, Sojajoghurt und Mandelessenz.

Mämmi

Dieser gebackene Malzpudding wird in Finnland in der Fastenzeit zubereitet. Er wird mit Bitterorangen verfeinert und mit Sahne serviert, die leicht ersetzt werden kann.

England

Shortbread

Dieses klassische britische Teegebäck ist ein Mürbteigkeks, der aus einem Teil Zucker, zwei Teilen Butter und drei Teilen Mehl hergestellt wird. Es ist hell gebacken, charakteristisch ist die gepunktete Oberfläche, da die Kekse vor dem Backen mit einer Gabel eingestochen werden. Die Butter ist durch Pflanzenmargarine zu ersetzen.

Scones

Scones werden in England zum Tee (Afternoon Tea) oder auch zum Frühstück gereicht. Als Triebmittel wird Backpulver verwendet. Das Gebäck ist leicht gesüßt und wird mit Marmelade gegessen. Für die vegane Variante werden Sojadrink und Pflanzenmargarine benötigt.

Aufgabenstellung

- Recherchieren Sie weitere Gebäcksorten, von denen es vegane Varianten gibt.

3 Dimensionen des Geschmacks

Professionelles Würzen will gelernt sein – nicht jedes Gewürz passt zu jedem Gericht. Und natürlich bin ich als Koch nur zufrieden, wenn ich meinen Gästen ein „Wow" entlocke, weil es ihnen so gut geschmeckt hat. Daher möchte ich alles über den Geschmackssinn erfahren.

Gerade in der pflanzlichen Küche gibt es eine große Vielfalt an geschmacklichen Variationen.

Der Geschmackssinn

Wie wir schon von Seite 40 wissen, besteht der Geschmack aus zwei Komponenten:
- Geschmack auf der Zunge (gustatorisch)
- Aroma, das wir durch die Nase wahrnehmen (olfaktorisch)

Geschmack ist eine sensorische Funktion unseres zentralen Nervensystems. Unsere Geschmacksrezeptoren befinden sich auf der Zunge, am Gaumen und hinten im Rachen, wo sich Mund und Nase treffen.

Weithin bekannt sind die vier Grundgeschmacksrichtungen süß, sauer, salzig und bitter, die auf der Zunge unterschieden werden können. Seit 2002 wird auch eine fünfte Geschmacksrichtung, „umami", anerkannt, siehe Seite 40. Alle Komponenten beeinflussen sich gegenseitig, der Geschmack auf der Zunge beeinflusst das Gefühl im Mund und umgekehrt.

Aufgabenstellung

- Vergleichen Sie dazu auch Seite 40.
  Probieren Sie von einem Löffel voll Zimt und Zucker:
  - Mit geschlossener Nase (Sie schmecken nur süß)
  - Mit offener Nase (Sie entdecken das Zimtaroma)

Glutamat
Es ist wichtig zu wissen, dass ein Unterschied zwischen natürlichem und extrahiertem Glutamat besteht. Natürliches Natriumglutamat ist eine nichtessenzielle Aminosäure, die oft in Nahrungsmitteln vorkommt. So ist es beispielsweise in Hefe enthalten und die Nahrungsmittelindustrie darf es nutzen, ohne es zu deklarieren.

Extrahiertes Natriumglutamat wird als Geschmacksverstärker eingesetzt.

Außerdem gilt auch **„fett"** als eine Geschmacksrichtung, die die Rezeptoren der Zunge gut erkennen. Untersuchungen haben gezeigt, dass ein Teil der Zunge auf Fett reagiert. So kann zum Beispiel ein Spritzer Olivenöl ein Gericht bereichern.

Aufgabenstellung

- Schärfe ist keine Geschmacksrichtung im eigentlichen Sinn, sondern eine Schmerzempfindung auf der Zunge. Dennoch ist sie ein Element, das überall auf der Welt genutzt wird, um Speisen zu würzen.

  Finden Sie Beispiele!

Abgesehen von diesen Geschmacksrichtungen muss man auch das Mundgefühl berücksichtigen. Dazu zählt beispielsweise das Gefühl von Temperatur.

Temperatur

Temperatur ist ein unverzichtbares Element bei der menschlichen Wahrnehmung von Geschmack. Essen, das normalerweise heiß serviert wird, schmeckt kalt oft nicht gut und umgekehrt. Dieses Gefühl wird von den gleichen Rezeptoren erzeugt wie das Gefühl von Schärfe. Einige Stoffe, wie Menthol und Ethanol, aktivieren Kälterezeptoren im fünften Hirnnerv und erzeugen so ein frisches Gefühl. Schokolade und Kakaobutter rufen etwas Ähnliches zu einem geringeren Grad hervor. Sie haben einen geringeren Schmelzpunkt und entziehen so der Zunge Wärme.

Wenn wir darüber reden, wie gut etwas schmeckt, meinen wir oft eher den Geruch als den Geschmack. Ein Geschmackstest hat ergeben, dass 80 Prozent des Geschmacks vom Geruch oder Aroma kommt und nur 20 Prozent von den Geschmacksrezeptoren. Es wird daher angenommen, dass, wenn die Mehrheit der flüchtigen Moleküle zweier Nahrungsmittel übereinstimmen, ihr Geschmack gut miteinander harmoniert. Das ist das Prinzip von Nahrungsmittelkombination (food pairing).

Ziele erreicht? – „Spezielle Ernährungsformen und Zubereitungsarten"

KOMPETENZ-ERWERB

1. Kreuzen Sie in der Tabelle an, ob die Aussage stimmt oder nicht stimmt.

Aussage	Stimmt	Stimmt nicht
Der Schwerpunkt von makrobiotischer Ernährung liegt auf vollwertigem Gemüse und Getreide.		
Fermentation ist die enzymatische Umwandlung organischer Stoffe.		
Die fünf Grundgeschmacksrichtungen sind süß, sauer, salzig, bitter und umami.		

2. Beschreiben Sie die Rohkostküche: Gehen Sie auch auf Produkte ein, die nicht roh gegessen werden sollen. Ist mit Rohkost immer vegetarische oder vegane Kost gemeint?

3. Erklären Sie folgende Begriffe:

Fermentierte Lebensmittel

Probiotische Lebensmittel

4. Welche Küchengeräte und Zubereitungstechniken haben sich in der pflanzlichen Küche bewährt? Beschreiben Sie zwei Küchengeräte und eine besondere Zubereitungsart näher.

5. Dörren ist eine der gesündesten Methoden, Lebensmittel zu konservieren. Erläutern Sie die Technik. Warum ist es eine der gesündesten Methoden? Welche Lebensmittel eignen sich? Beschreiben Sie auch, welche Erfahrungen Sie selbst mit dem Dörren schon gemacht haben.

6. Klassische Backwaren entsprechen nicht den veganen Grundsätzen. Wählen Sie zwei Teige aus und erklären Sie, wie eine vegane Variante umsetzbar ist.

7. Lesen Sie die Rezeptur für Marmorkuchen bzw. Rührkuchen im Rezepturteil auf Seite 200. Entwickeln Sie aufbauend auf dieser Rezeptur eine eigene Kreation und schreiben Sie die neue Rezeptur auf. Präsentieren Sie anschließend das Ergebnis und erklären Sie genau, mit welchen Ersatzprodukten Sie wie arbeiten. Inspirationen können Sie sich u. a. auf folgender Webseite holen: www.nomnom-v.com

Name:

Zutaten:

Zubereitung:

8. Neben den fünf Grundgeschmacksrichtungen beeinflussen noch weitere Aspekte die Wahrnehmung eines Lebensmittels. Welche sind das? Beschreiben Sie sie kurz.

9. Fonds und Saucen sind die Geschmacksträger jedes Gerichts. Beschreiben Sie die Herstellung von rein pflanzlichen Fonds, klarer Gemüsesuppe und pflanzlicher Grundsauce. Nehmen Sie die Basisrezepturen aus dem Rezepturenteil von Seite 166ff. zu Hilfe. Erklären Sie, warum Sie Convenienceprodukten eine klare Absage erteilen.

Zutatenliste einer braunen Convenience-Grundsauce: modifizierte Stärke, Palmöl, Speisesalz, Hefeextrakt, Mehl (Reismehl, Weizenmehl), Zucker, Zwiebeln, Stärke, Karamellzucker, Aromen, Gewürze, Maltodextrin, Säuerungsmittel (Zitronensäure), Weißweinextrakt, Dextrose. Kann Spuren von Milch, Ei und Sellerie enthalten.

Rezepturen entwickeln und Gerichte präsentieren

Viele Gäste nehmen an, dass etwas, das nicht gut aussieht, auch nicht gut schmeckt. Vor allem in der vegetarischen Küche ist die Präsentation sehr wichtig, da immer noch viele Menschen Vorurteile gegenüber pflanzlicher Nahrung haben.

Während Ihrer Ausbildung haben Sie wahrscheinlich schon gelernt, wie man eine Rezeptur schreibt und was dabei zu beachten ist. Angefangen mit einem Korb voller Lebensmittel, aus dem Sie gesunde, raffinierte Gerichte zaubern, die alle Sinne des Gastes ansprechen. Deshalb beginnt dieses Kapitel nicht ganz am Anfang, sondern zielt darauf ab, Ihnen verschiedene Techniken nahezubringen, um köstliche, abwechslungsreiche Gerichte zu schaffen, die ins Auge fallen. Wir legen einen Schwerpunkt darauf, die Sinne der Gäste anzusprechen und ihnen ein Erlebnis zu bereiten. Weiters ist es ein fundamentaler Bestandteil des Kochens, das Essen so anzurichten, dass es auch ein Fest für das Auge ist.

KOMPETENZ-ERWERB

Meine Ziele

Nach Bearbeitung dieses Kapitels kann ich

- neue Gerichte erfinden, wobei ich mein Vorwissen (z. B. über Portionsgrößen) nutze;
- Gerichte unabhängig planen, zubereiten und ästhetisch präsentieren;
- die Bedeutung von Farbe, Form, Geschmack und Textur verstehen;
- Präsentationsregeln nennen und in meiner Arbeit anwenden.

1 Rezepturen schreiben

Von meiner Uroma existiert ein handgeschriebenes Kochbuch mit tollen Rezepturen. Doch seit damals hat sich viel verändert ...

Lesen Sie eventuell in Ihren Unterlagen zu „Getränke- und Menükunde" die Kapitel „Menükunde" und „Fachliches Rechnen", bevor Sie hier weiterlesen.

Wir fassen kurz zusammen. Alle Informationen in einer Rezeptur müssen:

- Verständlich und akkurat sein
- Kochbegriffe enthalten
- Klar organisiert und eindeutig sein
- Eine Kostenangabe enthalten, wenn das Gericht verkauft werden soll

Beim Zusammenstellen eines Menüs sind viele Regeln zu beachten, die wichtigsten sind:

- Reihenfolge der Gänge, Abwechslung in Farbe, Zutaten, Kochtechniken, Inhaltsstoffen
- Saisonale und regionale Zutaten und Gerichte
- Sensorische Empfindungen, die ein Gericht hervorruft (Aussehen, Geschmack, Geruch, Textur, Aroma)

Jede Rezeptur sollte mit Grundrezepturen und Hinweisen zu den wichtigsten Techniken, die darin vorkommen, ergänzt werden. Rezepturen müssen Portionsgrößen und Gewichts- und Volumenänderungen beim Zubereitungsprozess berücksichtigen.

Schreiben Sie Ihre eigenen Rezepturen

- Notieren Sie die Reihenfolge der Zutaten
- Die Zutat mit der höchsten Qualität kommt zuerst, inklusive der Zubereitungsmethode (z. B. „hausgemacht" oder „nach Florentiner Art")
- Passende Sauce bzw. passender Dip
- Gemüse inklusive der Zubereitungsmethode und passender Sauce
- Beilage

Eine Rezeptur ist eine detaillierte Anleitung für das Zubereiten eines Gerichts. Es enthält eine Liste der benötigten Zutaten und eine Arbeitsanleitung, die Schritt für Schritt erklärt, wie etwas zubereitet wird.

Rezepturbeispiel: Eiaufstrich
Zutaten für 4 Portionen

150 g Naturtofu, 1/4 Zwiebel, 2 Essiggurkerl, Schnittlauch, 4 EL vegane Mayonnaise, 1 TL Kurkuma, ½ TL Kala Namak (Schwarzes Salz), 1 TL Paprikapulver

Den Naturtofu gut ausdrücken. Zwiebel und Gurkerl klein schneiden und untermengen. Das Ganze mit dem Stabmixer pürieren. Die restlichen Zutaten dazugeben und mischen. Mit Paprikapulver abschmecken.

Portionsgrößen von pflanzlichen Lebensmitteln

Nahrungsmittel	Menge	Alternatives Produkt	Menge
Suppe mit Einlage	150–200 ml 20 g Reis	Pasta Gemüse Hülsenfrüchte	30 g 50 g 30–60 g
Blattsalat	30 g	Gemüse	125–150 g
Kartoffeln ■ als Beilage ■ als Hauptgericht	 200–250 g 250–300 g	Getreide, Reis, Pasta (beachten Sie die Volumenvergrößerung!)	60–75 g 100–125 g
Gemüse ■ als Beilage ■ als Hauptgericht	 200–250 g 300 g	 Salat Salat als Hauptgericht	 75–100 g 400–500 g
Hülsenfrüchte ■ als Hauptgericht	 60–75 g	 Tofu	 150–200 g
Obst, frisch	150–200 g	Saft, Kompott	200 ml, 150 g

Gewichtsveränderungen durch die Zubereitung

Wie andere Lebensmittel verändert auch Gemüse sein Gewicht während der Zubereitung. Beachten Sie dies, wenn Sie Rezepturen entwickeln.

Nahrungsmittel	Prozess	Richtung und Ausmaß der Veränderung
Gemüse	Waschen, Putzen, Schälen	Reduktion 10–30 %
Gemüse/Kartoffeln	Kochen	Reduktion etwa 5 %
Grünes Blattgemüse, wie Spinat	Kochen	Reduktion
Getreide	Aufquellen	Zunahme 200–300 %
Reis, Nudeln	Aufquellen	Zunahme etwa 200 %
Hülsenfrüchte	Aufquellen	Zunahme etwa 150 %

2 Kreative, ganzheitliche Menüs

„Um eine Menüfolge erstellen zu können, muss man die Zusammensetzung der Speisen kennen", schärfte unsere Kochlehrerin uns schon mehrmals ein. Und im Ernährungslehreunterricht haben wir in der Lebensmittelkunde schon viel Interessantes erfahren. Hier erwarte ich mir noch einen Input zur pflanzenbasierten Küche.

Das beste Gericht sieht nicht nur gut aus, es aktiviert auch alle Sinne

Das perfekt ausgewogene Menü muss eine Erfahrung für alle Sinne sein. Im besten Falle sollte ein Menü Gegensätzliches kombinieren, z. B. etwas Knuspriges und etwas Schmelzendes sowie verschiedene Grundgeschmacksrichtungen und Temperaturen. Auch innerhalb eines Gerichts oder auf einem Teller sollte das Ziel die Kombination verschiedener Geschmackserfahrungen sein.

Essen muss die Sinneswahrnehmung der Gäste aufwecken.

Ein einfaches Menü besteht aus drei Gängen:
- Kalte Vorspeise oder Suppe
- Hauptgericht
- Dessert

Das ganzheitliche Gericht

Das ganzheitliche Gericht punktet nicht nur mit verschiedenen Arten der Zubereitung oder mit kreativer Dekoration, sondern auch mit „Illusionen". Gemeint sind Überraschungen für den Gast, z. B. lässt ein weißer Tomatenschaum den Gast zunächst an Creme oder Eiweiß denken, doch der Geschmack nach Tomaten wird in diesem Zusammenhang eine ganz neue Erfahrung bereiten.

Haptik = Lehre vom Tastsinn.

Ein Gericht, z. B. eine klare Suppe, sollte **heiß,** aber nicht zu heiß zum Essen sein.

	Sinn	Wahrnehmung	Variationen	Anwendungsmöglichkeiten
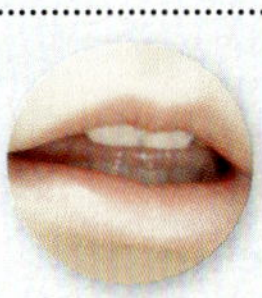	**Schmecken**	Geschmack, Nachgeschmack	Süß, salzig, sauer, scharf, bitter, umami	z. B. ayurvedische Küche
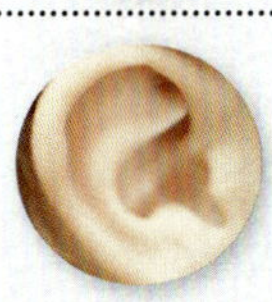	**Hören**	Geräusche beim Beißen, Kauen und Schlucken	Knusprig, knackig, krustig, splitternd, fluffig, platzend	Gebratenes versus püriertes Gemüse, karamellisiert, getrocknet **Beispiele:** Rote-Bete-Chips, Croutons, Krokant, frittierte Salbeiblätter
	**Fühlen**	Form, Haptik, Oberfläche, Struktur, Temperatur	Rau, weich, hart, fest, rund, schmelzend, heiß, kalt, eiskalt, gefroren	Roh, gekocht, gratiniert, als Sauce, geschnitten, gerieben **Beispiele:** Schaum, Creme, Gel, Streichkäse, Eiscreme, Sorbet
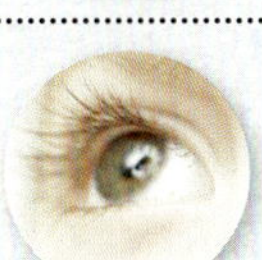	**Sehen**	Präsentation, Farbe, Form	Rot/gelb, hell/dunkel, Ordnung/Unordnung	Natürliche Farben, z. B. Gelbfärbung durch Kurkuma, Rotfärbung durch Rote-Bete-Saft; Turm, Dekoration
	**Riechen**	Geruch	Süß, feucht, frisch, blumig	Kräuter und Gewürze, Blüten, Hefe, Zitrone, Karamell

Gerichte benennen

Bevor Ihre Gäste in den Genuss Ihres Gerichts kommen, liegt der Knackpunkt auf der Speisenkarte: Worauf fällt die Wahl? Die richtige Wortwahl hat dabei entscheidenden Einfluss.

Sprache – Die richtige Wortwahl

Unsere Sprache hat eine große Wirkung! Ob wir einzelne Speisen den Gästen schmackhaft machen können, hängt von unserer Wortwahl ab. Die folgenden Wörter werden von der Allgemeinbevölkerung nicht immer positiv wahrgenommen. Durch gezieltes Weglassen und gekonnte Formulierung steigern Sie Ihren Absatz an nachhaltigen Speisen.

Vermeiden Sie folgende Wörter:

Fleischfrei

Menschen, die gerne Fleisch essen, assoziieren als fleischfrei bezeichnete Speisen oft mit **langweilig** und **unattraktiv.** Eine Studie des World Resources Institute hat gezeigt, dass sich **„Gemüsewürstchen mit Kartoffelpüree" um 76 Prozent besser verkaufen als „Fleischfreie Würstchen mit Kartoffelpüree"** – obwohl es sich um die identische Speise handelt. Beim Essen soll der Genuss im Vordergrund stehen, nicht der Verzicht. **„Frei von"-Bezeichnungen sind daher zu vermeiden.**

Vegetarisch

Pflanzliche Speisen werden öfters gewählt, wenn sie **nicht als solche bezeichnet** werden. Vegetarische Gerichte verkaufen sich besser, wenn sie in der Speisenkarte unter „Hauptspeisen" und nicht unter „Vegetarisch & Vegan" gelistet werden. Eine Studie des World Resources Institute hat ermittelt, **dass sich die identischen vegetarischen Speisen bei den Hauptspeisen um 127 Prozent besser verkaufen.**

Do's and Don'ts bei der Speisenkartengestaltung

✓

Hauptspeise

Krautfleckerl
nach Omas Art (V)

Melonen-Carpaccio
mit gebratenen Shrimps

Risotto Primavera
mit Marchfeld-Bohnen (V)

Tafelspitzsülze
mit Frankfurter Grüner Soße

Geflügelspieße
auf Asia-Salat

(V) rein pflanzlich

✗

Hauptspeise

Melonen-Carpaccio
mit gebratenen Shrimps

Tafelspitzsülze
mit Frankfurter Grüner Soße

Geflügelspieße
auf Asia-Salat

Vegetarisch & Vegan

Krautfleckerl
nach Omas Art

Risotto Primavera
mit Marchfeld-Bohnen

Vegan

Vegane Speisen werden oft mit den Attributen langweilig, verzichtend und schwach assoziiert. Zweifelsohne steigt das Interesse an der pflanzlichen Ernährung und die Zahl an Veganerinnen/Veganern. Doch das **Ziel ist, dass auch Fleischfans zu pflanzlichen Speisen greifen.** Wir empfehlen daher, **auf die Bezeichnung „vegan“ zu verzichten** und zur **Kennzeichnung** ein unauffälliges Symbol, wie einen grünen **Punkt, oder ein in Klammer geschriebenes „v“** zu verwenden.

Verkaufssteigerung von Veggie-Gerichten

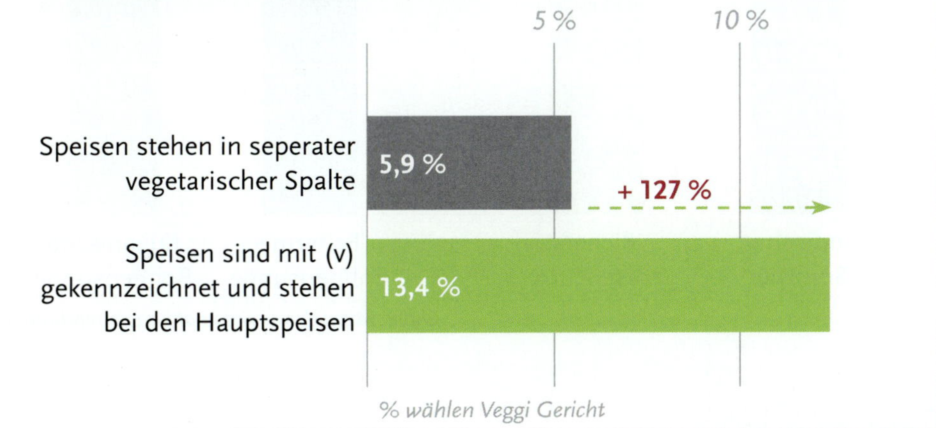

Qulle: https://www.vegan.at/veggietrend-nutzen

Gesundheitsbezogene Sprache

Speisen, die mit Bezeichnungen wie **„arm an“** oder **„frei von“** beworben werden, schneiden bei den Konsumentinnen/Konsumenten in puncto Geschmack schlechter ab. Bei einem Experiment der University of Texas wurde den Probandinnen/Probanden identisches Mango Lassi serviert – der einen Hälfte mit dem Aufkleber „gesund“, der anderen mit „ungesund“. Das als ungesund betitelte Getränk wurde geschmacklich besser bewertet. Denn viele Menschen assoziieren mit Gesundheitsvarianten Verzicht und Langeweile.

Nun wissen wir, wie wir Speisen nicht bezeichnen sollen, doch wie können wir es besser machen?

Verkaufsförderung durch attraktive Speisenbezeichnung

Herkunft

Die Gäste sind an der Herkunft einer Zutat oder Speise interessiert. So kann die Herkunftsnennung verkaufsfördernd wirken. Damit gemeint sind die regionale Herkunft („Wachauer Marillen“), die nationale Herkunft („österreichische Erdbeeren“), die natürliche Herkunft („Feldgemüse“) sowie die Zubereitungsart („Mexikanisches Chili“).

Beispiele:
Texas-BBQ-Burger, Kärntner Kasnudeln, Reisnudeln thailändischer Art, Bombay-Curry, Weingarten Frühstück, Waldviertler Erdäpfelgulasch

Umsatzsteigerung von Veggie-Gerichten durch Angabe der Herkunft

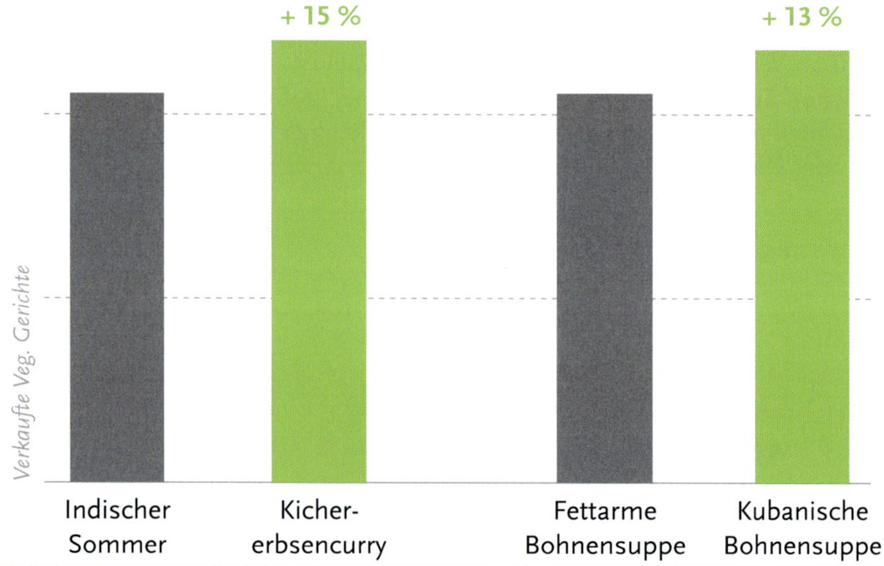

Qulle: https://www.vegan.at/veggietrend-nutzen

Die Umbenennung von Speisen ist eine kostenlose und effektive Methode zur Umsatzsteigerung.

Geschmackserlebnis

Gäste wollen mit all ihren Sinnen genießen. Mit einer aussagekräftigen Speisenbeschreibung rückt der Geschmack in den Mittelpunkt und die Vorstellungskraft der Gäste wird angekurbelt. Genannt werden können zum Beispiel interessante Zubereitungstechniken, harmonische Geschmackskombinationen und erlesene Zutaten. Eine Studie der Standford University hat gezeigt, dass sich Speisen mit Betonung auf das Geschmackerlebnis um bis zu 40 % besser verkaufen als solche, die mit gesundheitlich-restriktiven Wörtern bezeichnet werden.

Beispiele:
geräuchert, süßsauer, würzig, marokkanisch gewürzt, langsam geröstet

Optik und Mundgefühl

Das Ziel liegt darin, dass sich Gäste die Optik und das Mundgefühl einer Speise vorstellen können. Dieser Verkaufsbooster wirkt wahre Wunder – bei der Gestaltung der Speisenkarte kann Kreativität gezeigt werden. Beliebt ist auch die Nennung von Farben, wie etwa **„Regenbogen-Salat“** oder **„Bunte Polentapizza“.** Das World Resources Institute hat die Wirkung von auf Optik und Mundgefühl abzielende Sprache belegt. So verkaufen sich „Im Mund schmelzende Gnocchi mit Pilzen, frischem Spinat und cremiger Parmesansauce“ um 15 % besser als „Gnocchi mit Pilzen, frischem Spinat und cremiger Parmesansauce“.

Beispiele:
cremig, knusprig, schmelzend, zart, wärmend

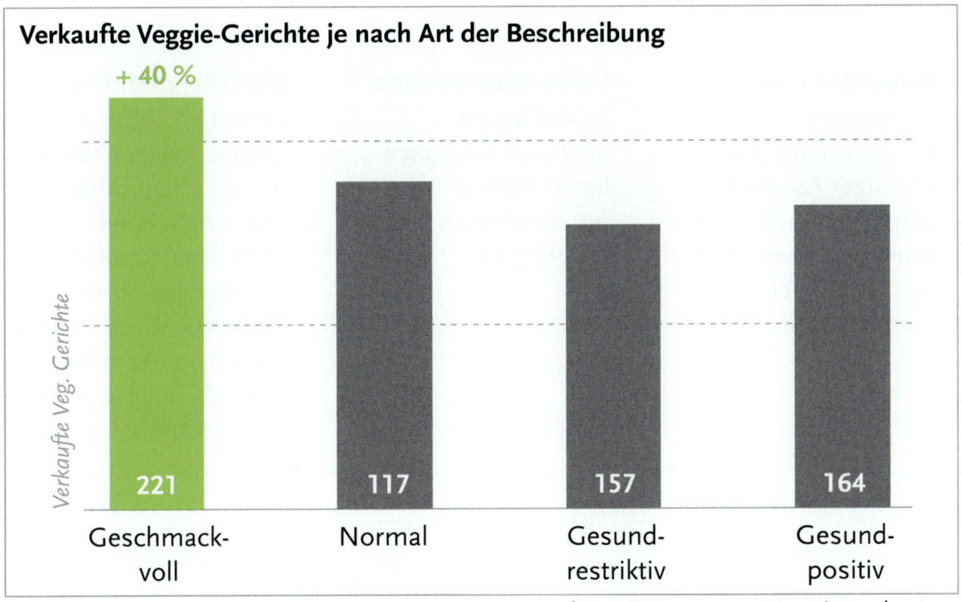

https://www.vegan.at/veggietrend-nutzen

Gerichte präsentieren

Erzeugen Sie geschmackliche „Explosionen". Nutzen Sie Ihre Fantasie und Kreativität, es wird Ihnen helfen, mit vegetarischem Material zu arbeiten und köstliche Gerichte zu schaffen und zu präsentieren.

Ein gut präsentiertes Gericht ist attraktiv und fesselt die Aufmerksamkeit des Gastes

Tipps für die Präsentation

Weniger ist mehr
Ein übervoller Teller kann den Appetit verderben. Schaffen Sie eine ausgewogene Balance und lassen Sie Platz, sodass alles zur Geltung kommen kann.

Wählen Sie den richtigen Teller
Nicht nur die Größe ist wichtig: Ein übervoller Teller ist nicht einladend, aber ein zu leerer auch nicht. Probieren Sie verschiedene Formen, längliche, eckige, eine Platte, eine Schüssel, eine Schieferplatte.

Nutzen Sie frische und ins Auge fallende **Farben** und variieren Sie sie. Platzieren Sie nicht zwei grüne oder zwei weiße Produkte nebeneinander.
Ein Teller kann aber auch mit nur einer Farbe angerichtet werden, wenn man verschiedene Spielarten dieser Farbe verwendet („Ton in Ton").

Mit ungeraden Anzahlen arbeiten
Es ist wissenschaftlich erwiesen, dass in Kunst und Design eine ungerade Anzahl immer attraktiver wirkt.

Auf höheren Ebenen arbeiten
Ein wenig Höhe auf dem Teller gibt ihrem Gericht eine völlig neue Dimension.

Archimedes und der „Goldene Schnitt"
Versuchen Sie alles auf einer geraden Linie oder in einer Kurve oder anderen Form anzuordnen, sodass es gerade und ordentlich aussieht.

Der **„Goldene Schnitt"** gilt als der Inbegriff von Ästhetik und Harmonie.

Benutzen Sie Formen aus Metall, um die verschiedenen Bestandteile des Gerichts auf dem Teller anzuordnen. Es gibt diese Formen als Rechtecke, Quadrate, Dreiecke etc. Auf diese Weise können Sie mehr Struktur auf den Teller bringen, ideal beispielsweise für Reis, Mousse.

Schneiden und Zubereiten
Da Symmetrie ein wichtiger Aspekt der ästhetischen Wahrnehmung ist, ist es wichtig, alles gleichmäßig zu schneiden.

Verwenden Sie nicht zu viel Sauce
Servieren Sie Sauce lieber separat oder nur als Flecken und „Highlights".

Ein Teller profitiert immer von einem „Klecks" einer Creme aus einer der Zutaten, einem Pulver oder einem anderen darüber gestreuten „I-Tüpfelchen". Seien Sie jedoch sparsam, sonst sieht der Teller schnell auch „schmutzig" aus.

Ziele erreicht? – „Rezepturen entwickeln und Gerichte präsentieren"

KOMPETENZ-ERWERB

1. Schreiben Sie eine Zusammenfassung. Lesen Sie in Ihren Unterlagen zu „Getränke- und Menükunde" die Kapitel „Menükunde" und „Fachliches Rechnen" und schreiben Sie die wichtigsten Punkte auf.
2. Tragen Sie zu den genannten Nahrungsmitteln die Portionsgrößen ein.

Nahrungsmittel	Portionsgröße (Rohgewicht in Gramm)
Salat als Hauptgericht	
Salat als Beilage	
Gemüse als Hauptgericht	
Gemüse als Beilage	
Hülsenfrüchte als Hauptgericht	
Reis als Beilage	

3. Gemüse und andere pflanzliche Zutaten verändern ihr Gewicht während der Zubereitung, z. B. nehmen Reis und Nudeln durch das Aufquellen um 200 % zu. Erklären Sie, warum es so wichtig ist, dass man diese Gewichtsveränderungen kennt.
4. Diskutieren Sie folgende Aussage: „Beginnen Sie bei der Zusammenstellung eines Menüs immer mit der Hauptspeise, erst danach bestimmen Sie die Vor- und Nachspeisen. Die Getränke passen Sie immer erst zum Schluss an."

5. Lückentext:

Kombination ■ Sinne ■ Temperaturen ■ Gegensätzliches

Das perfekt ausgewogene Menü muss eine Erfahrung für alle ______________ sein.
Im besten Falle sollte ein Menü ______________ kombinieren, z. B. etwas Knuspriges und etwas Schmelzendes sowie verschiedene Grundgeschmacksrichtungen und ______________. Auch innerhalb eines Gerichts oder auf einem Teller sollte das Ziel die ______________ verschiedener Geschmackserfahrungen sein.

6. Das ganzheitliche Gericht punktet mit „Illusionen“. Was ist damit gemeint?

7. Beschreiben Sie mindestens drei Tipps und Tricks, wie Sie mit guter Präsentation die Aufmerksamkeit Ihrer Gäste auf Ihre Gerichte lenken.

8. Schreiben Sie ein viergängiges veganes Menü.

Getränke

Das Obst bei Säften, die Trauben beim Wein und das Getreide beim Bier sind selbstverständlich pflanzlich. Im Produktionsprozess werden aber viele Getränke geklärt, also die Trubstoffe entfernt. Zum sogenannten Schönen werden häufig Produkte tierischen Ursprungs (z. B. Gelatine) verwendet.

Im ersten Moment kommt man vielleicht gar nicht auf die Idee, dass manche Getränke für eine pflanzliche Ernährung nicht geeignet sein könnten. Ein genauer Blick, vor allem auf die Herstellung, ist notwendig. Manche Getränke sind nämlich nicht aufgrund ihrer Grundprodukte nicht geeignet, sondern weil bei ihrer Produktion tierische Materialien verwendet wurden. Doch das ist oft schwierig zu durchschauen.

Man könnte auch sagen: Apfelsaft besteht selten nur aus Apfelsaft. Seien Sie daher bei der Auswahl der Getränke aufmerksam. Schauen Sie genau und fragen Sie gegebenenfalls beim Produzenten nach, welche Tierprodukte in welchen Getränken enthalten sind oder wo sie bei der Herstellung oder sogar bei der Verpackung ins Spiel kommen.

KOMPETENZ-ERWERB

Meine Ziele

Nach Bearbeitung dieses Kapitels kann ich

- einen Überblick über verschiedene Getränkearten geben, besonders über natürliche bzw. pflanzliche Produkte;
- versteckte tierische Zutaten aufspüren;
- ein Gericht mit dem passenden „pflanzlichen Getränk" empfehlen;
- Smoothies selbst entwickeln;
- den Gästen mit ihren besonderen Bedürfnissen und Wünschen die Unterschiede in der Kombination mit vegetarischen Gerichten erklären.

Meist bestellt ein Gast im Restaurant als Erstes ein Getränk. Der Aperitif eröffnet die Mahlzeit, der Digestif rundet sie ab. Gute Getränke ergänzen das Gericht und spielen so im Rahmen der Menüerstellung eine wichtige Rolle.

Doch anders als bei vielen Speisen, in denen die tierischen Inhalte im Herstellungsprozess offensichtlich sind, verwendet die Getränkeindustrie tierische Zutaten dort, wo man sie nicht erwarten würde.

Produktionsprozess

Einer der Hauptgründe für tierische Zutaten in vielen Getränken ist deren Klärung oder Filtration. Diese entfernt Trubstoffe und unerwünschte Farb- und Aromastoffe, um Aussehen, Geruch und Geschmack der Getränke zu optimieren. Da die tierischen Stoffe zum Klären als technische Hilfsmittel gelten und nach dem Produktionsprozess wieder entfernt werden, müssen sie nicht auf dem Etikett stehen. Damit ist es mit der gängigen Deklaration der Zutaten unmöglich, vegane Produkte von nicht veganen Produkten zu unterscheiden.

Getränke

Säfte

- Können mit Gelatine geklärt sein, auch naturtrübe Säfte sind betroffen
- Softgetränke sind oft vegan, jedoch durch den hohen Zuckergehalt sehr ungesund
- Direktsäfte sind unbedenklich

Bier

- Bier, das nach dem Reinheitsgebot gebraut wurde, ist vegan; bei allen anderen Bieren gibt es keine Garantie
- Um sicherzugehen, nur klar als vegan deklarierte Biere ausschenken

Wein

- Wein, egal ob rot oder weiß, wird oft mit Gelatine, Eiweiß oder Fischblasen geklärt
- Vegane Methoden sind die Filterung mit Aktivkohle, natürlicher Mineralerde oder pflanzlicher Gelatine
- Vegane Weine sind als solche gekennzeichnet

Spirituosen

- Viele Spirituosen, wie z. B. Campari, haben zugesetzte Farb- und Aromastoffe, die nicht immer pflanzlichen Ursprungs sind; „echtes Karmin“ wird beispielsweise aus Schildläusen gewonnen
- Auch Trägerstoffe, die den Aromen zu ihrer Verdünnung zugesetzt werden, können tierisch sein

Zutaten

Neben den offensichtlich tierischen Zutaten, wie Milch usw., gibt es eine Reihe von Zutaten, die man auf den ersten Blick als rein pflanzlich einstufen würde:

- **Zucker:** Unter Umständen wird beim Raffinationsprozess ein Filter aus Tierknochen (Knochenkohlefilter) eingesetzt. Rohrohrzucker wird nicht raffiniert und ist daher rein pflanzlich.
- **Aromen** können natürlich, naturidentisch oder künstlich sein. Bei allen drei Varianten kann nicht ausgeschlossen werden, dass tierische Produkte die Basis bilden. Erdbeeraroma kann z. B. aus Käserinde hergestellt werden. Oft sind geschmacksverstärkende Substanzen im Spiel, die aus Enzymen (auch tierischer Herkunft) stammen oder mittels Gentechnik produziert wurden.

E-Nummern werden in der Europäischen Union als Indikator für Lebensmittelzusätze verwendet. Sie sind unterteilt in: Antioxidationsmittel, Backtriebmittel, Emulgatoren, Festigungsmittel, Feuchthaltemittel, Füllstoffe, Geliermittel, Geschmacksverstärker, Chelatbildner, Komplexbildner, Konservierungsstoffe, modifizierte Stärken, Säuren, Säureregulatoren, Schaumbildner, Schaumverhüter, Schmelzsalze, Stabilisatoren, Trägerstoffe einschließlich Trägerlösungsmittel, Treibgase, Packgase, Trennmittel, Überzugsmittel (einschließlich Gleitmittel), Verdickungsmittel. Sie beeinflussen die Qualität und/oder die Konsistenz und/oder die Effekte der Lebensmittel. Insgesamt sind 316 verschiedene Lebensmittelzusätze zugelassen, die natürlicher oder chemischer (synthetischer) Herkunft sein können.

- **Farbstoffe** beeinflussen das Aussehen von Lebensmitteln und können tierischer Herkunft sein. Oft werden sie auch synthetisch hergestellt.

Von den Farbstoffen der E-Nummern 100–181 sind folgende nicht pflanzlicher Herkunft:

- E 101: Riboflavin (Vitamin B_2) ist tierischer Herkunft oder synthetisch.
- E 120: Karmin, auch „natürlicher Farbstoff“ oder „echtes Karmin“ genannt, ist hell- bis dunkelrot und hauptsächlich tierischer Herkunft; weibliche Cochenilleschildläuse werden zermahlen oder ausgekocht.
- E 132: Indigotin oder Indigokarmin ist tierischer Herkunft, mittel- bis dunkelblau.
- E 153: Pflanzenkohle, schwarzer Farbstoff; es kann auch Tierknochenkohle sein.
- E 161: Xanthophylle oder Canthaxanthin ist naturidentisch oder synthetisch, gelb bis orangerot; gilt als umstritten.

- Vorsicht bei zugesetzten Vitaminen: Die **Vitamine** A, B_1 (Thiamin), B_2 (Riboflavin), B_{12} (Cobalamin), D_3, K_2, Niacin und Folsäure können tierischer Herkunft sein. Andere Vitamine können beispielsweise mit Gelatine konserviert worden sein, womit sie ebenfalls für eine pflanzenbasierte Ernährung nicht geeignet sind.
- **Hefe und Bakterien,** wie Milchsäurebakterien, könnten auf einer Nährlösung aus Tiermilch kultiviert worden sein. Geklärt werden muss, wie diese Produkte hergestellt wurden. Milchsäure kann natürlich auch tierischer Herkunft sein, genauso wie Emulgatoren tierischer Herkunft in Hefe verwendet worden sein können.

Verpackung

Auch in Verpackungen können Tierprodukte verwendet werden.

Was bei Verpackungen zu beachten ist

Etiketten

- Etikettierung von Getränkeflaschen erfolgt oft mit dem Klebestoff Kasein (aus Milch extrahiert)
- Bevorzugt auf Glas- und Pfandflaschen, da Kasein sich leicht wieder lösen lässt; selten auf Plastikverpackungen
- Auch synthetische Klebestoffe können Spuren von Kasein enthalten

Plastik

- Viele Plastikprodukte enthalten neben Erdöl auch Abfallprodukte aus Schlachthöfen
- Durch Temperaturschwankungen lösen sich diese Zusätze vom Plastik und gelangen ins Getränk, z. B. Ölfilm auf der Oberfläche bei heißem Kaffee
- Vorsicht auch bei Lebensmitteln, die in Plastikverpackungen eingefroren werden

Überzugsmittel

- Bienenwachs und Schellack werden oft als Überzugsmittel für Kaffeebohnen und Obst verwendet
- Schellack (auch E 904) wird aus den Ausscheidungen der Lackschildlaus hergestellt und ist deshalb genauso wenig pflanzlicher Natur wie Bienenwachs (E 901)

Da nur Substanzen, die mehr als fünf Prozent des Gesamtprodukts ausmachen, zu deklarieren sind, sind Details des Produktionsprozesses oft schwierig herauszufinden. Fordern Sie daher von den Herstellerinnen und Herstellern eine Volldeklaration an und finden Sie heraus, welche Substanzen während der Herstellung verwendet wurden, jedoch nicht mehr im Endprodukt zu finden sind. Achten Sie genau auf die Formulierung. Es ist ein großer Unterschied, ob eine Substanz „enthalten" ist oder während der Herstellung „verwendet" wurde.

Trinkbares Obst und Gemüse

Frucht- und Gemüsegetränke werden aus frisch gepressten Säften bzw. aus Saftkonzentraten hergestellt. Diese unterschiedliche Herstellungsweise muss auf der Etikette stehen. Des Weiteren muss der Fruchtsaftanteil vermerkt sein.

Aus **Saftkonzentraten** hergestellt bedeutet, dass zunächst der gewonnene Saft eingedickt und dann vor der Abfüllung das entzogene Wasser wieder beigegeben wird.

So viel Frucht steckt in Fruchtsaft & Co.

Fruchtsaft	Fruchtnektar	Fruchtsaftgetränk
■ Fruchtsaftanteil 100 %: Direktsaft und Fruchtsaft aus Fruchtsaftkonzentrat	■ Fruchtsaftanteil 25–50 %: abhängig von der Fruchtart sind unterschiedliche Anteile vorgeschrieben; mindestens 25 %, meist höher	■ Fruchtsaftanteil bei Fruchtsaftgetränken: 6 % bei Zitrusfrüchten, mindestens 30 % bei Kernobst oder Trauben

Für **Smoothies** wird die ganze Frucht, inklusive der Schale und des Kerngehäuses verwendet. Leistungsstarke Mixer mit 30 000 Umdrehungen/Min. schaffen es, auch die Schale und das Kerngehäuse zu zerkleinern.

Smoothies sind gesund (reich an Vitaminen und Ballaststoffen) und leicht selbst herzustellen. Da die Schalen des Obstes und Gemüses ebenfalls verarbeitet werden, empfiehlt sich der Kauf von hochwertigen Bioprodukten. Flüssigkeiten wie Mineralwasser, Soja-, Hafer- oder Reismilch werden hinzugefügt, um das Fruchtpüree trinkbar zu machen. Zum Süßen kann Agavensirup verwendet werden. Auch das Mitmixen von Datteln macht Smoothies süß.

Die Idee zu den Smoothies stammt aus den 1980er-Jahren und kommt aus den USA. Fast alle Obst- und Gemüsesorten eignen sich, um Smoothies herzustellen.

Es gibt viele Möglichkeiten, mehr Schwung auf die Getränkekarte zu bringen: selbst hergestellte Limonade, Kräuter-Drinks, Cocktails, Aufgüsse und mehr. Variieren Sie!

Da der Oxidationsprozess wesentlich langsamer fortschreitet als bei Obst und Gemüse, hält sich ein grüner Smoothie nach der Zubereitung bis zu drei Tagen.

Grüne Smoothies spielen unter den „Ganzfruchtgetränken“ eine wichtige Rolle. Sie stammen ursprünglich von der russisch-amerikanischen Autorin Victoria Boutenko. Sie erkannte die positiven gesundheitlichen Effekte durch den Verzehr grüner Pflanzen und nahm zunehmend mehr grüne Blätter und Kräuter in ihre Smoothies auf.

Ein wichtiger Vorteil bei grünen Smoothies ist die bessere Nährstoffversorgung mit Vitaminen und Mineralien. Die darin enthaltenen Ballaststoffe führen zu einem lang anhaltenden Sättigungsgefühl. Gelüste werden minimiert, da der Körper ausreichend mit Vitaminen, Mineralien, Enzymen und Pflanzennährstoffen wie z. B. Chlorophyll versorgt ist.

Dem bitteren Geschmack wird durch die Zugabe von Obst (meist Banane) entgegengewirkt. Durch das Mixen erübrigt sich das Kauen. Ein (leistungsstarker) Mixer ist in der Lage, die Zellwände aufzubrechen, sodass der Großteil der Nährstoffe auch tatsächlich absorbiert werden kann.

Spinatblätter

Grünkohl

Basilikum

An grünen Pflanzen werden u. a. verwendet: Salate (z. B. Eichblattsalat), grüne Blätter (z. B. Spinat), Gartenkräuter (z. B. Basilikum), grüne Kohlsorten (z. B. Grünkohl), das Grün von Wurzel- und Knollengemüse (z. B. Rote Rübe), Wildkräuter (z. B. Brennnessel), Blätter von Laubbäumen (z. B. Birke) und Blätter von Büschen und Sträuchern (z. B. Himbeere).

Besonders Wildkräuter stehen nicht das ganze Jahr über zur Verfügung. Um trotzdem grüne Smoothies herstellen zu können, kann man sie schockgefrieren. So bleiben bis zu 90 Prozent der Nährstoffe erhalten.

Um sich an den Geschmack und die Wirkung von grünen Smoothies zu gewöhnen, sollte beim Trinken mit kleinen Portionen angefangen und erst mit der Zeit gesteigert werden.

Bier und Wein

Deutsche und österreichische **Biere** (ausgenommen Exportprodukte) sind aufgrund des geltenden Reinheitsgebotes vegan. Als Zutaten sind ausschließlich Wasser, Hopfen, Gerste, Hefe und – bei hochgärigen Bieren – Zucker erlaubt. Auch die Problematik mit der Klärung wird durch diese gesetzliche Regelung umgangen, da Filterung bzw. Klärung zwar grundsätzlich erlaubt ist, jedoch nur mittels eng eingegrenzter Methoden.

Schwieriger ist die Situation bei ausländischen Bieren, da hier die Gesetzeslage weniger spezifisch ist. So wird beispielsweise englischen Ales oft Honig zugesetzt. Die irische Marke Guinness hat den Trend der Zeit erkannt und will die Filtration mit tierischen Produkten durch alternative pflanzliche Substanzen ersetzen.

Sie finden dazu einen Artikel im digitalen Zusatzpaket.

Eine gelungene Kombination aus einem Gericht und dem passenden **Wein** ergibt ein perfektes kulinarisches Erlebnis. Viele Weinbäuerinnen und Weinbauern verweisen auf eine Kombination mit einem Fleisch- oder Fischgericht und vergessen die unzähligen möglichen Kombinationen mit Gemüsegerichten.

In Falkenstein im Weinviertel befindet sich das Weingut Josef Salomon, das seit 2014 nicht nur biologisch, sondern auch rein vegan arbeitet

Ganz allgemein sind Weißweine, Roséweine oder leichte Rotweine in der auf Pflanzen basierenden Küche sehr beliebt. Sind geräucherte oder gegrillte Komponenten enthalten, passen kräftigere Rotweine besser. Wie bereits beschrieben, werden bei der Klärung von Wein häufig Tierprodukte verwendet. Deshalb muss die Wahl auf einen Naturwein (Natural wine) oder einen vegan gekennzeichneten Wein fallen.

Wie das Weingut Salomon in Falkenstein arbeitet auch Fürnkranz in Hadres mit ökologischer Weinbergbewirtschaftung. Es werden keine synthetischen Pestizide, Herbizide oder mineralischen Düngemittel eingesetzt. Die Weine reifen neun Monate lang ohne Zusätze, ohne Schwefel und bleiben ungefiltert. Deshalb erübrigt sich auch die Frage der Filtration.

Näheres zur Harmonie von Wein und Speisen finden Sie im digitalen Zusatzpaket.

Im Jahre 2013 wurde der Betrieb von Gerald Fürnkranz übernommen, womit auf ein ganz neues Konzept wert gelegt wird – der veganen (rein pflanzlichen) Weinbereitung. Hierbei wird nicht – wie meist herkömmlich – mit tierischen Weinbehandlungsmitteln also z. B. durch Gelatine oder Fischblase vorgeklärt und auch kein Casein oder Eiklar zur Harmonisierung verwendet. Es wird stattdessen auf physikalische Maßnahmen, wie das Absetzen des Mostes, bzw. pflanzliche Mittel, wie Erbsenprotein, gesetzt.

Aufgabenstellung

- Recherchieren Sie im Internet. Suchen Sie Biere und Weine, die unbedenklich in Bezug auf vegetarische bzw. vegane Ernährung sind, z. B. unter den Links: www.feldschloesschen.ch und www.orange-wine.net

Ziele erreicht? – „Getränke“

KOMPETENZ-ERWERB

1. Kreuzen Sie in der Tabelle an, ob die Aussage stimmt oder nicht stimmt.

Aussage	Stimmt	Stimmt nicht
Auch naturtrübe Säfte können mit Gelatine geklärt sein.		
Bei veganem Wein erfolgt eine Filterung mit Aktivkohle, natürlicher Mineralerde oder pflanzlicher Gelatine.		
Zucker ist immer rein pflanzlich.		
Die Vitamine A, B_1, B_2, D und E sind immer pflanzlicher Herkunft.		

2. Einer der Hauptgründe für tierische Zutaten in vielen Getränken ist deren Klärung oder Filtration. Erklären Sie, warum das so ist. Welche Alternativen setzen Hersteller von veganen Produkten ein?

3. Beschreiben Sie, warum folgende Zutaten möglichweise nicht als rein pflanzlich einzustufen sind.

Zutaten	Beschreibung
Zucker	
Aromen	
Farbstoffe	
Vitamine	
Bakterien/Hefen	

4. Warum können Verpackungen für Menschen, die sich vegetarisch bzw. vegan leben, ein Problem darstellen?

5. Erklären Sie folgende Begriffe:

Direktsaft:

Fruchtsaft aus Konzentrat hergestellt:

Fruchtnektar:

6. Gruppenarbeit: Bilden Sie Dreiergruppen und kreieren Sie innerhalb der Gruppe einen grünen Smoothie. Anschließend verteilen Sie die Rollen: Eine Person ist der Gast, eine Person ist der Servicemitarbeiter/die Servicemitarbeiterin, die dritte Person ist der stille Zuhörer bzw. die stille Zuhörerin (Notieren Sie, was Ihnen im Gastgespräch auffällt). Führen Sie ein Verkaufsgespräch. Folgende Punkte müssen erläutert werden:

- Allgemeine Beschreibung, was Smoothies sind
- Spezielle Beschreibung, warum grüne Smoothies besonders wertvoll sind
- Erklärung Ihrer Rezeptur

Tauschen Sie die Rollen!

7. Wann ist ein Bier als vegan zu bezeichnen?

8. Worauf achten Winzerinnen und Winzer, die nach ökologischer Weinbergbewirtschaftung veganen Wein herstellen?

9. Suchen Sie zu dem von Ihnen kreierten viergängigen veganen Menü (siehe Übungsaufgabe von Seite 125) passende Getränke.

Küchen der Welt

Weltweit gesehen haben die vegetarische und die vegane Küche eine lange Tradition und finden sich in vielen Gerichten. Ob es der geringe Einsatz von Milchprodukten in vielen asiatischen Ländern oder aber die geringe Fleischverwendung in Indien ist, pflanzenbetonte Gerichte gibt es überall. Wir schauen über „unseren Tellerrand" und lernen dabei neue Lebensmittel für die pflanzenbetonte Küche kennen. Kreative, exotische Gerichte sind die Folge, sie werden die Speiseplanung inspirieren.

Vor allem in der asiatischen, afrikanischen und südamerikanischen Küche wird reichlich mit pflanzlichen Lebensmitteln gekocht. Auf jedem Kontinent, in jedem Land und sogar in jeder Region gibt es unterschiedliche Ausprägungen. Gerade der Umgang mit den verschiedenen Gewürzen macht die Gerichte einzigartig.

Meine Ziele

KOMPETENZ-ERWERB

Nach Bearbeitung dieses Kapitels kann ich

- über den Tellerrand hinausschauen und traditionelle pflanzenbetonte Küchen anderer Länder dieser Welt erklären;
- Küchenzutaten und Zubereitungsarten aus Ländern anderer Kontinente anwenden;
- daraus neue Ideen in die eigene Kochpraxis integrieren;
- meine Produktpalette um exotische Zutaten erweitern und daraus neue Gerichte herstellen.

1 Asien

Ich liebe Currys und Chillis genauso wie Sushi und Maki und gehe daher oft in Restaurants, die diese Speisen bei uns anbieten. Doch die wahren Hintergründe und Küchenschätze des asiatischen Kontinents kenne ich nicht. Ich vermute, dass bei uns alles an den europäischen Geschmack angepasst ist. An Asien interessiert mich besonders die Vielfalt der Gewürze.

Von den asiatischen Ländern beschreiben wir Indien, China, Japan, Thailand, Indonesien und Vietnam.

1.1 Indien

Viele indische Gerichte sind weltweit in anderen Küchen zu finden.

In Indien ernähren sich 90 Prozent der Bevölkerung von Getreide, Gemüse, Früchten und Nüssen. Ökonomische Notwendigkeiten sind der Hauptgrund dafür, obwohl auch religiöse Überzeugungen eine Rolle spielen. In der indischen Küche findet sich eine ganze Reihe vegetarischer und veganer Gerichte. Sie sind regional oft sehr unterschiedlich. Im Süden Indiens wird viel mit Kokosnuss gekocht, oft in Verbindung mit Reis, Chutney und süß-saurer Sauce.

Indien ist das Land mit den meisten Vegetariern weltweit. Von den 1,3 Milliarden Menschen ernähren sich zirka 500 Millionen fleischfrei. Als Eiweißlieferanten und Sättigungsgrundlage dienen in der indischen Küche hauptsächlich Milchprodukte und Hülsenfrüchte, wie etwa geschälte rote Linsen oder Kichererbsen.

Typische Lebensmittel: Hülsenfrüchte, Kokosmilch und -öl, Gemüse wie Okra und Melanzani, Gewürze wie Kurkuma, Koriander, schwarze Senfsamen, Kardamom, Zimt und Kreuzkümmel, verschiedene Brote (Naan, Chapati, Dosa, Paratha).

Dhal
Cremige, gelbe Linsensuppe, je nach Region unterschiedlich stark gewürzt; mit Basmatireis und Gemüsecurry serviert

Gobi
Nordindisches Gericht mit Karfiol, Cashewkernen, Chilischoten und Tomatensauce

Bondas
Frittierte, scharfe Kartoffelbällchen

Pakoras
Frittierte Gemüsebällchen

Chana
Würziges Masala aus Kichererbsen

Lassi
Erfrischender Joghurtdrink, der oft zu würzigen Currys serviert wird

Tandoori (Tanduri)
Hähnchen oder auch anderes Fleisch, das mit Tandoori-Masala mariniert und am sogenannten Tandur, einem Holzkohle-Ofen, zubereitet wird

Biryani
Scharfes Reisgericht mit Sternanis, Kardamom und getrockneten Früchten

Samosa
Knusprig frittierte Teigtaschen, gefüllt mit Kartoffeln oder Gemüse

Sambar
Würziges Linsengericht

Ferni
Nachtisch aus Reis mit Kurkuma und Pistazien

Raita
Saucenbeilage aus Joghurt

Ein **Masala** ist eine indische Gewürzmischung, die zum Würzen von Currys verwendet wird. Jeder Koch bzw. jede Köchin in Indien hat seine/ihre eigene Rezeptur und benutzt verschiedene Zutaten. Diese reichen von Chili über Koriander bis hin zu Knoblauch, Kurkuma und Ingwer. Im Norden Indiens ist Masala ein Pulver, im Süden wird es als Paste angerichtet.

1.2 China

In China gibt es weit weniger vegetarisch lebende Menschen als in Indien. Nichtsdestotrotz gibt es viele vegetarische und vegane Gerichte aus Tofu, Tahoe, Seitan („Buddhistenfleisch") und Tempeh. In China werden weniger Gewürze, Hülsenfrüchte und Milchprodukte verwendet als in Indien. Stattdessen benutzen die Menschen viel Ingwer, Zitronengras, Blätter und Gemüse. Viele Gerichte werden im Wok zubereitet und sind farbenfroh und würzig.

Traditionelle Lebensmittel sind: Soja und daraus hergestellte Produkte (Tempeh, Tofu, Sojasprossen, Sojasauce), Reismehl (Reisnudeln, Reisblätter), Sesamöl und Sesampaste, Ingwer, Kohlgemüse, Bambussprossen, Lotus, Chilipulver, Minze, Zitronengras, Kokosmilch, Tamarinde, Limonen(-blätter), getrocknete Pilze.

Im Norden Chinas ist Weizen das Grundnahrungsmittel, im Süden ist es Reis.

Frühlingsrollen
Ursprünglich aus Vietnam, waren vegetarisch, heute auch mit Hackfleisch; mit Sojasauce serviert

Nasi
Wok-Gericht aus Reis und Gemüse

Bami
Nudelgericht, das im Wok zubereitet wird, entweder mit Weizennudeln (Mie) oder mit Reisnudeln (Mie Hoen)

Chopsuey
Bezeichnung für eine Zubereitungsform: die Zutaten werden geschnitten (chop) und mit Sojasauce gewürzt (suey)

Wonton
Kleine Teigblätter, die mit Gemüse gefüllt, gedünstet und in einer wohlduftenden klaren Suppe gekocht werden

1.3 Japan

Fleisch und Fisch waren in Japan über einen längeren Zeitraum gesetzlich verboten, was sich heute natürlich geändert hat.

Die japanische Küche ist ähnlich wie die anderen Küchen Ostasiens. Allerdings verwenden die Japanerinnen und Japaner weniger Öl und Gewürze, der Geschmack der frischen Lebensmittel steht im Vordergrund. Die Nationalspeise Sushi lässt sich mit einer Vielzahl von Gemüse bestücken. Tofu gilt in Japan als Grundnahrungsmittel. Zur Würzung wird häufig eine fermentierte Paste aus schwarzen Bohnen verwendet. Andere Hülsenfrüchte wie Mungobohnen, Edamame, gelbe Bohnen, Linsen und Pilze (Enoki, Beech, Shiitake) werden gerne gegessen.

Traditionelle Lebensmittel sind: Reis, Hülsenfrüchte, Sojabohnen, Tofu, Algen, Sprossen, (sauer eingelegtes) Gemüse wie Kohl, Gurke, Melanzani und Rüben, Hirse, Süßkartoffeln, Buchweizen, frischer Ingwer.

Sushi und Maki
Kleiner, körniger Essigreis, wird in Seegras (Nori) gerollt; in die Mitte können verschiedene Gemüsefüllungen kommen; dazu wird Ingwer und Sojasauce serviert

Beliebte Nudeln
Buchweizennudeln (Soba), Udon-Somen-Nudeln und dünne Weizenmehlnudeln

Tempura
Teig aus Mehl, eiskaltem Wasser und Öl für frittiertes Gemüse; dazu werden delikate Saucen serviert

Teppanyaki
Zubereitungsmethode; die Speisen werden auf einer heißen Platte kurz und scharf angebraten, sodass der Geschmack, die Mineralien und der Nährwert erhalten bleiben

Sukiyaki
Auflauf mit Tofu, Frühlingszwiebeln, Nudeln, Kohl und Enokipilzen

Miso
Wohlduftende klare Suppe aus Sojabohnen und Seegras, verfeinert mit vielen Kräutern und Gemüse

1.4 Thailand

Die thailändische Küche ist sehr vielfältig. Sie wurde hauptsächlich von der chinesischen und der indischen Küche beeinflusst, es finden sich aber auch europäische Einflüsse. Zu vielen thailändischen Gerichten wird Reis serviert. Wirklich charakteristisch für die Thaiküche ist jedoch die große Anzahl an frischem Gemüse. Viele Gemüsearten sind in Europa nicht verfügbar, darunter sechs verschiedene Arten von Melanzani, die Goabohne, Wasserspinat, Jungmais und eine Spargelsorte. Die thailändische Küche verwendet sehr viele frische Kräuter, unter anderem das einzigartige Thai-Basilikum, mehrere Arten Koriander, Galgant, Thai-Ingwer und verschiedene Chilischoten. Als Fett wird häufig Kokosöl genutzt.

Typische Zutaten sind: Reis (Jasmin-Reis), Nudeln aus Reis, Weizen oder Mungobohnen (Glasnudeln), Gewürze und Kräuter wie Ingwer, Zitronengras, Knoblauch, Koriander, süßes Basilikum, Limettenblätter, Tamarinde, Chili.

Khao Soi
Frittierte Nudeln in einer scharfen Currysauce

Khao Pad Tofu
Frittierter Reis mit Gemüse, Ei und Erdnüssen

Pad Thai
Dünne Reisnudeln mit Gemüse, Ei und Erdnüssen

Khao Man
In leichter klarer Suppe gekochter Reis mit Gurke und Taotjo (salzig-süße Sojabohnenpaste)

Khanom Tjien
Reisnudeln mit grüner Currypaste, kleinen Thai-Melanzani und frischem Thai-Basilikum

Nam Phrik Kapie
Frittiertes Gemüse in einem Omelett mit frischer Gurke, weißem Reis und Nam Phrik, einem Dip aus Sojasauce, Knoblauch, Chili und Limone

Phad Phak
Gemüsepfanne mit mindestens acht verschiedenen Gemüsesorten und einer Sirupsauce

Yam
Scharfer, saurer Salat mit Glasnudeln

Miang Kham
Schalotten, Chili, Knoblauch, Limone, Ingwer und Erdnüsse werden in die Blätter einer wilden Paprikapflanze gerollt; dazu wird eine Sauce aus Palmzucker und Sojasauce serviert

Thaigerichte sind sehr ausgeglichen, da versucht wird, die grundlegenden Geschmacksrichtungen in einem Gang, manchmal sogar in einem Gericht zu kombinieren. Alles ist frisch, so natürlich wie möglich, die Nährstoffe werden geschont und es werden möglichst wenige gesättigte Fettsäuren verwendet.

Tom Yam ist eine scharfe, klare Gemüsesuppe mit Koriander

Reis ist das indonesische Grundnahrungsmittel und wird mit allen Arten von Sambal, Gemüse, Eiern, Nüssen, Tofu und Tempeh kombiniert.

1.5 Indonesien

Die indonesische Küche ist genauso wie die thailändische sehr vielfältig, das Land selbst besteht aus über 6 000 bewohnten Inseln. Charakteristisch ist die große Anzahl an Kräutern und Gewürzen, wie Galgant, Ingwer, Kreuzkümmel, Kurkuma, Koriander (Samen und Wurzeln), Zitronengras und viele Arten von Chilischoten. Sehr beliebt sind auch Curry-, Zitronen- und Lorbeerblätter. Fast jedes Gericht wird mit Zwiebeln, Knoblauch und Sambal zubereitet. Santen (Kokosnussmilch) und Ketjap (Sojasauce) finden häufige Verwendung. In manchen Gegenden wird Cassava, ein holziger Strauch, als Kohlenhydratquelle gegessen.

Bali

Dim-Sum-Gerichte werden im Bambuskörbchen serviert

Gado Gado
Gemüsegericht mit Kartoffeln und Eiern in einer Erdnusssauce

Nasi
Reisgericht mit Gemüse und Eiern

Bami
Nudelgericht mit Gemüse und Eiern

Nasi terang
Frittierte Melanzani mit Tomaten und Reis

Sambal gara sayur
Besteht aus Kokosmilch, roter Currypaste und Tempeh

Pepes tahu jamur
Gemüsepfanne mit Tofu, Pilzen und Wasserspinat, in einem Bananenblatt serviert

Sayur lodeh
Aus Hülsenfrüchten mit Belingoblättern, Kokosnussmilch und Tempeh

Bihun Goreng
Dünne Reisnudeln mit Gemüse und Eiern

Oseng oseng tofu panyang
Frittierter Tofu und Tempeh mit Hülsenfrüchten, Reis und Sambal

Colo colo, eine rote Pfeffersauce wird zu vielen Gerichten serviert.

1.6 Vietnam

Die vietnamesische Küche ist historisch bedingt stark von der chinesischen Küche beeinflusst und weist im Süden Vietnams auch Einflüsse der Thai-, der Khmer- sowie der indischen Küche auf. Darüber hinaus hat der Buddhismus zu einer Vielfalt an vegetarischen Gerichten beigetragen.

Als Grundnahrungsmittel werden in Vietnam Reis und Reisnudeln und eine große Zahl verschiedener Arten von Gemüse gegessen. Gewürze werden sehr vielseitig verwendet, jedoch weniger scharf als in der angrenzenden thailändischen oder indischen Küche. Es dominieren eher subtile Gewürzkombinationen, beispielsweise werden Zimt und Anis gerne zur Bereicherung herzhafter Speisen genutzt.

Pho
Sehr beliebte Suppe, die auch vegetarisch bzw. vegan zubereitet werden kann

Mì Quáng Chay
Nudelsuppe mit Tofu und Gemüse

Xôi vò
Gedämpfter Klebreis mit Mungobohnenmehl

Bí dao xào
Pfannengerührter Wachskürbis

Giá trôn
Mungobohnensprossensalat mit Wasserspinat

Vietnamesische Gerichte werden typischerweise außerordentlich heiß, aber sehr kurz gebraten und in Pfannen auf offenem Feuer (Wok) zubereitet. Sie sind deshalb meist oberflächlich geröstet.

2 Mittel- und Südamerika

Ich war noch nie in Mexiko, aber ich kenne Tortillas und Tachos, zumindest so, wie sie bei uns zubereitet werden. Ich freue mich, mehr über die bunte, kulinarische Vielfalt von Mexiko, Kuba, Brasilien und Co. zu erfahren ...

Von den mittel- und südamerikanischen Ländern beschreiben wir Brasilien, Bolivien, Peru, Ecuador, Mexiko und Kuba.

2.1 Brasilien, Bolivien, Peru und Ecuador

In diesem Teil des amerikanischen Kontinents werden fast überall Bohnen und Reis serviert. In Südamerika gibt es zwar viel Fleisch, aber auch verschiedenste Salate und Salsas. Mais, Cassava und zahlreiche Kartoffelarten erfreuen sich großer Beliebtheit. Auch Rohrzucker, Kakaobohnen, Limabohnen, Augenbohnen, Kürbisse, Okra, Kohl und Kochbananen finden häufige Verwendung.

Viele der beschriebenen Gerichte werden unter dem genannten Namen auch als Variante mit Fleisch angeboten.

Broa
Maisbrot, traditionell mit Fenchel

Empada
Teigtaschen, unterschiedlich gefüllt

Causa rellena
Kartoffelpüree mit Avocado

Cozido
Auflauf mit Wurzelgemüse, Kochbanane, Okra, Süßkartoffeln, Koriander und frittiertem Tofu

Vegetarian Feijoada
Auflauf mit schwarzen Bohnen, Süßkartoffeln, Paprika, Rüben, Chili, Tomaten und Koriander

Carapulcra
Traditionelles Kartoffelgericht der Inka mit Erdnüssen, Paprika und Gewürzen

2.2 Mexiko

Die amerikanische Systemgastronomiekette Taco Bell (zusammengesetzt aus Taco und dem Namen des Gründers Bell) ist der größte Vertreter von Tex-Mex-Fastfood mit Franchisepartnern auch in Europa.

Die mexikanische Küche geht auf den Einfluss der Azteken und der Spanier zurück. Das Essen ist verführerisch mit vielen Gerüchen, Farben und Geschmäckern. Mais, Knollen, viele Kartoffelarten, Chili, Koriander, Avocados, Hülsenfrüchte (darunter die typischen Pintobohnen), Kürbisse und viel Schokolade werden für eine Reihe vegetarischer Gerichte und Salate verwendet.

Mole
Der Name steht für verschiedene Saucen, z. B. mit Chili, Nüssen, Schokolade und Gewürzen

Guacamole
Dip, der aus Avocados hergestellt wird

Tortillas
Fladen aus Weizenmehl, mit süßen und pikanten Füllungen

Empanadas
Gefüllte Teigtaschen

Flauta (Taquito)
Dünn befüllte und frittierte Tortilla

Huevos Rancheros
Frittiertes Ei auf einem Maistortilla mit einer würzigen Salsa

Tamales
Gedünstete und gefüllte Mais- oder Bananenblätter

Tachos
Gebackene und gebogene Tortillas, die befüllt werden

Chili sin Carne
Würziger Eintopf mit roten Bohnen

2.3 Kuba

Die kubanische Küche wird von Spanien und Afrika stark beeinflusst und es gibt starke Ähnlichkeiten mit der mexikanischen und karibischen Küche. Die Kubanerinnen und Kubaner essen vorrangig Reis, Mais, Hülsenfrüchte (rote und schwarze Bohnen) und einheimische Wurzelpflanzen wie Yucca oder Yam.

Typisch für die **karibische Küche** sind scharf gewürzte Speisen, (sub-)tropische Obst- und Gemüsesorten sowie Hülsenfrüchte.

Tamales
Wie in Mexiko, gedünstete und gefüllte Mais- oder Bananenblätter

Guiso
Gemüseauflauf mit Wurzelgemüse

Caldosa
Vegetarische Suppe bzw. vegetarischer Eintopf

Moros y cristianos
Reisgericht mit schwarzen Bohnen

Congri
Reisgericht mit schwarzen Bohnen, Paprika und Gewürzen

Yucca con mugo
Gekochte Wurzeln der Yuccapflanze (Maniok) mit einer scharfen Knoblauchsauce

Malanga
„Pommes Frites" aus der einheimischen Yampflanze

Ajiaco
Suppe aus drei Kartoffelsorten, Mais, Zwiebeln und Kapern; dazu Avocados und Reis

3 Afrika

Ich war in Tunesien auf Urlaub und habe in unserem Hotel hervorragend gegessen. Die meisten Gerichte waren neu für mich. Ich erinnere mich gut an Taboulé und würde das gerne nachkochen.

Wir beschreiben Nordafrika, den mittleren Osten Afrikas, Äthiopien, Westafrika sowie Ost- und Zentralafrika.

3.1 Nordafrika

Die Küche der Maghreb-Region (Marokko, Algerien und Tunesien) bietet eine große Vielfalt an vegetarischen Speisen. Es gibt unterschiedliche Tajines, die mit einer Vielzahl an Gemüsen wie Zucchini, Melanzani, Tomaten und Paprika zubereitet werden. Zusätzlich gibt es Hülsenfrüchte, wie z. B. Kichererbsen.

Tajine = Gericht und Gefäß, in dem es zubereitet wird.

Kichererbsen werden so häufig gegessen, dass sie als Grundnahrungsmittel gelten. Besonders bekannt ist Hummus, ein Dip, bei dem die Kichererbsen zerkleinert und mit Sesampaste, Knoblauch, Chili und Olivenöl vermischt werden. Eine weitere Speise sind Falafel. Dabei wird der Hummusbrei mit Petersilie verfeinert und frittiert.

Ras el-Hanout

Die Maghreb-Region macht gerne Gebrauch von frischen und getrockneten Kräutern. Ras el-Hanout, eine Kräutermischung aus mindestens zwölf und manchmal bis zu fünfzig Kräutern, ist weit über die Grenzen Nordafrikas bekannt. Sehr gerne werden getrocknete Früchte, wie Datteln, Feigen und Marillen, gegessen.

Harira
Herzhafte Suppe mit Kartoffeln, Hülsenfrüchten, Tomaten, Karotten, Sellerie und Nudeln

Brik
Frittierte Teigtaschen, unterschiedlich gefüllt

Chermoula
Ehemals eine Marinade für einen Fischeintopf, werden heute häufig auch Gemüse, Erdäpfel, Hülsenfrüchte und Kräuter damit zubereitet

Briouats
Kleine, gefüllte Nudeltaschen

Shlada dsjada
Karottensalat mit Knoblauch und Kümmel

Aljouke
Zucchini-Dip

Baba ganoush
Melanzanipüree

Zaalouk
Melanzanisalat mit Tomaten und Knoblauch

Taboulé
Bulgursalat mit Paprika, Tomaten, Gurke und Minze

Aufgabenstellung

- Recherchieren Sie folgende bekannte Gerichte:
  Couscous ______
  Harissa ______

3.2 Westafrika

Neben dem in vielen Variationen gegessenen Getreidebrei werden in der westafrikanischen Küche viele Früchte verwendet, darunter Ananas, Kochbananen, Mangos und Zitrusfrüchte. An Gemüse wird vor allem Blattgemüse, wie Baobabblätter, Juteblätter und N'dole (ähnlich bitterem Spinat), verarbeitet. Außerdem sind Melanzani, Karotten, Tomaten, Okras, Kraut und Kürbis sowie Sesam weit verbreitet. Gerne wird mit Süßkartoffeln und Jamswurzeln gekocht. Als Beilage dienen Reis, Couscous und Hirse.

Erdnüsse werden als Vitaminspender und für Öl verwendet, aber auch als Gewürzbeilage. Maniok (Cassava, Yucca) ist die Wurzel eines tropischen Strauchs. Sie enthält viel Stärke und wird deshalb nicht nur zu Brei gekocht, sondern dient auch zum Binden von Suppen und Saucen.

Tô
Gekochte Hirse, Mais, Sorghum, Tomaten und süßer Paprika

Fufu
Brei aus Maniok oder Jamswurzeln; sehr verbreitet

Ogi
Fermentierter Brei aus Mais, Sorghum oder Hirse

Aus Gründen der Haltbarkeit werden viele Früchte getrocknet und nicht nur als Nachspeise gereicht, sondern auch mitgekocht, was den Gerichten einen besonderen Geschmack verleiht.

Frejon
Suppe aus fermentierten Bohnen mit Kokosnussmilch, manchmal mit Kakao verfeinert

Moin moin
Pudding aus schwarzen Bohnen, Zwiebeln und Paprika

Maafe (Tigadegena)
Eintopf bzw. Sauce aus gestampften Erdnüssen mit verschiedenem Gemüse; Nationalgericht in Mali

3.3 Ost- und Zentralafrika

Das Essen dieser Region basiert stark auf Getreide wie Hirse, Mais und Weizen sowie auf einheimischen Wurzeln wie Maniok, Jams oder Taro. Auch Nüsse wie die Palmnuss, Erdnüsse (die zu einer Paste für Saucen verarbeitet werden) und wilde Früchte wie die Agave werden in vielen Gerichten verwendet. Vegetarische Gerichte bestehen, ähnlich wie in Westafrika, meist aus Hülsenfrüchten und Gemüse wie Süßkartoffeln, Karotten, Kürbissen, Melanzani, Zucchini, Okras, Tomaten und wilden Pilzen.

Gekörntes Cassavamehl wird als **Gari** bezeichnet. Das Nationalgericht in Äthiopien und Eritrea heißt **Injera,** es ist ein flaches Brot aus Teffmehl.

Moambe
Sauce aus zerdrückten Palmnüssen

Piri piri (Pili pili)
Chilisauce, die auch in Portugal weit verbreitet ist

Dongo Dongo
Sauce aus Okras

4 Europa

Die mediterrane Küche mit Lasagne, Gnocchi und Risotto ist mir sehr vertraut, weil ich ein Praktikum in einem italienischen Restaurant gemacht habe. Aber da gibt es sicher noch viel mehr …

Von den europäischen Ländern beschreiben wir Spanien und Portugal, Griechenland und die Türkei sowie Italien.

4.1 Spanien und Portugal

Die beliebtesten Gemüse sind: Melanzani, Spargel, Artischocken, Zucchini, Tomaten, Knoblauch, Zwiebeln und Hülsenfrüchte wie Kichererbsen, Linsen und weiße Bohnen.

In diesen Ländern wird sehr gesund gekocht. Es werden viele pflanzliche Öle, besonders Olivenöl, und sehr viel Gemüse verwendet. Die Zubereitung der Gerichte ist meist simpel. Gegessen werden auch verschiedene Arten von Reis. Zusätzlich werden Hirse und Dinkel sowie viele frische Kräuter wie Basilikum, Thymian, Oregano, Rosmarin, Lavendel, Petersilie und Safran verwendet.

In Spanien sind **Tapas** (kleine Appetithappen) sehr beliebt

Barigoule
Auflauf aus jungen Artischocken

Soupe au pistou
Herzhafte Suppe mit Gemüse

Tortilla
Omelette mit Kartoffeln

Gazpacho
Kalte pürierte Tomaten-Paprika-Suppe

Ratatouille
Gemüse aus Tomaten, Melanzani und Paprika

Paella verduras
Vegetarische Paella

Cocido
Vegetarischer Eintopf mit Kichererbsen

Tumbet
Melanzanigericht von den Balearischen Inseln

Olla Gitano
Eintopf mit Gemüse und Hülsenfrüchten

Salbixtada
Dip aus geschmorten Paprika, Mandeln und Tomaten, serviert mit gerösteten Zwiebeln

Sopes Mallorquines
Vegetarischer Auflauf mit Kohl

Caldo Verde
Herzhafte portugiesische Kartoffelsuppe mit grünem Gemüse

Weiters gibt es viele Sorten von Tapenades, Tomatades, Aioli und anderen Dips aus Kräutern, Oliven und Früchten.

4.2 Mediterrane Küche

Der Begriff Mittelmeerküche oder mediterrane Küche wird häufig als Oberbegriff für die verschiedenen Landesküchen der Mittelmeerregion verwendet. Diese Küchen weisen zwar einige gemeinsame Elemente auf, wie die häufige Verwendung von Olivenöl, mediterranen Kräutern und Knoblauch, unterscheiden sich aber teilweise doch erheblich.

Grundelemente der mediterranen Küche sind: Olivenöl und Oliven, frisches Gemüse wie Tomaten, Melanzani, Paprika, Zucchini, Knoblauch, Zwiebeln, Kräuter wie Thymian, Rosmarin, Oregano und Basilikum und helles Brot, Nudeln sowie Reis.

4.3 Griechenland und Türkei

Sowohl die griechische als auch die türkische Küche wurden vom Mittleren Osten und dem Balkan beeinflusst. Die Küche ist sehr einfach und nimmt auf die Zutaten Rücksicht. Annähernd alle Zutaten, die in der mediterranen Küche verwendet werden, finden sich auch in der griechischen und der türkischen. Das überall verfügbare Meze lässt sich mit spanischen Tapas vergleichen.

Meze = kleines Gericht.

Dolmades
Weinblätter mit Reiszubereitungen gefüllt

Fasolada
Griechische Bohnensuppe

Briami
Ofengemüse mit Kartoffeln

Kisir
Bulgursalat mit Gemüse

Merimeh
Linsenpastete

Sebzeli Pilaw
Türkisches Reisgericht mit Gemüse

4.4 Italien

In Norditalien finden sich typischerweise schöne Risotti, die mit dem Reis aus der Po-Ebene zubereitet werden, und reichhaltige Polentas, die stets mit Gemüse, Kräutern und Milchprodukten hergestellt werden. In Süditalien findet man alle erdenklichen Arten von Nudeln, die mit wunderbaren Saucen angerichtet werden. Genauso häufig ist Pizza, die es mit diversen vegetarischen Toppings gibt.

Auch in diesem mediterranen Land haben die Leute sehr gesunde Essgewohnheiten. Brot, Nudeln, Reis und Getreide rangieren auf den ersten Plätzen, Fleisch und Fisch kommen erst an vierter und fünfter Stelle der am häufigsten gegessenen Lebensmittel. Zudem gibt es viel Gemüse, Hülsenfrüchte, viele Früchte und frische Kräuter.

Risotto ai funghi porcini
Risotto mit Steinpilzen

Risi e bisi
Reis mit Erbsen; auch Risibisi

Pancia di Novara
Gemüsesuppe mit Reis

Mesciua
Bohnengericht mit Kichererbsen, weißen Bohnen und Buchweizen

Gnocchi
Klößchen aus Kartoffelteig (gnocchi di patate); wie Pasta mit verschiedenen Saucen gereicht

Pizza marinara
Pizza mit Tomaten, Olivenöl, Knoblauch und Oregano

Minestra di farro
Gemüsesuppe mit Dinkel

Caponata
Süßsaures Melanzanigericht

Polenta con zucca
Polenta mit Kürbis

Aufgabenstellung

- Recherchieren Sie folgende bekannte Gerichte:

  Bruscetta ______________________

  Pesto ______________________

Ziele erreicht? – „Küchen der Welt“

1. Ordnen Sie den Gerichten das Ursprungsland in Asien zu, indem Sie den passenden Buchstaben in das Kästchen eintragen: (a) Indien, (b) China, (c) Japan, (d) Thailand, (e) Indonesien, (f) Vietnam

☐ Pho

☐ Tempura

☐ Dhal

☐ Lassi

☐ Bihun Goreng

☐ Miso

☐ Gobi

☐ Sushi

☐ Tom Yam

☐ Frühlingsrollen

2. Ordnen Sie den Gerichten das Ursprungsland in Europa zu, indem Sie den passenden Buchstaben in das Kästchen eintragen: (a) Spanien, (b) Griechenland, (c) Italien, (d) Türkei

☐ Pilaw

☐ Dolmades

☐ Gazpacho

☐ Risotto

☐ Polenta

☐ Gnocchi

☐ Paella

3. Beschreiben Sie folgende Gerichte. Nennen Sie auch Ursprungsland bzw. -region.

Gericht	Ursprungsland	Beschreibung
Tortillas		
Tamales		
Taboulé		
Piri Piri		
Tacos		

4. Welche Küchen der Welt haben traditionellerweise eine stark vegetarische Ausprägung?

5. Gruppenarbeit: Bilden Sie Dreiergruppen und kreieren Sie innerhalb der Gruppe ein vegetarisches Menü, bestehend aus einer Vorspeise oder Suppe und einem Hauptgericht. Lassen Sie dabei die Erkenntnisse des Kapitels „Küchen der Welt" einfließen und kreieren Sie Gerichte mit exotischen Zutaten (Sie müssen Zutaten und Zubereitung erklären können). Anschließend verteilen Sie die Rollen für ein Verkaufsgespräch: Zwei Personen sind Gäste, eine Person ist der Koch/die Köchin.

Koch/Köchin: Ich empfehle Ihnen heute

Gast 1: Welche Zutaten enthält

Gast 2: Können Sie mir ein passendes Getränk empfehlen zu

Koch/Köchin:

Gast 1:

Gast 2:

Koch/Köchin:

Gast 1:

Gast 2:

Präsentieren Sie die Verkaufsgespräche vor der Klasse. Tauschen Sie die Rollen! Wählen Sie ein Siegermenü!

Management und Marketing

Unter Marketing versteht man die wirtschaftliche Ausrichtung eines Unternehmens auf die Förderung des Absatzes der erzeugten Waren. Die Grundidee einer marktorientierten Unternehmensführung gibt es schon sehr lange. War ursprünglich von Absatzpolitik die Rede, begann sich schließlich in den 1960er-Jahren der Begriff Marketing auch im deutschsprachigen Raum zu etablieren.

Im Begriff Marketing steckt das Wort Markt. Der Markt ist jener Bereich, der von Angebot (gastronomischer Leistung) und Nachfrage (durch den Gast) bestimmt wird.

Ein modernes Management im Restaurant bezieht sich auf folgende vier Kernaufgaben:

- Kundenakquisition (Gäste dazugewinnen)
- Kundenbindung (vorhandene Gäste weiterhin an das Unternehmen binden)
- Leistungsinnovation (neue Leistungen anbieten)
- Leistungspflege (bestehende Leistungen verbessern)

Pflanzliche Küche in der Gemeinschaftsverpflegung

Gemeinschaftsverpflegung oder auch Gemeinschaftsgastronomie bezeichnet die regelmäßige Verpflegung von Menschengruppen in:

- Kantinen, Mensen und Refektorien
- Krankenhäusern, Altersheimen, Pflegeheimen, Ganztagsschulen, Kindergärten
- einem Katastrophenfall

Kochen in gastronomischen Großbetrieben ist etwas Spezielles. Es müssen Gerichte angeboten werden, die sich jeder/jede leisten kann. Deshalb sind die Lebensmittelkosten ein Schlüsselfaktor. Köchinnen und Köche in einer Kantine bzw. Mensa sind oft unter Zeitdruck. Wegen der Zeit, die die Zubereitung braucht, und der Tatsache, dass alle Gäste ihr Essen in einem relativ kurzen Zeitfenster bekommen müssen, sind aufwendige Gerichte meist nicht machbar. Des Weiteren ist zu bedenken, dass die Gäste an beinahe jedem Arbeitstag (oder Schultag) in der Kantine essen. Eine gesunde, ausgewogene Mahlzeit ist daher noch wichtiger als in einem Restaurant.

Meine Ziele

Nach Bearbeitung dieses Kapitels kann ich

- die Unterschiede zwischen dem Kochen in Gemeinschaftsverpflegungsbetrieben und dem Kochen in einem Restaurant nennen;
- vegetarische bzw. vegane Optionen in einer Kantine bewerten und Verbesserungsvorschläge machen;
- Schritte setzen, um erfolgreich mehr vegetarische und vegane Gerichte zu verkaufen;
- eigene Tipps für das pflanzenbasierte Kochen in der Gemeinschaftsverpflegung geben und diese umsetzen.

Eine wachsende Zahl von Menschen verzichtet grundsätzlich oder gelegentlich auf Fleisch. Sie haben erkannt, dass ein gesundes (Mittag)essen die Leistungsfähigkeit steigert. Zudem ist es häufig so, dass die Unternehmen bzw. Institutionen, zu der die Kantine gehört, Richtlinien zur Nachhaltigkeit haben. Sie wollen an einem grünen, gesunden Erscheinungsbild arbeiten. Die Kantine kann zu diesem Image beispielweise mit einem fleischfreien Tag beitragen.

Kosten senken

Gemüse ist nur vermeintlich teurer als Fleisch. Zugegeben, es braucht etwas Zeit, um preiswertes Gemüse zu finden und Erfahrungen im Zusammenstellen der Speisen zu gewinnen. Aber wenn das geschafft ist, sind pflanzliche Gerichte im Allgemeinen billiger. Ein klarer Preisgewinner: Sojafleisch kostet 1,60 Euro pro Kilogramm (umgerechnet auf feuchte Masse), während vergleichbares Fleisch vier Euro kostet.

Weitere gastronomische Betriebsformen neben der klassischen Gastronomie und der Gemeinschaftsverpflegung sind Cateringunternehmen und Betriebe der Systemgastronomie. Hier sind die Einflussmöglichkeiten gering, die Konzernzentrale gibt das Konzept und damit die Speisen und Getränke vor. Aber auch unter den Systemern gibt es pflanzenbasierte Küche: Sattgrün nennt sich eine vegane Kette, Swing Kitchen bietet Fast Food, wie Burger, Coa und GinYuu haben sich auf asiatische Gerichte mit vegetarischen und veganen Komponenten spezialisiert.

Schritt für Schritt mehr Pflanzen auf den Speiseplan

Pflanzliche Küche in der Gemeinschaftsverpflegung ist ein junger Nischenmarkt, die Erfahrungswerte sind noch gering. Es gilt, das Potenzial auszuschöpfen. Bestehende konventionelle Betriebe können durch eine vegane Menülinie ganz neue Zielgruppen ansprechen oder (im ländlichen Raum) vielleicht sogar ein Alleinstellungsmerkmal erreichen.

Evaluation

Nehmen Sie sich Zeit für Evaluation – es lohnt sich.

Evaluation = Bestandsaufnahme, also eine Untersuchung, ob und inwieweit etwas geeignet erscheint, ein angestrebtes Ziel zu erreichen.

Schritt 1

- [ ] In welcher Situation befinden Sie sich genau? Sind Sie Angestellte/r in einer Großküche oder Küchenchef? Haben Sie Einflussmöglichkeiten auf den Speiseplan? Halten Sie Rücksprache mit Kolleginnen und Kollegen, Ihrem Team oder Chef/in.
- [ ] Die Gäste in einer Kantine sind meist eine homogene Gruppe. Das Essen in einer Grundschule ist anders als in einer Firma, in der Menschen handwerklich arbeiten, oder in einem Altersheim.

Schritt 2

- [ ] Schauen Sie auf Ihren wöchentlichen oder monatlichen Menüplan. Welche Arten von Gerichten servieren Sie jetzt? Welche Gerichte verkaufen sich sehr gut und warum?
- [ ] Nutzen Sie diese Informationen, um vegetarische Variationen dieser Gerichte zu schaffen. Wenn Sie beispielsweise für eine Schule arbeiten und erfolgreich faschierte Laibchen in Tomatensauce mit Kartoffelpüree verkaufen, werden Sie auch mit vegetarischen faschierten Laibchen in Tomatensauce mit Kartoffelpüree gewinnen.

Schritt 3

- ☐ Vielleicht serviert die Küche schon vegetarische Gerichte. Machen Sie eine Liste und schauen Sie, welche Gerichte sich gut verkaufen. Welche lassen sich in noch größeren Mengen machen? Ihr Ziel ist es, diese Gerichte an noch mehr Gäste zu verkaufen, deshalb müssen Arbeitsaufwand und Preis stimmen.

Schritt 4

- ☐ Schauen Sie auf die vegetarischen Produkte, die auf der Einkaufsliste der Küche stehen. Kennen Sie alle vegetarischen Zutaten auf der Liste? Haben Sie sie schon benutzt und waren sie erfolgreich?
- ☐ Haben sie gut geschmeckt? Manchmal stellen wir fest, dass ein Produkt nicht so gut schmeckt, aber es wird trotzdem serviert, „weil die Vegetarier es mögen". Aber wenn es nicht schmeckt, sollte es auch nicht serviert werden. Ihr Ziel ist es, gute vegetarische Gerichte zu kochen, die viele Menschen mögen (auch Menschen die nicht strikt vegetarisch leben).
- ☐ Ist die Einkaufsliste ausgewogen in Bezug auf Fleischersatz oder besteht sie nur aus ein oder zwei pflanzlichen Produkten? Idealerweise enthält sie verschiedene Arten von Fleischersatz aus verschiedenen Grundprodukten, nicht nur Soja.
- ☐ Ist die Bestellliste veraltet oder enthält sie auch neueste Fleischersatzprodukte? Der Markt für vegetarische Produkte wächst und verändert sich schnell. Suchen Sie Kontakt zu neuen Produzenten oder Händlern. Oft bekommen Sie dazu auch Rezepturen oder Menüvorschläge.

Rezepturen entwickeln

Eine Reihe hilfreicher Informationen sowie viele Rezepturen bietet das Serviceportal für die Gemeinschaftsgastronomie, www.gv-nachhaltig.at

Schreiben Sie zwölf neue pflanzliche Gerichte für Ihre Küche auf und testen Sie sie. Wenn Sie in Ihrer Küche einen „Veggietag" einführen möchten, brauchen Sie zwölf (bis 24) Speisevorschläge. Diese Gerichte werden rotierend angeboten. Es ist manchmal klüger, sich auf zwölf wirklich gute Gerichte zu konzentrieren, als zu viele Alternativen anzubieten. Wollen Sie jeden Tag rein pflanzlich kochen, dann brauchen Sie natürlich mehr als zwölf Gerichte.

Gerichte testen

Die neu entwickelten Gerichte müssen getestet werden. Eine Möglichkeit ist, sie auf die Speisenkarte zu setzen und nach Feedback zu fragen. Es kann sein, dass nur strikt vegetarische Menschen dieses Gericht wählen und so das Feedback der Mehrheit verloren geht.

Empfehlenswerter ist es, Testgruppen zu befragen. Es werden einige Gerichte einer Gruppe von Menschen serviert und diese nach ihrer Meinung befragt. Mehr als sechs Gerichte sind nicht zu empfehlen, denn nach einigen Gerichten wird es zunehmend schwieriger, den Geschmack zu beurteilen.

Testgruppen haben folgende Vorteile:

- Sie können eine allgemeine Auswahl an Gästen in der Kantine befragen, so wird das Feedback heterogen.
- Sie können einen Evaluationsbogen erstellen, sodass Sie auf jeden Fall hilfreicheres Feedback bekommen als normalerweise.
- Sie haben maximale Kontrolle über andere Einflüsse. Alle essen das gleiche Menü.
- Sie können der Testgruppe mehr Informationen über das Ziel des Projekts geben. Das heißt, Sie beginnen bereits mit der Sensibilisierung. Die Menschen aus dieser Gruppe werden Freunden und Kollegen erzählen, was sie gelernt haben, sie sind Ihre ersten Botschafterinnen und Botschafter! Sie werden anderen über die neuen Gerichte erzählen und Werbung für Sie machen.

Innovative Kochideen sind immer gefragt

Denken Sie laut über Werbung nach

- Die Gerichte und das Projekt selbst müssen effektiv beworben werden. Es gibt verschiedene Möglichkeiten:
- Traditionelle Kommunikationsformen (Poster, Standtafeln, Informationen auf der Speisenkarte)
- Probierhappen (Gäste können neue Gerichte am Eingang probieren)
- Sparpreise (jedes rein pflanzliche Gericht ist in der Probierphase preisgünstiger)
- Extras (jedes fleischfreie Gericht wird mit einer zusätzlichen Suppe oder einem Stück Obst serviert)
- Neue Medien (soziale Netzwerke, Blogs, Tweets, Podcasts, Newsletter)

Die Speisenkarte

Betonen Sie auf Ihrer Speisenkarte die Vorteile der pflanzlichen Küche. Weisen Sie evtl. auf den Klimarechner (siehe Seite 28) hin, der zeigt, wieviel CO_2 mit Ihren vegetarischen bzw. veganen Gerichten gespart wurde.

Tipps für das Schreiben der Speisenkarte

- Achten Sie auf Ihre Wortwahl. Nennen Sie nicht alle ihre pflanzenbasierten Gerichte „vegetarisch" oder „vegan." Nur die echten Vegetarier und Vegetarierinnen suchen nach Gerichten mit solchen Namen, andere könnten sich abgeschreckt fühlen und denken, dieses Gericht sei nicht für sie, weil sie keine sind.
- Gäste wählen ihr Gericht nach der Art und Weise, wie es auf der Speisenkarte beschrieben ist und wie wohlschmeckend es klingt. Geben Sie Ihren Gerichten also attraktive Namen.
- Gehen Sie sicher, dass die Qualität Ihrer vegetarischen Gerichte genauso herausragend ist wie jene der anderen Gerichte.

Allgemeine Tipps zum Schluss

Zielgruppe
Vergessen Sie nie, für wen Sie kochen. Ihre Gerichte müssen auf Ihre Zielgruppe zugeschnitten sein. Flexitarier/innen sind zumeist die größte und damit wichtigste Zielgruppe!

Anzahl der Mahlzeiten
Berechnen Sie die Anzahl der Mahlzeiten, sodass die Küche nachhaltig geführt wird und möglichst kein Essen weggeworfen werden muss.

Kosten
Behalten Sie die Kosten im Auge und bieten Sie Mahlzeiten an, die sich jeder leisten kann. Finden Sie preiswerte Zutaten, wobei das Gemüse dennoch einen guten ökologischen Hintergrund haben muss.

Zeitmanagement
Die Gäste in einer Kantine haben nicht viel Zeit. Bereiten Sie so viel wie möglich vor.

Nicht zu kompliziert
Wenn möglich, machen Sie eine Sauce oder eine andere Basis, die Sie sowohl für ein Fleischgericht als auch für das vegetarische Gericht verwenden können.

Würzen
Benutzen Sie ausreichend würzende Zutaten und Kräuter; oft sind Köchinnen und Köche überrascht, wie viel Gewürze pflanzliche Mahlzeiten benötigen.

Ziele erreicht? – „Pflanzliche Küche in der Gemeinschaftsverpflegung"

KOMPETENZ-ERWERB

1. Erklären Sie den Begriff Gemeinschaftsverpflegung.
2. Was ist mit Evaluation gemeint? Beschreiben Sie Schritt für Schritt, wie Sie sich an eine neue Speisenkarte herantasten, die mehr pflanzliche Gerichte bietet.
3. Aus einem Bericht von der Webseite von gv-nachhaltig: „Während in Einrichtungen des Deutschen Studentenwerks bereits jedes zehnte verkaufte Gericht vegan ist, verläuft die Entwicklung in österreichischen Mensen weitaus schleppender. Immerhin bietet die Mensa der WU Wien (als einzige Österreichs) täglich ein veganes Gericht an." Wir gehen davon aus, dass der Prozentsatz der vegan lebenden Studierenden in Deutschland und in Österreich ähnlich hoch ist. Welche Gründe gibt es Ihrer Meinung nach für diesen Unterschied? Was würden Sie als Köchin bzw. Koch einer österreichischen Mensa Ihrem Chef raten? Wie bewerben Sie Ihre Aktivitäten? Präsentieren Sie Ihre Vorschläge. Diskutieren Sie anschließend in der Klasse darüber.
4. Fassen Sie die allgemeinen Tipps zu folgenden Stichwörtern zusammen:

Zielgruppe ____________________

Anzahl der Mahlzeiten ____________________

Kosten ____________________

Zeitmanagement ____________________

Nicht zu kompliziert ____________________

Würzen ____________________

Management und Marketing für vegetarisch-vegane Restaurants

Bevor man ein Restaurant eröffnet oder ein bestehendes Restaurant auf vegetarisch und/oder vegan umstellt, muss man eine Marktanalyse durchführen. Es müssen einerseits die potenziellen Gäste und andererseits die direkten Konkurrentinnen und Konkurrenten genauestens betrachtet werden.

Zunächst sind Prognosen über die Entwicklung des Marktes einzuholen. Für vegetarische und/oder vegane Restaurants entwickelt sich der Markt sehr gut. Besonders wichtig ist, dass Sie nicht nur „Veggies" ansprechen, sondern auch Flexitarier/innen, um genug Kundschaft für Ihr Restaurant zu begeistern. Dafür essenziell ist, dass Sie richtig kommunizieren!

Nach Betrachtung der Ausgangssituation, können Sie Ihr persönliches Unternehmensziel festlegen, z. B. Steigerung des Umsatzes um zehn Prozent. Zur Zielerreichung müssen Strategien entwickelt werden. Beispielsweise könnte man ein veganes Restaurant um ein Geschäft für vegetarische und vegane Produkte erweitern.

Dem Marketing muss ein hoher Stellenwert beigemessen werden, denn durch den Einsatz der Marketingmaßnahmen kann das Unternehmensziel der Gewinnmaximierung leichter erreicht werden.

Meine Ziele

KOMPETENZ-ERWERB

Nach Bearbeitung dieses Kapitels kann ich

- sagen, welche Aspekte zu berücksichtigen sind, um ein vegetarisch-veganes Restaurant zu eröffnen;
- die Grundlagen von Management und Marketing umsetzen;
- Preiskalkulationen erstellen;
- Strategien und Konzepte für ein eigenes Restaurant entwerfen.

1 Ein Fallbeispiel

Mein Freund Peter hat gerade seine Lehre als Koch beendet. Sein Vater besitzt ein Hotel mit drei Restaurants. Nachdem einer dieser Betriebe nicht so gut läuft, beschließen Peter und sein Vater, ein vegetarisch-veganes Konzept zu testen. Das klingt spannend, aber wie gehen die beiden vor?

Diskutieren Sie folgenden Ausspruch von Ulrich Grothehues: „Nicht verkaufen, was man produzieren kann, sondern produzieren, was man verkaufen kann.“

Zunächst analysiert Peter, ob es ein anderes vegetarisches oder veganes Restaurant in der direkten Umgebung gibt. Er macht eine Konkurrenzanalyse und stellt fest, dass sich sein Restaurantkonzept deutlich von dem anderer Betriebe in der näheren Umgebung unterscheidet. Er hat somit einen Wettbewerbsvorteil. Peter weiß auch, dass zunehmend mehr Menschen bereit sind, gesünder zu essen und Fleisch zu reduzieren. Damit sieht er eine großartige Chance, die im schnellen Wachstum dieses Wirtschaftszweigs liegt.

Dieses Fallbeispiel dient als Anregung, um verschiedene wesentliche Marketingaspekte anzusprechen. Tatsächlich ist die Eröffnung eines Lokals, wie Sie wissen, eine äußerst komplexe Angelegenheit.

Peter ist sich dessen bewusst, dass andere Gastronominnen und Gastronomen das Potenzial dieses (relativ) neuen Marktes ebenfalls erkennen. Die meisten Gäste probieren neue Restaurants gerne aus, weshalb Kundentreue schwer aufzubauen ist. Doch Peter sieht noch andere Konkurrenz. Der Trend geht zu fertig zubereiteten Mahlzeiten. Deshalb muss Peter auch den Einfluss von Lieferservices und Caterings berücksichtigen.

Aufgabenstellung

- Eine Zielgruppe ist definiert als Gruppe von Personen (Gästen), an die sich die Marketingaktivitäten eines Unternehmens (Restaurants) richten. Dies kann ganz allgemein nach Geschlecht, Alter, Einkommen, Bildungsstand oder Beruf erfolgen oder spezieller nach z. B. Preisbedeutung, Essenszeitpunkt, Serviceform (Selbstbedienung, Bedienung), Weltanschauung.

  Welche Zielgruppe sollte Peter mit seinem Restaurant ansprechen? Kreuzen Sie an und entwickeln Sie anschließend eine Strategie für Peters Restaurant.

  ☐ Männer ☐ Frauen ☐ Jugendliche ☐ Kinder

  ☐ alle Altersgruppen ☐ Gäste im Alter von ... bis ...

  ☐ Gäste mit einem Einkommen von ... bis ...

  ☐ Arbeiter/innen ☐ Angestellte ☐ Leitende Angestellte

  Notieren Sie die Strategie:

  ____

  ____

  ____

  ____

  ____

Lieferantinnen und Lieferanten

Ein weiterer Punkt, den Peter beleuchten muss, sind die Lieferantinnen und Lieferanten. Nachdem es viele Mittelklasse-Zulieferer wie Biobäuerinnen und Biobauern in der Nähe von Peters Restaurant gibt, ist dieser Bereich gut zu kalkulieren. Es gäbe nur dann ein Problem, wenn es nur einen Lieferanten gäbe, der dann eine hohe Verhandlungsmacht hätte.

Zunehmend mehr Single-Haushalte
Laut einer Studie werden im Jahr 2030 mehr als 20 Prozent der Bevölkerung in einem Single-Haushalt wohnen. Das hat auch Auswirkungen auf die Gastronomie. Wer isst schon gern allein zu Hause? Und vor allem wer kocht für sich allein zu Hause?

Konkurrentinnen und Konkurrenten

Auch andere Restaurantkonzepte haben erkannt, dass die Nachfrage nach gesundem und nachhaltigem Essen steigt. Und die auf pflanzliche Ernährung ausgerichteten Konsumentinnen und Konsumenten nutzen nicht nur rein vegetarische bzw. vegane Restaurants, sondern auch andere Anbieter. Der Markt für Caterer und Lieferservices wächst rapide. Auch Convenience-Produkte, Imbisse, kleine Mahlzeiten in Bäckereien und Ähnliches sind eine ernst zu nehmende Konkurrenz.

Strategiefindung

Bevor Peter seine Strategie entwickeln kann, ruft er sich in Erinnerung, welche gastgewerblichen Betriebsformen es gibt, um die für ihn passende herauszufinden.

Gastgewerbliche Betriebsformen

Individualgastronomie	Systemgastronomie
▪ Einfaches Restaurant ▪ Mittelklasse-Restaurant (gut bürgerlich) ▪ Spezialitätenrestaurant ▪ Sternerestaurant	▪ Fast Food (z. B. McDonald's) ▪ Fast Casual (z. B. Vapiano) ▪ Coffeeshops (z. B. Starbucks) ▪ Handelsgastronomie (z. B. Ikea) ▪ Verkehrsgastronomie (z. B. Landzeit) ▪ Homedelivery (z. B. Pizzadienste)

Nachdem Peter alle Möglichkeiten überprüft hat, entscheidet er sich, ein bürgerliches Mitteklasserestaurant zu eröffnen. Leider sind Peters Fähigkeiten und seine Bekanntheit als Koch nicht ausreichend für gehobene Gastronomie. Aber Peter will Mahlzeiten von hoher Qualität anbieten und mit regionalen Produkten kochen. Auch ist ihm der persönliche Kontakt zu den Gästen sehr wichtig. Und er genießt es, sein eigener Chef zu sein ohne große Firmen im Hintergrund.

Corporate Identity

Nachdem Peter seine Strategie festgelegt hat, muss er ein Unternehmensleitbild zu Papier bringen und eine Unternehmensidentität (Corporate Identity) für sein Restaurant schaffen. Im Idealfall sorgen beide für eine Identifikation der Gäste mit dem Unternehmen. Peter sagt: „Mein Restaurant steht für frische, gesunde Küche, serviert von offenen, freundlichen und erfahrenen Mitarbeiterinnen und Mitarbeitern."

Das **Unternehmensleitbild** richtet sich an die Gäste und drückt aus, wie das Restaurant von ihnen gesehen werden will.

Das Logo dient der Wiedererkennung

Sämtliche Maßnahmen in der Kommunikation des Restaurants müssen zusammenwirken. Peters Corporate-Identity-Konzept muss Folgendes berücksichtigen:

- Einheitliches Erscheinungsbild: Das Logo befindet sich auf sämtlichen Schriftstücken, wie Formularen, Rechnungen, Speisenkarten bzw. auf Servieruniformen, Schürzen etc.
- Einheitliches Verhalten: Die Mitarbeiterinnen und Mitarbeiter müssen im Umgang mit Gästen, Lieferantinnen und Lieferanten und auch untereinander geschult werden, damit ein einheitliches Auftreten gewährleistet ist.
- Einheitliche Kommunikation: Abstimmung darüber, dass gleiche Informationen ausgegeben werden.

Die Mitarbeiterinnen und Mitarbeiter der „Grünen Giraffe" müssen die Firmenphilosophie nicht nur kennen, sie müssen sie leben.

2 Veggie-Trend nutzen

2.1 Marktpotenzial

Der Markt für vegetarisch-vegane Speisen in Österreich

Immer mehr Österreicher/innen interessieren sich für die vegan-vegetarische Ernährung. Davon profitiert auch die Wirtschaft stark: Pflanzliche Produkte versprechen überaus attraktive Absatzmöglichkeiten für Handel und Gastronomie. Das steigende Interesse an der pflanzlichen Ernährung ist kein kurzweiliger Trend – sondern zeigt, dass sich die Österreicher/innen nachhaltig ernähren wollen und immer wieder zu vegan-vegetarischen Speisen greifen. Diese wertvolle Absatzchance wird vonseiten der Restaurants gerne genutzt.

Entwicklungen in der Fleischindustrie

61 %
der Unternehmen in der Fleischindustrie haben Interesse an pflanzlichen Alternativen

40 %
der Unternehmen in der Fleischindustrie erforschen pflanzliche Alternativen

14 %
der globalen Produktneuheiten im Fleischsegment waren 2018 rein pflanzlich

Quelle: Mintel (2018), Global Meat News (2018), Innova Market Insights (2018)

2.2 Wissenschaft

Mit Nudging zu nachhaltigen Entscheidungen motivieren

Nudging bezeichnet das Anstoßen von Entscheidungen – ohne dabei auf Gebote oder Verbote zurückzugreifen. Das junge und dynamische Forschungsfeld der Verhaltensökonomik beschäftigt sich mit der Frage, **wie Konsumentinnen/Konsumenten zu bestimmten Entscheidungen bewegt werden können.**

Wir können die wissenschaftlichen Erkenntnisse nutzen, um die Wahl von gesunden, umwelt- und tierfreundlichen Speisen in der Gastronomie zu unterstützen. Die pflanzliche Ernährung ist zweifelsohne einer der größten Trends in der Gesellschaft – **mit der Nudging-Technik werden vegetarisch-vegane Speisen ein Verkaufserfolg!**

2.3 Zahlen in Österreich

- Über 4,7 Millionen Österreicher/innen wollen weniger Fleisch essen
- 206.000 leben vegan
- 9 Prozent leben vegetarisch
- 15 Prozent leiden an Laktoseintoleranz
- 95 Prozent der veganen Produkte werden von Nicht-Veganerinnen/Veganern gekauft
- 2,1 kg weniger Fleisch pro Kopf verzehrten die Österreicher/innen 2020 als im Vorjahr.

Entwicklungen in der Fleischindustrie

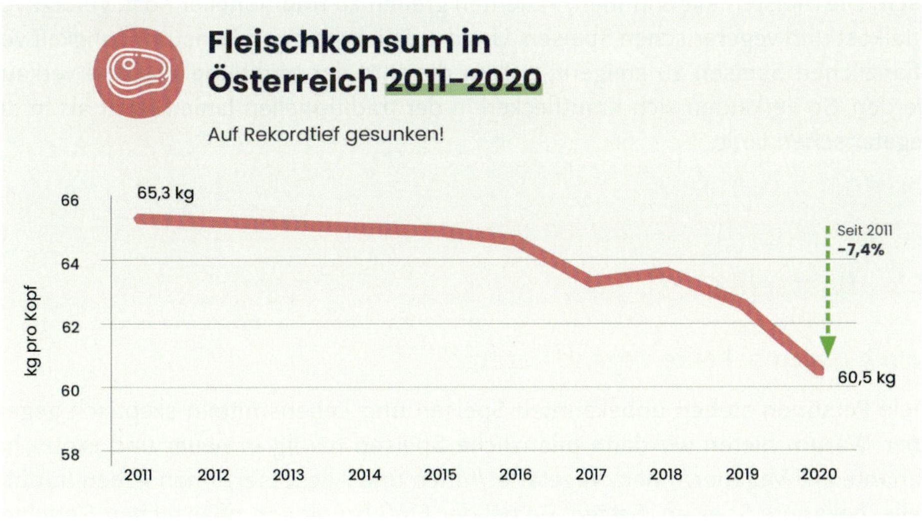

Quelle: https://www.vegan.at/versorgungsbilanz-fleisch

2.4 Best Practice

Die Standardoption verändern

Eine der effektivsten Nudging-Techniken betrifft die Standardoption (default option). Mit minimalem Aufwand können Konsumentinnen/Konsumenten angestoßen werden, sich für die wünschenswerte Option in Ihrem Angebot zu entscheiden: Vegetarisch-vegane Speisen verkaufen sich besser, wenn sie die Standardoption sind und an erster Stelle gereiht sind. Dass das in der Praxis funktioniert, beweisen zahlreiche Betriebe:

Mensa

Das „VeggiEAT"-Forschungsprogramm der Universität Kopenhagen hat herausgefunden, wie die Gäste in der Mensa zu pflanzlichem Konsum motiviert werden können: **Salat wurde als Standardoption eingeführt.** Die Studierenden hatten weiterhin die Wahl, ob sie ihn essen möchten oder nicht. Aber das Gefühl, dass die meisten Gäste Salat essen und dieser standardmäßig erhältlich war, hat den Absatz bedeutend angekurbelt.

Erinnern Sie sich auch an die Tipps zur Kommunikation im Teilkapitel „Gerichte benennen"

Gasthaus

Auch im Gasthaus stehen einfache, aber dennoch sehr effektive Möglichkeiten zur Förderung von pflanzlichen Speisen zur Verfügung. Speisen, die als **„Gericht des Tages"** oder **„Empfehlung des Hauses"** bezeichnet werden, werden von den Gästen öfters bestellt – unabhängig davon, ob sie Fleisch enthalten, vegetarisch oder vegan sind.

Betriebsrestaurant

Bestimmte Ausgabestationen und Theken erfreuen sich in Betriebsrestaurants größerer Beliebtheit als andere. Pflanzliche Speisen an stark frequentierten Bereichen werden öfter gewählt. Traditionelle Stationen und die Grilltheke sind meist gut besucht und bieten sich für vegetarisch-vegane Speisen exzellent an.

Krankenhaus

Im Krankenhaus sind meist drei Menüs erhältlich: **Traditionell, Vitalkost, Vegetarisch.** Die meisten Patientinnen/Patienten greifen zu traditioneller Kost, gefolgt von Vitalkost und vegetarischen Speisen. Um die Beliebtheit und Konsumhäufigkeit von pflanzlichen Speisen zu steigern, sollten diese in der traditionellen Linie verkauft werden. So verkaufen sich Krautfleckerl in der traditionellen Linie besser als in der vegetarischen Linie.

2.5 Bestseller

Erfolg durch beliebte vegane Rezepte

Viele Personen stehen unbekannten Speisen und Lebensmitteln skeptisch gegenüber. Warum bieten wir dann pflanzliche Speisen häufig in neuer und exotischer Variante an? Veganer/innen, Vegetarier/innen und Allesesser/innen lieben traditionelle, bekannte Speisen. Setzen Sie bei der Einführung von pflanzlichen Gerichten auf Ihre begehrtesten Pasta- und Eintopfgerichte. Meist reicht es, wenige Zutaten zu verändern, um eine vegane Version zu erhalten.

Als besonders beliebt in Großküchen erweisen sich laut einer Umfrage der Albert-Schweitzer-Stiftung die folgenden rein pflanzlichen Gerichte:

Gerichte mit Fleischalternativen sind besonders beliebt

Gerichte mit Fleischalternativen

- **Gyros** aus Soja- oder Tofustreifen mit Tzatziki auf Sojajoghurt-Basis
- **Chili** sin Carne
- **Falafelbällchen** mit selbst hergestellter Sojamayonnaise oder Joghurt-Dip
- **Gulasch** mit Paprika und Sojawürfeln
- **Burger** mit Seitan oder Räuchertofu und veganem Dip

Asiatische Gerichte

- **Wokgerichte** mit Dip und Mini-Frühlingsrollen
- **Asiatische Gemüsepfanne** mit Tofu und Glasnudeln
- **Gemüseragout** mit Kokosmilch
- **Karotten-Kartoffel-Kokos-Curry** mit Reis
- **Süßkartoffel-Ananas-Curry** mit Reis

Kartoffelgerichte

- **Kartoffelrösti** mit Ratatouille-Gemüse
- **Ofenkartoffel** mit Dip
- **Kartoffelpfanne** mit Dip
- **Kartoffelpuffer** und Bratlinge

Pastagerichte

- **Nudeln** mit Soja- oder Gemüsebolognese
- **Spinatlasagne** mit Lauchsauce
- **Penne** mit Rucola und Kirschtomaten
- **Spaghetti Aglio e Olio**
- **Pasta Arrabiata**

Andere Gemüsegerichte

- **Gebratener Reis** mit Gemüse
- **Mexikanische Reispfanne**
- **Gemüse-Chili-Eintopf**
- **Ratatouille-Gratin** mit Cashewkernen und Ofenkartoffeln
- **Kichererbsenpfanne**

Nachspeisen

- **Schokocreme-Dessert** auf Basis von Schlagfix
- **Kokosmilchreis** mit Apfelmus

Frittiertes ist der Renner, egal ob Fleisch, vegan oder vegetarisch

Nudeln kombiniert mit Gemüse und veganen Saucen laufen immer

Alles, was schärfer ist, verkauft sich gut

3 Marketing-Mix – Der konzeptionelle Rahmen für mein Restaurant

Meine Freundin Lara besucht die Handelsschule und ich war ganz schön baff, als sie mir erklärte: „Marketing-Mix, das ist der Einsatz verschiedener Marketinginstrumente zur Erreichung der Unternehmensziele." Doch was genau bedeutet das?

Es werden alle Aktivitäten und Ressourcen erfasst, mit denen man die Beziehung zum Gast beeinflussen kann. Vor allem in der Gastronomie ist es wichtig, alle Facetten dieses Marketing-Mix zu beachten. Die Gäste bewerten nicht nur die Speisenkarte und den Service, sondern u. a. genauso die Atmosphäre eines Restaurants und das Preis-Leistungs-Verhältnis.

Meist wird von den 4 Ps gesprochen, das sind

- Product = Produktpolitik
- Price = Preispolitik
- Place (Ort) = Distributionspolitik
- Promotion = Kommunikationspolitik

Wir erweitern sie auf 7 Ps,

- People
- Physical Facilities
- Process

Product (Produktpolitik)

Zuallererst muss klar sein, was ein Restaurant eigentlich verkaufen möchte. Köche und Köchinnen bereiten Mahlzeiten zu, das ist die Kerndienstleistung. Außerdem bieten Restaurants zusätzliche Dienste an. Zum Beispiel wird eine Atmosphäre des Willkommens durch die Bedienung geschaffen, die die Speisen und Getränke serviert.

„Grüne Giraffe" bietet pflanzenbasierte, fleischfreie Küche mit gesunden und frischen Zutaten. Im Restaurant wird das Essen von geschulten Mitarbeiterinnen und Mitarbeitern serviert.

Price (Preispolitik)

Die Preisgestaltung ist ein wichtiger Werbefaktor für ein Restaurant. Der Preis eines Gerichts ist für den Gast ein Zeichen von Qualität. Das hängt auch damit zusammen, dass diese Dienstleistung erst nach dem Konsum beurteilt werden kann und deshalb eine Unsicherheit für den Konsumenten besteht.

Gäste in einem Restaurant können sich nur auf Empfehlungen und Erfahrungen verlassen. Zum Beispiel erwarten Gäste in einem Sternerestaurant hohe Preise.

Der Manager bzw. die Managerin eines Restaurants muss die Preise von Speisen und Getränken berechnen. Die Preise müssen hoch genug sein, dass die Kosten gedeckt sind und Gewinn gemacht werden kann. Dann muss man herausfinden, welche Preise die Gäste zu zahlen bereit sind und welche Preise maximalen Gewinn versprechen. Auch die Kosten müssen berücksichtigt werden.

Wenn Peter Preise berechnet, muss er auch die Preise der Konkurrenz beachten und die Wettbewerbssituation im Auge haben.

Ein wichtiges Ziel der Preispolitik in einem Restaurant ist es, die eigenen Ressourcen stets optimal zu nutzen. Da die Nachfrage sehr unterschiedlich sein kann, muss ein Restaurant versuchen auszugleichen und zum Beispiel in Zeiten geringerer Nachfrage niedrigere Preise verlangen.

Peter nimmt an, dass mittags nicht viele Gäste in die „Grüne Giraffe" kommen. Deshalb möchte er das Mittagessen billiger anbieten und damit vor allem Geschäftsleute ansprechen. Eine andere Möglichkeit ist Preisbündelung. Peter überlegt, ein Menü zusammenzustellen, bestehend aus Vorspeise, Hauptgericht und Getränk. Natürlich ist der Menüpreis geringer als die drei Einzelpositionen.

Exkurs: Preiskalkulation

Es soll der Preis für einen angerichteten Salat berechnet werden. Dabei werden die verschiedenen Aspekte, die den Preis beeinflussen, berücksichtigt.
Darüber hinaus sind verschiedene weitere Faktoren einzukalkulieren. Was ist, wenn das Restaurant nicht rechtzeitig bestellt? Es kann beispielsweise sein, dass Rabatte wegfallen. Außerdem sind die Verarbeitungskosten höher, falls das Personal zu viel wegwirft.

Dies klingt sehr einfach, zeigt aber den großen Einfluss, den verschiedene Umstände auf die Preise haben. Sind die Kosten nicht gedeckt, muss man entscheiden, ob die Preise angehoben werden oder ob man weniger Gewinn in Kauf nimmt.

Lebensmittel- und Personalkosten müssen laufend evaluiert werden. Ein gutes Qualitätsmanagement, wie HACCP, und ein gut evaluiertes Bestellsystem können helfen, hohe Lebensmittelkosten zu senken. HACCP lehrt das „First In – First Out"-Konzept, um zu vermeiden, dass Lebensmittel zu lange im Vorratslager liegen und weggeworfen werden müssen.

Angerichteter Salat		Preis in Euro
Wiederverkaufspreis		2,--
– Rabatt des Händlers	–	5 %
= Zielpreis	=	1,90
– Rabatt für Barzahlung	–	3 %
= Barzahlungspreis	=	1,84
+ cover cost	+	0,80
= cover price	=	2,64
+ Verarbeitungskosten	+	25 %
= Kosten	=	3,30
+ Gewinn	+	25 %
= Nettoverkaufspreis	=	4,13
+ Mehrwertsteuer	+	20 %
Bruttoverkaufspreis	=	4,96

Place (Distributionspolitik)

Für den Erfolg eines Restaurants ist die richtige Ortswahl entscheidend.

Gute Konzepte und Ideen am falschen Ort sind zum Scheitern verurteilt.

Mit der Ortswahl entscheiden sich zusätzlich zu strukturellen Gegebenheiten und der Verkehrssituation auch die geschäftliche Umgebung und damit die potenziellen Konkurrenten und potenziellen Gäste. Als Trend in den letzten Jahren zeigt sich, dass gute Orte immer teurer werden. Außerdem sind die meisten Menschen nicht bereit, für Restaurants weit anzureisen.

Vor der Eröffnung eines neuen Restaurants sollte die Umgebung gut bekannt sein. Es ist zu prüfen:

- Wie viel Konkurrenz gibt es in dieser Gegend?
- Sind Einrichtungen, wie Schulen oder Universitäten, in der Nähe?
- Ist das Lokal in der Innenstadt, in einer Wohngegend oder im Industrieviertel?
- Wie ist die Verkehrssituation? Ist das Restaurant mit öffentlichen Verkehrsmitteln und mit dem Auto gut zu erreichen?
- Sind genügend Parkplätze vorhanden?

Die Bevölkerungsstruktur in der Umgebung des geplanten Restaurants ist einzuschätzen.

Sind die Fragen nach der Umgebung zufriedenstellend beantwortet, muss das Gelände, auf dem sich das Restaurant befindet, geprüft werden. Die Form und Qualität der Räume sowie die Kosten müssen beachtet werden. Zu große Räume verursachen Kosten, die nichts einbringen, zu kleine Räume führen zu langen Wartezeiten.

Für Peter ist die Entscheidung schon gefallen, denn er übernimmt das Restaurant seines Vaters. Trotzdem ist es auch für ihn wichtig zu wissen, wie die Lage des Restaurants zu seinem Erfolg beitragen kann. Da das Restaurant seines Vaters schon ein Image hat, muss Peter die öffentliche Aufmerksamkeit auf die Wiedereröffnung unter dem Konzept der „Grünen Giraffe" lenken.

Promotion (Kommunikationspolitik)

Durch Werbung wird versucht, eine Botschaft zu senden. Man will Aufmerksamkeit erreichen und die potenziellen Gäste zu einem Besuch des Restaurants einladen. Der Erfolg von Werbeaktivitäten beruht auf der Fähigkeit, die Qualitäten und Vorzüge des Restaurants zu vermitteln.

Die Ziele der Kommunikation sind breit gefächert. Es geht darum,

- Informationen über das Angebot zu liefern,
- Gäste von der Einzigartigkeit des Restaurants zu überzeugen und es von der Konkurrenz abzugrenzen,
- Gäste zur Kontaktaufnahme zu motivieren,
- den Kontakt zur bestehenden Kundschaft zu halten.

Kommunikation ist wichtig, denn Gäste können kein Vertrauen aufbauen, bevor sie nicht in dem Restaurant gegessen haben. Sehr wichtig ist auch die Mund-zu-Mund-Propaganda, da Gäste Freundinnen und Freunde als vertrauenswürdiger ansehen. Zertifikate und Labels von unabhängigen Institutionen können hilfreich sein, um Restaurants zu bewerben.

Vor allem in bürgerlichen Mittelklasserestaurants ist Stammkundenmanagement wichtig.

Peter organisiert einen Tag der offenen Tür in der „Grünen Giraffe", an dem Gäste kommen können, um sich das Restaurant anzuschauen, kostenlos kleine Snacks zu probieren und Informationen über den ökologischen und gesundheitlichen Wert des Restaurants zu bekommen. „Grüne Giraffe" möchte gesundheitsbewusste Menschen ansprechen, die Verantwortung für Natur und Tiere übernehmen, ohne jedoch zu aufdringlich zu sein. Das langfristige Ziel ist es, „Grüne Giraffe" als Marke aufzubauen.

People (Menschen)

Für Restaurants ist es wichtig, die richtigen Mitarbeiterinnen und Mitarbeiter einzustellen, die kundenorientiert sind und auf diese Weise dem Betrieb ein Gesicht geben. Nur so kann sich ein Betrieb von einem anderen unterscheiden. Besucherinnen und Besucher beurteilen die Qualität eines Restaurants auch nach dem Personal. Das Erscheinungsbild der Mitarbeiterinnen und Mitarbeiter muss sauber und ordentlich sein, es muss zum Gesamtkonzept passen. Für die Gäste muss es leicht sein, Personal als solches zu erkennen.

Auch das Unternehmensleitbild soll sich im Erscheinungsbild finden. Wenn alle Angestellten die gleiche Uniform tragen, transportiert man eine klare Botschaft.

Das Personal muss große praktische und soziale Fähigkeiten haben. Es muss ihm viel Unabhängigkeit und Spielraum im Umgang mit den Gästen gelassen werden, sodass schnelles und unbürokratisches Eingehen, beispielsweise auf Reklamationen, möglich ist.

Mitarbeiterschulungen sind wichtig, die Angestellten sollen die Möglichkeit haben, alte Kenntnisse aufzufrischen und sich neue anzueignen.

Peter entwickelt ein allgemeines Konzept für ein vegetarisches Restaurant. Deshalb muss das Personal spezielle Kenntnisse über vegetarische Ernährung haben. Ebenso muss es sich mit veganen und makrobiotischen Gerichten sowie mit den verschiedenen Lebensmittelallergien und -unverträglichkeiten auskennen. Es geht darum, auf alle Fragen eine Antwort zu haben, und wenn dies nicht sofort möglich ist, die Frage ernst zu nehmen und später zu beantworten. Es sollte selbstverständlich sein, die Wünsche der Gäste zu erfüllen.

Physical Facilities (praktische Gegebenheiten)

Gäste nehmen auch das Äußere einer Dienstleistung wahr und beziehen es in ihre Beurteilung der Dienstleistung ein.

Beim Design muss man darauf achten, dem Gast ein positives Bild zu vermitteln. Atmosphäre und Einrichtung des Restaurants müssen zum Gesamtkonzept passen.

Das Äußere eines Restaurants beinhaltet alle Elemente, die man erfassen kann:
- Das Außengelände (Parkplätze, Schilder, Fassade)
- Die innere Erscheinung (Einrichtung, Geschirr, Dekoration)
- Gegenstände (Uniformen, Broschüren, Visitenkarten)

Processes (Prozesse)

Im Restaurantkonzept muss man sich generell die Frage stellen, in welchem Maße Prozesse standardisiert werden sollen oder individuelles Erfüllen der Kundenwünsche infrage kommt. In standardisierten Prozessen liegt jeder Handgriff bei einem Mitarbeiter bzw. einer Mitarbeiterin. Ein gutes Beispiel hierfür sind Fast-Food-Restaurants. Dort ist eine Person verantwortlich dafür, die Burger umzudrehen, und eine dafür, die Pommes frites zu salzen. Das muss in einer bestimmten Zeit erledigt werden. Diese standardisierten Prozesse schränken aber ein, wenn es um flexible Antworten auf Kundenbedürfnisse geht. Andererseits kann im Konzept eine gleichbleibende Qualität gewährleistet werden. Kosten werden gespart, weil die Zubereitung schneller geht.

Peter will in seinem Restaurant auf die Bedürfnisse der Gäste eingehen und somit flexibel sein. Beispielsweise sollte es kein Problem sein, die Beilage zu einem Gericht zu ändern. Des Weiteren soll es vernünftige Wartezeiten geben, da man damit Gäste gewinnen kann. Lange Wartezeiten führen zu schlechter Stimmung bei den Gästen und damit zu einer negativen Haltung gegenüber dem Restaurant. Mund-zu-Mund-Propaganda trägt diese weiter und potenzielle Gäste können verloren gehen.

Ziele erreicht? – „Management und Marketing für vegetarisch-vegane Restaurants"

KOMPETENZ-ERWERB

1. Sie haben das Konzept von „Grüne Giraffe" gelesen und alle Aspekte mit Peter beleuchtet. Was gefällt Ihnen an diesem Restaurantkonzept? Was nicht? Was würden Sie anders machen und wie?
2. Entwickeln Sie ein Konzept nach Ihren Vorstellungen. Beachten Sie dabei:
   - Es müssen alle Fakten der Umgebung einbezogen werden, bevor sie ein neues Restaurant eröffnen.
   - Nach einer Marktuntersuchung ist für Sie klar, dass es eine Nachfrage nach einem vegetarischen und/oder veganen Restaurant in der Gegend gibt.
   - Entwickeln Sie einige Ideen für Ihr Unternehmensleitbild.
   - Skizzieren Sie, wie das Restaurant innen und außen aussehen soll.
   - Beschreiben Sie alle Maßnahmen Ihres persönlichen Marketing-Mix für Ihr Restaurantkonzept.

Rezepturen

Nun geht's ans Kochen, endlich ...

Zur pflanzlichen Warenkunde ist alles gesagt, die Zubereitungsmethoden sind erprobt und der Kopf ist voll mit Ideen, vegane und vegetarische Gerichte zuzubereiten. Der Rezepturenteil bietet ausgewählte (Basis-)Rezepturen, die darauf warten, von Ihnen erprobt, verändert oder einfach nachgekocht zu werden. Die Rezepturen wurden eingeteilt in:

- Basics/Grundlagen
- Vorspeisen und Suppen
- Hauptspeisen (inklusive Beilagen)
- Snacks/Kalte Küche
- Getränke
- Süßes

Rezepturenverzeichnis

S

T

V

W

Z

REZEPTUREN VON SIEGFRIED KRÖPFL

REZEPTUREN VON MELANIE KRÖPFL

REZEPTUREN VON HEIKO ANTONIEWICZ

REZEPTUREN VON BORIS LAUSER

REZEPTUREN VON ANDREAS BILGERI

REZEPTUREN VON SVEN GROSSHANS

Rohkost Glutenfrei

Basics/Grundlagen

1 Asiatischer Fond

Zutaten für 100 ml

- 100 ml Reissirup
- 150 ml Wasser
- 3 weiße Kardamomkapseln
- ½ TL Korianderkörner
- Schale einer Limette
- 10 g Galgantwurzel
- 1 Sternanis
- 10 g Zitronengras

Zubereitung

Reissirup mit Wasser aufkochen, Kardamomkapseln und Korianderkörner zerdrücken und mit den anderen Aromaten dazugeben. Auf sehr kleiner Flamme 20–30 Minuten kochen, abseihen und in Flaschen abfüllen.

Dieser Fond eignet sich zum Marinieren, Aromatisieren und Einwecken von Gemüse und Früchten.

2 Braune Grundsauce

Zutaten für 4 Portionen

- 80 g Karotten
- 60 g Sellerie
- 200 g Zwiebeln
- 60 ml Olivenöl
- 30 g Tomatenmark
- 200 ml kräftiger Rotwein, trocken
- 2 Pfefferkörner
- 2 Wacholderbeeren
- 1 Lorbeerblatt
- Rosmarin, Thymian, Piment
- 5 g Salz
- Pilzabschnitte oder Trockenpilze
- 300 ml klare Gemüsesuppe
- 10 g Pfeilwurzelstärke (zum Binden)
- 10 ml Agavendicksaft
- 10 ml Balsamessig

Zubereitung

Gemüse waschen und putzen, Zwiebel schälen.

Olivenöl erhitzen, in Scheiben geschnittene Karotten und Sellerie braun anrösten. Zwiebeln dazugeben, weiterrösten, bis eine kräftige Farbe erreicht wird.

Tomatenmark zugeben, mitrösten und mit der Hälfte des Rotweins ablöschen. Die Sauce einreduzieren lassen, bis sich ein Bodensatz bildet. Danach mit dem restlichen Rotwein ablöschen und noch etwas einkochen lassen.

Pfefferkörner und Wacholderbeeren zerdrücken und mit den restlichen Aromaten, den Pilzen und den Gewürzen zum Gemüse geben. Mit der Suppe aufgießen und zirka eine halbe Stunde langsam kochen lassen.

Die Stärke in Wasser anrühren und die Sauce damit binden. Durch ein Sieb streichen und mit etwas Agavendicksaft und Balsamessig abschmecken.

3 Klare Gemüsesuppe

Zutaten für 1,5 Liter

- 200 g Zwiebeln
- 500 g Gemüse und Gemüseabschnitte, z. B. Karotten, Sellerie, Lauch, Karfiolröschen und -strunke, Petersilienwurzel
- 1,5 l kaltes Wasser
- 3 Pimentkörner
- 1 Lorbeerblatt
- 3 Wacholderbeeren
- 3 Pfefferkörner
- 1 Zweig Liebstöckel
- 1 Zweig Petersilie
- 10 g Salz

Zubereitung

Die Zwiebeln halbieren und ohne Fett mit der Schnittseite nach unten im Topf hellbraun anrösten. Das Gemüse in Stücke schneiden und dazugeben, mit dem Wasser aufgießen und zum Kochen bringen.

Sobald die Suppe kocht, die Temperatur reduzieren und dann auf kleiner Flamme 30–45 Minuten köcheln lassen. Nach 15 Minuten Gewürze und Kräuter hinzufügen.

Die Suppe mit einem Sieb abseihen und je nach Verwendungszweck mit Salz würzen.

4 Kräuterfond

Zutaten für 250 ml

- 50 ml Agavendicksaft
- 200 ml Birnensaft
- 2 Zitronen
- 50 g frische Minze
- 50 g Zitronenmelisse
- 20 g Zitronenverbene

Zubereitung

Aus Agavendicksaft und Birnensaft einen Sirup kochen. In die heiße Flüssigkeit die in Scheiben geschnittenen Zitronen (mit Schale) legen und die grob geschnittenen Kräuter zugeben. Über Nacht ziehen lassen, abseihen und in eine Flasche abfüllen.

Kräuterfond eignet sich zum Marinieren und Einwecken von Früchten.

5 Mandeldrink

Zutaten für 1 Liter

- 200 g Mandeln, ungeschält
- 200 ml Wasser zum Einweichen
- 1 000 ml Wasser
- 20 ml Agavendicksaft
- 1 Prise Salz
- 1 Prise Vanillepulver

Zubereitung

Mandeln in Wasser einweichen und mindestens acht Stunden stehen lassen.

Danach Wasser abgießen und die Mandeln gründlich durchspülen. Mandeln zusammen mit frischem Wasser in einen Mixer geben und gründlich durchmixen. Agavendicksaft, Salz und Vanillepulver zugeben und nochmals kurz mixen.

Ein Sieb mit einem Passiertuch auslegen, die gemixte Masse in das Tuch geben und abtropfen lassen. Fertigen Mandeldrink in heiß gespülte Flaschen füllen und im Kühlschrank aufbewahren.

Die Mandelmasse aus dem Passiertuch kann für Mandelmus, Aufstriche oder Gebäck genutzt werden. Die getrocknete Masse kann auch als Mandelmehl verwendet werden.

6 Mandelmayonnaise

Zutaten für 250 Gramm

- 1 Orange
- 1 Limette
- 30 g Senf
- 50 ml Mandelpüree
- 150 ml Sonnenblumenöl oder Rapsöl
- 15 g Salz
- 2 g Pfeffer
- 10 ml Agavendicksaft
- 10 ml Essig

Zubereitung

Orange und Limette großzügig schälen, sodass alle weißen Hautbestandteile entfernt werden. Die Früchte in ihre Segmente teilen und entkernen.

Senf und Mandelpüree sowie die Orangen- und Limettenstücke in einen Mixer geben, glatt mixen.

Öl in mehreren Durchgängen zugeben, die Masse weiter mixen, bis sich eine mayonnaiseähnliche Konsistenz ergibt.

Fertige Masse mit Salz, Pfeffer, Agavendicksaft und Essig abschmecken.

7 Mandelmus

Zutaten für 200 Gramm

- 250 g Mandeln (mit oder ohne Haut)
- 40 ml Mandelöl

Zubereitung

Mandeln ohne Flüssigkeitszugabe in einem Mixer mahlen. Werden die Mandeln blanchiert, um die Haut abzuziehen, müssen sie vor der Verarbeitung gründlich trocken sein.

Während des Mahlvorgangs das Gerät immer wieder ausschalten und die Mandelstücke aus den Ecken und unter dem Messer zusammenschieben.

Immer weiter mixen, dabei auf die Temperatur in dem Gerät achten (soll nicht über 40 °C steigen!). Es dauert einige Zeit, bis das Öl aus den Mandeln austritt und die Masse eine Muskonsistenz entwickelt.

Danach die Masse in eine Rührmaschine geben, Mandelöl zugeben und das Ganze 10–15 Minuten cremig rühren. Falls noch grobe Mandelstücke dabei sind, nochmals in den Mixer geben und glatt mixen. Fertige Zubereitung in Gläser abfüllen und kalt aufbewahren.

Auf diese Art lassen sich verschiedene Nusszubereitungen herstellen. Die Menge des verwendeten Öls kann dabei etwas schwanken.

8 Mandelobers

Zutaten für 250 ml

- 200 ml Mandeldrink
- 80 ml Mandelöl
- 1 ½ TL Apfelessig oder Zitronensaft

Zubereitung

Alle Zutaten mit einem Pürierstab oder in einem Mixer kräftig durchmixen. Fertige, leicht eingedickte Flüssigkeit in Gläser abfüllen und kalt stellen. Die Flüssigkeit trennt sich nach einiger Zeit, die obere Schicht kann wie Obers zum Verfeinern von verschiedenen Zubereitungen genutzt werden.

Die Haltbarkeit des Mandelobers lässt sich verlängern, wenn man das Mandelobers vorsichtig bis zum Kochpunkt erhitzt und unter ständigem Rühren etwas eindicken lässt. Es ist eine hervorragende neutrale Trägermasse für cremige Speisen und Eis.

9 Nudelteig

REZEPTUR VON SIEGFRIED KRÖPFL

Basis-Rezeptur Teig

Zutaten

- 150 g Hartweizengrieß
- 25 g Mehl
- Salz
- 2 TL Olivenöl
- 85 ml Wasser

Zubereitung

Alle Zutaten zu einem festen Teig kneten.

Eine Stunde rasten lassen.

10 Nussmilch

Zutaten für 1 Liter

- 1 Tasse Nüsse oder Samen
- 3–4 Tassen Wasser (je nach gewünschtem Fettgehalt der Milch)

Zubereitung

Im Hochleistungsmixer ca. eine Minute lang mixen und durch einen Nussmilch-Beutel passieren.

Je nach Geschmack können alle Nüsse wie beispielsweise Mandeln, Haselnüsse, Paranüsse, Walnüsse, Pekannüsse sowie alle Samen wie zum Beispiel Kürbiskerne, Sonnenblumenkerne, Sesam oder Hanfsamen verwendet werden. Bis auf wenige Ausnahmen müssen Nüsse und Samen zuvor eingeweicht werden, wodurch sie leichter verdaulich, geschmacksintensiver und nährstoffreicher werden.

11 Seitan

Zutaten für 200–250 Gramm

- 1 kg Weizenmehl
- 350 ml Wasser
- Wasser für das Einweichen und Spülen

Für den Gewürzfond:

- 2 l Wasser
- Shoyu nach Geschmack
- 20 g Miso
- 1 Kombu-Alge
- 10 g frische Ingwerwurzel
- 1 Knoblauchzehe
- 100 g Zwiebeln
- 1 Lorbeerblatt
- 50 g Karotten
- 50 g Sellerieknolle
- 50 g Petersilienwurzel

Zubereitung

Aus Mehl und Wasser einen elastischen Teig kneten, in eine große Schüssel legen, mit warmem Wasser bedecken und eine halbe Stunde ruhen lassen.

Den Teig in der Schüssel unter Wasser so lange kneten, bis das Wasser ganz weiß ist. Das Wasser erneuern, diesmal kaltes Wasser verwenden. Den Teig weiterkneten. Wenn das Wasser wieder weiß geworden ist, die Flüssigkeit ablaufen lassen und durch warmes Wasser erneuern. Diesen Vorgang mehrmals wiederholen, dabei jedes Mal die Temperatur des Wassers wechseln. In warmem Wasser dehnt sich der Teig aus, sodass sich Stärke und Kleie leichter auswaschen lassen. In kaltem Wasser zieht er sich wieder zusammen, sodass er wieder besser zusammenhält.

Nach ungefähr zehn Minuten Kneten beginnt der Teig immer ein wenig auseinanderzufallen. Es empfiehlt sich daher, in einem Sieb und mit etwas Druck solange zu kneten, bis sich ein zäher Klumpen gebildet hat. Das Sieb aus dem Wasser nehmen und den Teig von allen Seiten gut zusammenpressen. Mit dem Sieb wieder zurück in klares Wasser und weiter kneten, und zwar so lange, bis das Wasser fast klar ist. Der letzte Knetdurchgang sollte mit kaltem Wasser geschehen, damit sich der Klumpen wieder zusammenziehen kann. Zuletzt noch einmal im Sieb ausdrücken, damit er möglichst feinporig wird.

Aus dem Klumpen eine Rolle formen und Scheiben in gewünschter Größe schneiden. Diese werden langsam in der klaren Gemüsesuppe ca. 1,5 Stunden gegart.

Den Gewürzfond wie klare Gemüsesuppe ansetzen. Wenn Sie einen neutralen Geschmack wünschen, lassen Sie Lorbeerblatt, Ingwer und Knoblauch weg. Sie können den Sud natürlich auch mit Gewürzen Ihrer Wahl ansetzen. Nehmen Sie dafür aber nur Würzmittel, die nicht zu sehr vorschmecken, sonst können Sie den Seitan nur für Gerichte verwenden, zu denen diese Gewürze passen.

12 Seitanmarinade

Zutaten für 500 ml Marinade

- 2 Knoblauchzehen
- 1 Karotte
- 1 Zwiebel
- 100 ml Shoyu
- 500 ml Rotwein
- 3 Lorbeerblätter
- 2 Thymianzweige
- 1 EL Sesam- oder Nussöl

Zubereitung

Knoblauch pressen, Karotte und Zwiebel grob schneiden. Mit den restlichen Zutaten vermengen und den Seitan für mindestens drei Stunden darin marinieren lassen. Im Anschluss kann man diese Marinade sieben und als Saucenbasis verwenden.

13 Sojadrink

Zutaten für 1 Liter

- 300 g Sojabohnen
- 600 ml Wasser zum Einweichen
- 1 200 ml Wasser
- 20 ml Agavendicksaft
- 1 Prise Salz
- 1 Prise Vanillepulver

Zubereitung

Sojabohnen einweichen und mindestens acht Stunden stehen lassen.

Danach Wasser abgießen und die Sojabohnen gründlich durchspülen. Bohnen zusammen mit frischem Wasser in einen Mixer geben und gründlich durchmixen.

Ein Sieb mit einem Passiertuch auslegen und die gemixte Masse darin abtropfen lassen. Die Flüssigkeit in einem Topf langsam zum Kochen bringen, den Schaum während des Kochvorgangs abschöpfen.

Nach 20 Minuten ist der Sojadrink fertig. Agavendicksaft, Salz und Vanillepulver in die heiße Flüssigkeit einrühren und in saubere Flaschen abfüllen, abkühlen lassen.

Die Rückstände aus dem Passiertuch können für Aufstriche, Füllungen, Burger oder Gebäck genutzt werden.

14 Sojajoghurt

Zutaten für 1 Liter

- 1 l Sojadrink
- 1 Beutel Fermentpulver für die Joghurtherstellung

Zubereitung

Sojadrink bis zum Siedepunkt erhitzen, dabei werden alle unerwünschten Bakterien abgetötet. Die Flüssigkeit auf ca. 40 °C abkühlen, höhere Temperaturen würden die Aktivität des Ferments zerstören.

Abgekühlten Sojadrink mit dem Fermentpulver verrühren und sofort in die sterilisierten Gläser füllen. Bei 38–40 °C ca. sieben Stunden fermentieren lassen. Die Gläser sollen mit einem sauberen Küchentuch abgedeckt sein.

Diese Zubereitung ergibt eine schnittfeste Masse mit einem angenehm säuerlichen Geschmack. Für eine neue Zubereitung des Joghurts kann man einen Esslöffel dieses Joghurts in den fertigen Sojadrink einrühren. Diese Methode des Überimpfens lässt sich in der Regel viermal durchführen, das entstandene Joghurt verliert dabei etwas an Festigkeit.

15 Tofumarinade

Zutaten für 300 ml Marinade

- 2 Zentimeter einer Ingwerwurzel
- 1 Chilischote
- 2 Knoblauchzehen
- Saft einer Zitrone
- 1 TL Meersalz
- 300 ml neutrales Öl

Zubereitung

Ingwerwurzel und Chilischote in Scheiben schneiden und die Knoblauchzehen pressen. Mit dem Zitronensaft und dem Salz vermischen. In einer Pfanne das Öl erhitzen und das Gemisch andünsten, bis der Ingwer und der Knoblauch zu bräunen beginnen. Den Herd ausschalten und die Marinade abkühlen lassen, danach kalt stellen.

16 Veganaise

Zutaten für 250 Gramm

- 250 g Seidentofu
- 1 EL Senf
- Saft einer halben Zitrone (alternativ Essig verwenden)
- 200 ml neutrales Öl
- 4 Knoblauchzehen
- Salz, Pfeffer

Zubereitung

Den Tofu gründlich abtropfen lassen und mit Senf und Zitronensaft (oder Essig) vermischen. Während des Mischens allmählich das Öl dazugeben, bis die gewünschte Konsistenz erreicht ist. Knoblauch pressen und zugeben, mit Salz und Pfeffer würzen.

Sie können dieser Rezeptur auch weitere Gewürze zufügen. Um die Veganaise luftiger zu machen, ersetzen Sie 50 Gramm Tofu durch 50 ml Sojaobers.

17 Vegane Rahmsauce

Zutaten für 300 ml

- 50 g Schalotten
- 50 ml Olivenöl
- 300 ml Gemüsefond
- 20 g Cashewnüsse
- 2 EL Zitronensaft
- Salz, Pfeffer
- 100 g Sojaobers

Zubereitung

Schalotten schälen, in Würfel schneiden und in Olivenöl hell anschwitzen. Gemüsefond eingießen und die gehackten Cashewnüsse zugeben, zehn Minuten langsam kochen lassen.

Zitronensaft zugeben, mit Salz und Pfeffer würzen.

Die Sauce in einen Hochleistungsmixer geben und zu einer cremigen Konsistenz aufmixen. Zur fertigen Sauce das Sojaobers geben, nicht mehr kochen.

Diese Sauce lässt sich für verschiedene Zubereitungen abwandeln, z. B. Zitronensauce, Kapernsauce, Safransauce, Tomatencreme.

18 Würzpaste mediterran

Zutaten für 300 Gramm

- 100 g getrocknete Tomaten, in Öl eingelegt
- 100 g Pinienkerne
- 30 g Tomatenmark
- 15 g getrocknete Pilze, pulverisiert
- 80 ml Olivenöl
- 50 g schwarze Oliven ohne Kern
- 20 g Knoblauchzehen
- 1 g Chilipulver
- 10 ml Tamari

Zubereitung

Die Tomaten abtropfen lassen und mit den Zutaten in einen Blitzhacker geben, zu einer Paste mixen. Falls die Masse zu fest ist, etwas Öl zugeben. In Gläser abfüllen und kalt aufbewahren.

Vorspeisen und Suppen

Vorspeisen

19 Avocado-Tatar mit Tomaten auf geräuchertem Tofu

REZEPTUR VON SIEGFRIED KRÖPFL

Zutaten für 4 Portionen

4 Avocados
Salz, Pfeffer
Saft einer Zitrone
4 große Tomaten
100 g Zwiebeln
Salz, Pfeffer
60 g Schnittlauch
20 g Kerbel
250 g Tofu, geräuchert

Garnierung

Salat

Zubereitung

Avocados schälen, den Kern entfernen und das Fruchtfleisch in kleine Würfel schneiden. Mit Salz, Pfeffer und Zitronensaft vorsichtig vermengen.

Tomaten in kochendem Wasser blanchieren und in kaltem Wasser abkühlen. Dann schälen, entkernen und in kleine Würfel schneiden. Zwiebeln hacken und mit Salz, Pfeffer, etwas Schnittlauch und gehacktem Kerbel zu den Tomatenwürfeln geben, alles gut vermengen.

Den Tofu in dünne Scheiben schneiden, mit einer Ringform ausstechen und diese als Böden verwenden.

Die Böden auf Tellern platzieren, die Ringform aufsetzen und Avocado- und Tomatenwürfel nun schichtweise in die Ringform füllen.

Ringform vorsichtig entfernen und mit Salatblättern ausgarnieren.

20 Bulgursalat mit Gemüse und Kräutern

REZEPTUR VON SIEGFRIED KRÖPFL

Zutaten für 4 Portionen

1 TL Kreuzkümmel
500 ml Orangensaft
Salz
200 g Bulgur
4 EL Essig
Salz, Pfeffer
6 EL Olivenöl
60 g Rosinen
40 g Mandeln, ganz
40 g Haselnüsse, ganz
1 EL Zucker
250 g Tomaten
2 Jungzwiebeln
1 Salatgurke
100 g Stangensellerie
Je 1/2 Paprikaschote (gelb, grün, rot)
1 kleiner Bund Petersilie
1 Bund Schnittlauch

Zubereitung

Kreuzkümmel in einer Pfanne rösten, danach in einem Mörser leicht zermahlen. Diesen mit dem Orangensaft in einem Topf verrühren, einmal aufkochen lassen und salzen.

Den Bulgur zugeben und zugedeckt bei schwacher Hitze 15 Minuten quellen lassen. Der Bulgur sollte die Flüssigkeit komplett aufnehmen. Anschließend auskühlen lassen. Mit Essig, Salz und Pfeffer in einer Schüssel verrühren, Öl untermengen. Das Ganze sollte zirka eine Stunde ziehen.

Rosinen, Mandeln und Haselnüsse mit Zucker in einer Pfanne rösten, bis der Zucker leicht karamellisiert. Nach dem Abkühlen grob hacken.

Tomaten waschen und grob würfeln. Jungzwiebeln waschen, putzen, klein schneiden. Gurke schälen, halbieren und entkernen. In kleine Würfel schneiden. Vom Stangensellerie die Fäden ziehen und in kleine Würfel schneiden. Paprikaschoten ebenfalls in kleine Würfel schneiden und mit der fein gehackten Petersilie und dem Schnittlauch gut vermengen.

Den Bulgur mit dem Rosinen-Nüsse-Gemisch und dem Gemüse vermengen.

21 Geräuchertes Melanzani-Tatar mit Couscoussalat

Zutaten für 2 Portionen

- 250 g Melanzani
- Alufolie
- 2 EL Räuchermehl
- 20 g brauner Zucker
- 40 g Schalotten
- 1 Knoblauchzehe
- 50 ml Olivenöl
- 10 g geräuchertes Salz
- Pfeffer
- Saft einer Limette
- 10 g glatte Petersilie
- 20 ml Sesamöl
- 40 g Schalotten
- 200 g Couscous
- 5 g Currypulver
- 1 g Chilipulver
- 250 ml klare Gemüsesuppe
- 5 g Salz
- 50 g Gurke
- 50 g Tomaten
- 10 g Ingwer
- 1 g Schwarzkümmel
- Zitronensaft
- Frische Petersilie

Garnierung

Sesamcracker, Sojajoghurt-Minze-Dip

Zubereitung

Basis-Rezeptur Räuchern

Die Melanzani waschen, trocken tupfen und längs halbieren. Mit einer Messerspitze mehrmals das Fruchtfleisch kreuzweise anschneiden. Melanzani auf ein Backblech setzen und bei 150 °C ca. zehn Minuten vorgaren.

Einen breiten Topf am Boden mit Alufolie auslegen. Räuchermehl und Zucker mischen und auf der Folie verteilen. Ein passendes Gitter mit Alufolie bedecken und in den Topf über das Räuchermehl setzen. Küchenfenster öffnen und den Topf mit geschlossenem Deckel bei starker Hitze so lange erhitzen, bis das Räuchermehl stark raucht. Melanzani auf das Gitter legen. Deckel darauf setzen und gut verschließen. Den geschlossenen Topf ins Freie stellen. Melanzani darin 30 Minuten räuchern, herausnehmen und abkühlen lassen.

Schalotten und die Knoblauchzehe schälen und in feine Würfel schneiden. In einem Topf das Öl erhitzen, Schalottenwürfel glasig anschwitzen. Danach die Knoblauchwürfel zugeben und nur kurz aufschäumen lassen. Abkühlen lassen.

Melanzanifruchtfleisch aus der Schale herausschaben und zu einem Tatar hacken.

Schalotten und Knoblauch zugeben. Mit dem geräucherten Salz und dem Pfeffer würzen, mit Limettensaft und gehackter Petersilie vollenden.

In einem Topf Sesamöl erhitzen, die in Würfel geschnittenen Schalotten kurz anschwitzen lassen. Couscous zugeben und kurz mitrösten. Curry und Chilipulver zugeben und mit klarer Gemüsesuppe aufgießen.

Leicht salzen und nach dem Aufkochen zirka zehn Minuten in zugedecktem Topf auf ausgeschalteter Herdplatte quellen lassen. Gurken und Tomaten in Würfel schneiden und zusammen unter die abgekühlte Couscous-Masse heben. Mit geriebenem Ingwer und Schwarzkümmel gut abschmecken. Die Masse kann recht pikant ausfallen. Mit Zitronensaft und frischer Petersilie vollenden.

Portionsringe auf die Teller setzen und zuerst eine Schicht von dem Melanzani-Tatar hinein geben. Glatt streichen und als nächste Schicht den Couscoussalat daraufschichten. Ring vorsichtig abziehen und das Ganze ausgarnieren.

22 Paprika-Wraps

Zutaten für 4 Portionen

- 900 g rote Paprikaschoten
- 700 g Tomaten
- 1 TL Meersalz
- 1 kleine reife Avocado
- 2 EL (16 g) Flohsamenschalen

Zubereitung

Paprika entkernen und in kleine Stücke schneiden, Tomaten würfeln und mit dem Meersalz in einem Hochleistungsmixer glatt pürieren. Avocado schälen und den Kern herausnehmen und mit den Flohsamenschalen durch die Öffnung im Deckel bei laufendem Mixer hinzufügen und alles gut vermengen. Die Masse auf vier Dörrfolien verteilen und glatt ausstreichen. Bei 40 °C mindestens fünf Stunden im Dörrautomat trocknen, bis die Wraps sich gut von der Folie ziehen und auf ein Trockengitter umschichten lassen. Weitere ein bis zwei Stunden trocknen, die Wraps sollten noch formbar sein.

Die Wraps können mit Pesto, Guacamole, Salat und/oder frischem Gemüse gefüllt werden.

23 Ratatouille-Avocado-Terrine in Amaranthmantel

Zutaten für 4 Portionen

- 100 g Amaranth
- 200 ml klare Gemüsesuppe
- ¼ TL Agar-Agar
- 50 ml Tomatensaft (oder klare Gemüsesuppe mit 1 EL Tomatenmark)
- 50 g Tomaten
- 50 g Zucchini
- 50 g Paprikaschoten
- 50 g Melanzani
- Salz, Pfeffer, Agavendicksaft
- 50 ml klare Gemüsesuppe
- 1 Avocado, sehr reif
- Saft einer Zitrone
- 2 Knoblauchzehen
- Salz, Pfeffer
- ¼ TL Agar-Agar
- 50 g Seidentofu

Zubereitung

Amaranth in einem Topf trocken anrösten, mit der Suppe auffüllen und mit geschlossenem Deckel weich dünsten.

Frischhaltefolie (etwas größer als die Terrinenform) flach auf einem Tisch ausbreiten. Gekochten Amaranth vorsichtig darauf verstreichen, rechteckig und in die Form passend. Die Terrinenform mit der bestrichenen Folie auslegen und, falls etwas von dem Amaranth abgefallen ist, nachbessern.

Agar-Agar für die Ratatouilleschicht in einem Teil des Tomatensaftes einweichen.

Gemüse für Ratatouille in sehr feine Würfel schneiden. Leicht mit Tomatensaft oder klarer Gemüsesuppe untergießen und so lange dünsten, bis das Gemüse fast gar ist. Mit Salz, Pfeffer und Agavendicksaft kräftig würzen. Dann den eingeweichten Agar-Agar zugeben, aufkochen, kurz abkühlen lassen und nochmals aufkochen. Gelierprobe durchführen. Wenn die Masse bindet, vorsichtig in die vorbereitete Terrinenform schichten.

Für die Avocadopaste den Agar-Agar in der Suppe einweichen. Avocado aufschneiden, Kern herausnehmen. Fruchtfleisch mit einem Löffel in einen Mixer auskratzen und mit Zitronensaft, Knoblauch, Salz und Pfeffer zu einer feinen Paste pürieren.

Den Agar-Agar aufkochen, kurz abkühlen lassen und nochmals aufkochen. Seidentofu zugeben und mit einem Pürierstab mixen. Die dadurch abgekühlte Masse sofort mit dem Avocadopüree vermengen und in die Terrinenform schichten.Die Terrine für zwei Stunden in den Kühlschrank stellen und fest werden lassen.
Die kalte Terrine stürzen und vorsichtig in Scheiben schneiden.

24 Rote Bete mit Seidentofu, Holunderblütensud und Haselnuss

Zutaten für 4 Portionen

Für die Rote Bete:

- 200 g Rote Bete mit Grün
- 40 ml Wasser
- 5 g Salz, 3 g Zucker, 5 Kümmelsamen, etwas Harissa

Für den Seidentofu:

- 1 Paket Seidentofu
- 20 ml Limonenöl, 40 ml Ketjap Manis, etwas Chiliöl, 5 ml Liquid Flavour Vegan

Für den Holunderblütensud:

- 100 ml Gemüsefond, 30 ml Holunderblütenessig, 20 ml -sirup
- 30 g Basic Textur, 4 g Liquid Flavour Vegan, etwas Salz

50 g Haselnüsse,
30 ml Haselnussöl

Zubereitung

REZEPTUR VON SIEGFRIED KRÖPFL

Die Rote Bete waschen und mit Stielansatz in einen Vakuumbeutel geben. Mit den weiteren Zutaten gemeinsam vakuumieren und bei 85 °C 60 Minuten im Wasserbad garen.

Herausnehmen und in Eiswasser herunterkühlen.

In die gewünschte Form zuschneiden, aus den Abschnitten ein Püree herstellen und bei Bedarf die Segmente in dem Kochsud glasieren. Mit Harissa abschmecken.

Den Tofu in vier gleich große Stücke schneiden und mit den weiteren Zutaten soft vakuumieren. Mindestens vier Stunden marinieren lassen. Bei Bedarf auf ein Blech geben und bei 70 °C im Backofen erwärmen. Leicht salzen und kurz gratinieren.

Für den Holunderblütensud den Gemüsefond auf 60 °C erwärmen und mit den weiteren Zutaten montieren. Würzig abschmecken und aufschäumen.

Die Haselnüsse in einer Pfanne ohne Öl kurz anrösten und warm stellen.

Den Tofu in einen tiefen Teller geben. Rote-Bete-Püree und Rote-Bete-Segmente anrichten. Den aufgeschäumten Holunderblütensud angießen und die warmen Haselnüsse auf dem Tofu anrichten. Mit dem Haselnussöl beträufeln und servieren.

25 Tempeh in Kartoffelmantel auf Erbsenmus, Apfel, Leinsamenbrot mit Kürbis-Quitten-Chutney

Zutaten für 4 Portionen

- 60 g Tempeh
- 20 ml Sojasauce
- 1 TL Agavendicksaft
- 1 TL getrocknete, pulverisierte Pilze
- 60 g große Kartoffeln, festkochend
- 40 ml Bratöl

Für das Erbsenmus:

- 70 g grüne Erbsen, TK
- 40 ml Sojaobers, geschlagen
- Salz, Pfeffer, Minze

Für das Kürbis-Quitten-Chutney:

- 30 g Schalotten
- 20 ml Sesamöl
- 50 g Kürbis, in feine Würfel geschnitten
- 50 g Quitte, in feine Würfel geschnitten
- Salz, Pfeffer, Kurkuma
- Chilischote, frisch
- Weißwein
- 20 ml Agavendicksaft
- Apfelessig

- 1 säuerlicher Apfel
- Zitronensaft
- 2 Scheiben Leinsamenbrot
- 20 g Margarine

Garnierung

Kräuter, Gemüsechips oder Sprossen

Zubereitung

Basis-Rezeptur Backen

Tempeh in 3 x 3 cm große und 5 mm dicke Quadrate schneiden.

Aus Sojasauce, Agavendicksaft und getrockneten Pilzen eine Marinade anrühren und die Tempehquadrate damit bepinseln, einziehen lassen.

Kartoffeln schälen und in sehr dünne Scheiben schneiden (Hobel oder Aufschnittmaschine benützen). Die Scheiben auf ein Stück Frischhaltefolie rechteckig auslegen, die marinierten Tempehstücke darauflegen und Kartoffelscheiben von allen Seiten darüberschlagen.

Bratöl in einer Pfanne erhitzen und die Quadrate darin von beiden Seiten anbraten.

Auf ein Backblech legen und vor der Ausgabe schnell aufbacken.

Für das Erbsenmus die Erbsen blanchieren, mit Gewürzen zu einer relativ festen Paste mixen und durch ein Sieb streichen. Erkalten lassen und mit geschlagenem Sojaobers vermengen. Mit Salz, Pfeffer und Minze würzen.

Für das Chutney die Schalotten fein schneiden und in Sesamöl leicht anschwitzen. Kürbis- und Quittenwürfel zugeben, kurz mitrösten. Mit Salz, Pfeffer, Kurkuma und Chili würzen, mit etwas Weißwein ablöschen und weich dünsten. Danach mit etwas Agavendicksaft und Essig abschmecken.

Aus dem Apfel Kreise mit 2,5 cm Durchmesser ausstechen. Mit Zitronensaft bestreichen, um die Verfärbung zu vermeiden.

Leinsamenbrot in 3 x 3 cm Quadrate schneiden und in Margarine anbraten.

Anrichten: in kleine Schalen etwas vom Chutney geben, eine Scheibe Brot und darauf eine Apfelscheibe legen, etwas Erbsenmus mit einem Spritzbeutel darauf dressieren. Tempeh im Kartoffelmantel anlegen und das Ganze ausgarnieren.

26 Veganer Heringssalat mit Gemüse und Kräutern

Zutaten für 4 Portionen

- 300 g Tofu natur, fest
- 150 g Kartoffeln
- 100 g Äpfel
- 100 g Essiggurkerl
- 50 g Zwiebeln
- 80 g Erbsen
- 200 g vegane Mayonnaise
- 1 Schuss Essig
- Etwas Zitronensaft
- 1 TL Petersilie, gehackt
- 1 TL Dille, gehackt
- Salz, Pfeffer

REZEPTUR VON SIEGFRIED KRÖPFL

Zubereitung

Tofu in kleine Stücke schneiden, gekochte Kartoffeln, geschälte Äpfel und Essiggurkerl in kleine Würfel schneiden.

Alles vorsichtig vermengen und fein geschnittene Zwiebeln und die blanchierten Erbsen beigeben.

Die Mayonnaise unterrühren, mit Essig und Zitronensaft verfeinern. Abschließend die Kräuter beigeben und mit Salz und Pfeffer abschmecken.

Variante: Heringssalat mit roten Rüben
200 Gramm gekochte, in kleine Würfel geschnittene, rote Rüben unter den Salat mischen.

27 Wakame-Algen-Salat mit Gurke, Limette und geröstetem Sesam

Zutaten für 2 Portionen

- 20 g Sesam
- 200 g Salatgurke
- 10 g Salz
- 40 g getrocknete Wakame-Algen (in Streifen)
- 500 ml kaltes Wasser

Für das Dressing:

- 40 ml Reisessig
- 10 ml dunkle Sojasauce
- 10 ml Mirin
- 100 ml Kombu Dashi

- Schale einer Limette
- Sesam

Zubereitung

Sesam in einer Pfanne trocken rösten.

Die Gurke schälen, entkernen, längs vierteln und in dicke Scheiben schneiden. Mit Salz einreiben und zehn Minuten ziehen lassen.

Die Algenstreifen zehn Minuten in kaltem Wasser einweichen, sie werden ihr Volumen vervielfachen. Nicht länger einweichen, sonst werden sie schleimig!

Die Gurke ausdrücken, den Saft abgießen. Auch die Wakame gut ausdrücken.

Für das Dressing den Reisessig mit der Sojasauce in einem Topf mischen, bei mittlerer Hitze langsam erhitzen. Mirin auflösen, Kombu Dashi hinzufügen. Kurz aufkochen, vom Herd nehmen und auf Raumtemperatur abkühlen lassen. Das Dressing kann über längere Zeit im Kühlschrank aufbewahrt werden.

In einer Schale die Gurke mit der Wakame und geriebenen Limettenschale vermischen, das Dressing darüber gießen. Mit Sesam bestreuen und sofort servieren.

Für einen Liter **Kombu Dashi** benötigt man 2 Blatt Kombu, vier getrocknete Shiitake-Pilze, 20 Gramm getrocknete Maitake-Pilze und 1 Liter Wasser (das Wasser sollte weich sein). Zubereitung: Kombu und Pilze über Nacht in Wasser einweichen. Am nächsten Tag in einem Topf bei 55–58 °C ca. 30 Minuten ziehen lassen. Höhere Temperaturen und hartes Wasser verhindern die Extraktion von Salzen, die den Umamigeschmack bilden. Danach die klare Suppe abgießen und im Kühlschrank aufbewahren.

Suppen

28 Rote-Bete-Suppe

Zutaten für 4 Portionen

- Sonnenblumenöl
- 150 g Zwiebeln
- 400 g Rote Bete, weich gekocht und geschält
- 150 g Kartoffeln
- 800 ml Gemüsesuppe
- 250 ml Rote-Betesaft
- Salz, Pfeffer, Chilipulver
- 100 ml Reissahne
- 2 TL Agavensirup

Zubereitung

REZEPTUR VON SIEGFRIED KRÖPFL

Öl in einem großen Topf erhitzen.

Zwiebeln schälen und klein schneiden, Rote Bete kleinwürfelig schneiden. Zuerst die Zwiebelwürfel und dann die Rote Bete in den Topf geben und zirka fünf Minuten andünsten.

Kartoffeln schälen und klein schneiden, mit der Gemüsesuppe, dem Rote-Betesaft, der Reissahne und dem Agavensirup in den Topf geben und zirka 15 Minuten köcheln lassen.

Die Suppe fein pürieren und würzen.

Garnierung: Schnittlauch

29 Cremige Karotten-Ingwer-Suppe

Zutaten für 4 Portionen

- 1 Tasse Sonnenblumenkerne
- 3–4 Tassen Wasser
- 4 große Karotten
- 1 EL Zitronensaft
- 1 TL geriebener frischer Ingwer
- 1 Knoblauchzehe
- ¼–½ TL Koriander, gemahlen
- ¼ TL Kurkuma
- 1 TL Salz
- 1 Schuss Sesam- oder Kokosöl

Zubereitung

Sonnenblumenkerne vor der Verarbeitung rund vier Stunden einweichen. Karotten schälen und in kleine Stücke schneiden.

Mit den restlichen Zutaten (außer dem Öl) im Hochleistungsmixer solange mixen, bis die Suppe leicht angewärmt und cremig ist. Nun das Öl dazugeben und nochmals gut mixen.

Sofort warm servieren, solange die Suppe noch schön schaumig ist. Mit Sprossen, Sonnenblumenkernen, Kürbiskernöl und/oder Paprikawürfel ausgarnieren.

Garnierung

100 g Sprossen, Sonnenblumenkerne, 1–2 EL Kürbiskernöl; rote Paprikawürfel eignen sich, wenn man einen Farbakzent geben will

Anstelle der eingeweichten Kerne kann Kokosmilch verwendet werden. Möglich ist auch eine Kombination aus Kernen und Kokosmilch.

30 Topinambur-Steinpilz-Macchiato

Zutaten für 4–6 Portionen

Für die Topinambur-Kartoffelsuppe:

- 300 g Topinambur
- 100 g Kartoffeln
- 30 g Margarine
- 40 g Zwiebeln
- 50 g Lauch
- 1 Knoblauchzehe
- 800 ml klare Gemüsesuppe
- Salz, Pfeffer
- 200 ml Sojaobers

Für die Steinpilzsuppe:

- 40 g Zwiebeln, 100 g Steinpilze
- 20 g Olivenöl
- 30 g Walnüsse
- 5 g Pulver aus getrockneten Pilzen, 300 ml klare Gemüsesuppe
- 1 Blatt Salbei

Für den Mandelmilchschaum:

- 200 ml Mandelmilch, 1 g Lezithinpulver, 2 g Vanille

Zubereitung

Die Topinamburknollen und Kartoffeln schälen, waschen und in größere Würfel schneiden.

Die Margarine in einem Topf erwärmen, die Zwiebeln und den Knoblauch schälen, grob hacken und darin hell anschwitzen. Die Kartoffel-Topinamburwürfel und den geschnittenen Lauch (nur den weißen Teil verwenden) dazugeben und mit der klaren Gemüsesuppe aufgießen.

Die Suppe für 30 Minuten langsam kochen lassen, mit Salz und Pfeffer abschmecken und mit dem Pürierstab oder in einem Mixer aufmixen. Mit Sojaobers verfeinern und warm halten.

Für die Steinpilzsuppe in einem Topf die geschnittenen Zwiebeln anschwitzen und die klein geschnittenen Steinpilze zugeben. Kurz rösten, danach mit der kalten Suppe aufgießen.

Gehackte Walnüsse und Pilzpulver zugeben, aufkochen und weitere zehn Minuten leicht köcheln lassen. Danach glatt mixen. Nicht mehr kochen, sondern warm halten.

Für den Mandelmilchschaum alle Zutaten in einen Mixer geben und so lange mixen, bis eine Temperatur von zirka 40 °C erreicht ist und ein Schaum entsteht.

Für die Chips die Topinamburknollen in feine Scheiben hobeln und auf ein geöltes Backblech legen. Bei 180 °C knusprig backen. Chips nur kurz vor dem Servieren zubereiten, sie verlieren sonst die knusprige Beschaffenheit.

Für die Topinamburchips:
80 g Topinambur
20 ml Rapsöl

In ein Latte-Macchiato-Glas zuerst die Topinambur-Kartoffelsuppe einfüllen, danach die Steinpilzsuppe und zum Schluss den Mandelschaum daraufgeben. Mit Topinamburchips und Blattgrün garnieren.

Suppeneinlage

31 Frittaten

Zutaten für 4 Portionen

- 250 g Mehl
- 250 ml Sojamilch
- 250 ml Mineralwasser (mit Kohlensäure)
- Salz
- 2–3 EL Kräuter
- Öl zum Backen

Zubereitung

REZEPTUR VON SIEGFRIED KRÖPFL

Alle Zutaten gut mischen. Etwas Öl in einer Pfanne erhitzen. Einen Schöpfer vom Teig in die Pfanne gießen und die Palatschinke auf beiden Seiten goldbraun backen. Palatschinken einrollen und wie gewohnt zu Frittaten schneiden

Hauptspeisen

32 Cremiges Rollgerstl-Risotto mit Wurzelgemüse und Mangold

Zutaten für 4 Portionen

- 150 g Rollgerstl
- 50 g Zwiebeln
- 1/8 l Olivenöl
- 1/4 l Gemüsefond
- Salz, Pfeffer
- 80 g Karotten
- 80 g gelbe Rüben
- Je 1/4 Paprikaschote (gelb, grün, rot)
- 125 ml Soja Cuisine
- 80 g Mangold
- 1 EL Petersilie, gehackt
- 2 EL Schnittlauch

Anstelle von Mangold kann auch junger Spinat verwendet werden.

Zubereitung

REZEPTUR VON SIEGFRIED KRÖPFL

Rollgerstl mindestens 12 Stunden in kaltem Wasser einweichen, danach abseihen und in Wasser zirka 25 Minuten kochen. Wiederum abseihen.

Fein geschnittene Zwiebeln in Olivenöl dünsten, Rollgerstl dazugeben und mit dem Gemüsefond aufgießen. Mit Salz und Pfeffer würzen.

Geschälte Karotten und gelbe Rüben klein schneiden und Paprika würfeln. Das Gemüse dem Rollgerstl beimengen und köcheln lassen.

Für die Cremigkeit Soja Cuisine dazugeben und noch ein paar Mal gut durchrühren. Abschließend den Mangold unterrühren, mit Petersilie und Schnittlauch verfeinern.

33 Eierspeise

Zutaten für 10 Portionen

- 300 g Zwiebeln
- 1 kg Tofu natur
- Sonnenblumenöl
- Kurkuma
- 200 ml Sojasahne
- Kala Namak (Schwarzes Salz)
- Pfeffer
- Schnittlauch

Zubereitung

REZEPTUR VON SIEGFRIED KRÖPFL

Zwiebeln fein schneiden.
Tofu mit einer Gabel zerdrücken, mit den Zwiebeln in Öl anbraten.
Kurkuma dazugeben, mit Sojasahne ablöschen und mit Salz und Pfeffer würzen.
Eierspeise mit geschnittenem Schnittlauch bestreut servieren.

34 Fruchtiges Gemüse-Kichererbsen-Ragout

Zutaten für 10 Portionen

- 700 g Kichererbsen (Dosenware oder Trockenware, gekocht)
- 100 g Kokosöl oder Bratöl
- 200 g Karotten
- 100 g Zwiebeln
- 8 Knoblauchzehen
- Kurkuma, Schwarzkümmel, Chili
- 300 ml Kokosmilch
- 400 g passierte Tomaten
- 500 g klare Gemüsesuppe
- 300 g Hokkaidokürbis
- Salz, Pfeffer
- Ingwer gerieben, Zucker, Essig, frischer Koriander
- 200 g Paprikaschoten
- 200 g Zucchini
- 200 g Zwiebeln
- 200 g Ananaswürfel

Zubereitung

Kichererbsen einweichen und kochen, bei Dosenware die Flüssigkeit abgießen und unter Wasser gut spülen.

Kokosöl erhitzen, blättrig geschnittene Karotten und Zwiebeln leicht anrösten. Knoblauch schälen, blättrig schneiden und sehr kurz mitrösten. Kurkuma, Schwarzkümmel und Chili zugeben, nur leicht anrösten und mit Kokosmilch und Tomatenpüree aufgießen. Mit heißer Suppe ablöschen, gut durchrühren.

Kürbis in Würfel schneiden und in die Sauce geben. Salzen und pfeffern und zirka zehn Minuten langsam kochen lassen.

Eine Hälfte der Kichererbsen zur Sauce geben. Mit Ingwer, Zucker und Essig abschmecken. Die zweite Hälfte der Kichererbsen mit etwas Sauce aufmixen und anschließend einrühren. Koriander schneiden und in die Sauce geben.

Paprika, Zucchini und Zwiebeln in grobe Stücke schneiden und mit den Ananaswürfeln in die Sauce geben. Einmal aufkochen lassen und warm halten.

Als Beilage eignet sich Reis.

35 Gemüsetagliatelle

Zutaten für 10 Portionen

- 800 g feiner Hartweizengrieß
- 1 TL Kala Namak
- 1 Messerspitze Kurkuma
- 380 ml warmes Wasser
- 1,4 kg Gemüse (vorzugsweise Karotten, Gelbe Rüben, Zucchini, Pastinaken, Stangensellerie, Fenchel, Kohlrabi oder Spargel), evtl. Eierschwammerl
- 150 g Zwiebeln
- 1/8 l Olivenöl
- 250 g Nüsse
- 50 ml Nussöl
- Salz
- Pfeffer

Zubereitung

Hartweizengrieß mit Kurkuma, Kala Namak und Wasser zu einem glatten Nudelteig kneten.
Teig ca. 30 Minuten rasten lassen, dann mit der Nudelmaschine zu Tagliatelle verarbeiten oder mit dem Rollholz ausrollen und in 5 mm dicke Streifen schneiden.
Tagliatelle in Salzwasser ca. 6–8 Minuten leicht köcheln lassen.
Das Gemüse schälen und in dünne, breite Streifen (Tagliatelle) schneiden.
Die Nüsse anrösten.
In Würfel geschnittene Zwiebeln und das geschnittene Gemüse in Olivenöl anschwitzen.
Mit den gekochten Nudeln vermengen, mit Salz und Pfeffer abschmecken und anrichten.
Die gerösteten Nüsse mit Nussöl marinieren, etwas salzen und über den angerichteten Gemüsenudeln verteilen.

36 In Salz gegartes Gemüse mit Spinat-Kokos-Basmatireis

Zutaten für 4 Portionen

- 250 g Sojajoghurt
- 20 g Tandooripaste
- Saft und Schale einer Limette
- 1 Knoblauchzehe
- 1/2 Bund Schnittlauch
- Salz, Pfeffer, 1 Prise Zucker
- 1 Kohlrabi, mittelgroß
- 2 Karotten, mittelgroß
- 2 Stk. Rote Bete
- 2 Pastinaken
- 1 kg grobes Meersalz
- 250 g Basmatireis
- 200 ml Kokosmilch
- 10 g Zitronengras
- 300 ml Wasser
- 10 g Salz
- 10 g Koriander, frisch
- 10 g Sesam
- 20 ml Sesamöl
- 100 g Spinat

Zubereitung

Basis-Rezeptur Pökeln

Sojajoghurt mit Tandooripaste, Limettensaft und Limettenabrieb vermischen. Fein geschnittenen Knoblauch und Schnittlauch unterrühren. Mit Salz, Pfeffer und Zucker abschmecken.

Kohlrabi, Karotten, Rote Bete und Pastinaken waschen und sehr gut abtrocknen.

Das Salz in eine feuerfeste Form geben, das Gemüse in das Salzbett legen und fast vollständig mit Salz bedecken. Bei 180 °C für ca. 30 Minuten im Ofen garen.

Basmatireis gut waschen und zusammen mit Kokosmilch, etwas zerdrücktem Zitronengras, Wasser und Salz kochen.

Das Gemüse vorsichtig vom Salz befreien, die Kohlrabi und Rote Bete schälen, die Karotten und Pastinaken können mit der Schale gegessen werden. Das Gemüse in mundgerechte Stücke schneiden, mit der Joghurtsauce mischen und anschließend den geschnittenen Koriander und die Hälfte des Sesams zugeben. Alles zusammen erwärmen, aber nicht kochen.

In einer Pfanne den restlichen Sesam trocken rösten und beiseite stellen. Sesamöl leicht erhitzen und den gewaschenen Spinat hinein geben. Wenn der Spinat zusammengefallen ist, in den fertigen Reis unterheben.

Den Reis zusammen mit dem marinierten Gemüse anrichten und mit dem gerösteten Sesam bestreuen.

37 Kartoffel-Gemüse-Auflauf mit saisonalem Gemüse

Zutaten für 10 Portionen

- 100 g Margarine
- 80 g Hirsemehl (oder gekochte Hirse)
- 300 ml Sojadrink
- Salz, Pfeffer, Muskatnuss, Knoblauch
- 1 300 g Kartoffel, festkochend
- 1 000 g saisonales Gemüse, in grobe Würfel oder Scheiben geschnitten, ggf. vorgegart

Zubereitung

Margarine in einem Topf schmelzen lassen, Hirsemehl dazugeben und aufschäumen lassen. Unter ständigem Rühren Sojadrink zugeben und aufkochen lassen. Diese dickliche Sauce mit Salz, Pfeffer, Muskatnuss und gepresstem Knoblauch würzen.

Kartoffeln schälen und in feine Scheiben reiben/hobeln. Die Hälfte der Scheiben in eine gefettete Auflaufform schichten. Gemüse darauf gleichmäßig verteilen. Ein Drittel der Sauce auf dem Gemüse verteilen. Die zweite Hälfte der Kartoffelscheiben daraufgeben und mit der restlichen Sauce begießen.

Auflauf bei 160 °C ca. 1–1,5 Stunden backen. Am besten noch eine Stunde im Backofen ziehen lassen, der Auflauf lässt sich dann besser schneiden oder ausstechen.

38 Lauch-Sonnenblumen-Quiche

Zutaten für 12 Stück bzw. 16 Stück Fingerfood

Für den Teig:

- 150 g Weizenvollkornmehl
- Salz
- 70 g kalte Margarine
- 50 g geriebene Walnüsse
- 50 ml Weißwein

Für die Füllung:

- 800 g Lauch
- 50 g Margarine
- 300 g Seidentofu
- 100 g Sonnenblumenkerne (eingeweicht in 100 ml Wasser)
- 30 g Reisvollkornmehl
- Salz, Pfeffer, Kurkuma
- 50 g Sonnenblumenkerne zum Bestreuen

Zubereitung

Für den Teig Mehl und Salz mischen. Margarine in kleine Stücke schneiden, geriebene Walnüsse und Weißwein zu der Mehlmischung geben und alles rasch verkneten. Teig ca. eine Stunde ruhen lassen.

Den Teig ausrollen, eine Quicheform auslegen und für 30 Minuten in das Tiefkühlfach stellen.

Für die Füllung Lauch putzen und in feine Ringe schneiden. Margarine schmelzen und Lauch darin kurz andünsten. Leicht salzen und pfeffern.

Seidentofu, eingeweichte Sonnenblumenkerne, Reisvollkornmehl, Salz, Pfeffer und Kurkuma in einen Mixer geben und glatt mixen.

Die Quicheform aus dem Tiefkühler nehmen, gedünsteten Lauch hineingeben und glatt streichen. Mit dem Guss übergießen und alles dicht mit Sonnenblumenkernen bestreuen. Die Quiche bei 170 °C ca. 30 Minuten backen, leicht abkühlen lassen und lauwarm servieren.

39 Linsen-Reis-Tacos mit Weißkrautsalat und Zaziki

Zutaten für 4 Portionen

Für die Tacos:

- 200 g Vollkornbasmatireis
- 200 g rote Linsen
- 800 ml Wasser

Für den Salat:

- 800 g Weißkraut
- 100 g Äpfel mit Schale
- 100 g Karotten
- 40 g Zucker
- 80 ml Essig
- 100 ml Apfelsaft
- 40 ml Öl
- 10 g Dill
- Salz, schwarzer Pfeffer, gemahlener Kümmel

Zubereitung

Für die Tacos alle Zutaten vermengen und über Nacht bei ca. 30 °C gären lassen.

Am nächsten Tag den Teig in einem Mixer fein pürieren. In einer kleinen Pfanne Öl erhitzen, Teig dünn eingießen. Nach dem Backen sofort um eine Rolle (z. B. ein Metallrohr) wickeln und erkalten lassen.

Für den Salat das Weißkraut in feine Streifen schneiden. Äpfel mit Schale entkernen und raspeln. Karotten schälen und ebenfalls raspeln. Zucker, Essig und Apfelsaft vermengen und zu dem Weißkraut mit Apfel und Karotte geben. Öl und geschnittenen Dill untermengen. Mit Salz, Pfeffer und Kümmel abschmecken, durchziehen lassen.

Für das Zaziki die Petersilie waschen und fein hacken. Die Gurke waschen und raspeln, etwas salzen und ca. zehn Minuten ziehen lassen. Dann ausdrücken.

Geraspelte Gurke mit Sojajoghurt, Petersilie und zerdrücktem Knoblauch vermischen und gegebenenfalls noch einmal mit Salz und Pfeffer abschmecken.

Für das Zaziki:
Petersilie
150 g Gurke
150 g Sojajoghurt
2 Knoblauchzehen
Salz, Pfeffer

40 Pilzrisotto

Zutaten für 4 Portionen

- 300 g Zwiebeln
- 250 ml Olivenöl
- 900 g Pilze (Champignon, Shiitake, Kräuterseitling, Austernpilz, Steinpilz usw.)
- 900 g Risottoreis
- 1/4 l Weißwein
- ca. 4–5 l Gemüsebrühe
- 8 Lorbeerblätter
- 2 große Rosmarinzweige
- 2 große Thymianzweige
- 1 TL Fenchelsamen
- Salz
- Kreuzkümmel
- Hefeflocken (Edelhefe)
- 300 ml Soja oder Hafer Cuisine
- 2 Bund Schnittlauch

- 250–300 g Pastinaken
- Öl
- Zitronenöl

Zubereitung

Zwiebeln fein schneiden und in Olivenöl anschwitzen.

Blättrig geschnittene Pilze dazugeben.

Reis beigeben, mit Wein ablöschen und mit der Hälfte der warmen Gemüsebrühe aufgießen.

Lorbeerblätter, Rosmarin, Thymian und Fenchelsamen beigeben.

Den Reis bei geringer Hitze kochen lassen, dabei immer wieder Gemüsebrühe zugeben.

Den fertig gegarten Reis mit Salz, Kreuzkümmel und Hefeflocken (verleihen dem Reis einen leichten Käsegeschmack) abschmecken.

Mit Soja oder Hafer Cuisine und grob geschnittenem Schnittlauch verfeinern.

Für die Garnitur Pastinaken schälen und in Streifen (Julienne) schneiden. Pastinakenstreifen frittieren und mit Salz und Zitronenöl marinieren.

41 Pizza Diavolo

Zutaten für 4 Portionen

Für den Teig:
- 400 g Mehl
- Salz
- 30 g Hefe
- 250 ml lauwarmes Wasser
- 3 EL Olivenöl

Für den Belag:
- 400 g Tomatenwürfel
- 200 ml Tomatenragout
- Salz, Pfeffer, Majoran
- 200 g frische Tomaten, in Scheiben geschnitten
- 200 g Kapernbeeren
- 4 Chilischoten, entkernt und geschnitten
- 300 g veganer Käse, gerieben
- 100 g frischer Rucola

Zubereitung

REZEPTUR VON SIEGFRIED KRÖPFL

Alle Zutaten zu einem Teig verkneten und diesen abgedeckt 15 Minuten gehen lassen.

Vier gleich große Kugeln formen und nochmals kurz gehen lassen.

Tomatenwürfel und Tomatenragout einkochen lassen und mit Salz, Pfeffer und Majoran würzen.

Den Teig ausrollen und mit der Tomatenpaste bestreichen. Mit Tomatenscheiben, Kapernbeeren und geschnittenen Chilischoten belegen. Mit Käse bestreuen und bei 200 °C ca. acht Minuten backen.

Zum Schluss mit Rucola belegen und sofort servieren.

42 Quinoapfanne

Zutaten für 10 Portionen
- 1,5 kg Quinoa
- 3 500 ml klare Gemüsesuppe
- 1 Lorbeerblatt
- 4 kleine Zucchini
- 4 Melanzani
- 5 Paprikaschoten
- Salz, Pfeffer
- Paprikapulver
- 1 EL Ajvar
- 1/2 Bund Petersilie, Minze
- Olivenöl
- 600 g geräucherte vegane Würstchen
- Spinatblätter
- Schale einer Zitrone
- Cayennepfeffer

Zubereitung

Die gewaschene Quinoa in der Suppe mit dem Lorbeerblatt aufkochen lassen, 15 Minuten leicht köcheln und danach zehn Minuten quellen lassen.

Zucchini und Melanzani putzen und in 1 cm dicke Scheiben schneiden. Paprika fein würfeln. Salz, Pfeffer, Paprikapulver und 1 EL Ajvar verrühren. Kräuter waschen und fein hacken.

Öl in einer großen Pfanne erhitzen, Zucchini und Melanzani darin goldbraun braten, salzen und pfeffern.

Die Würstchen in etwas Öl anbraten.

Quinoa mit den Spinatblättern unterrühren, Gemüse beigeben. Mit Zitronenschale und Cayennepfeffer abschmecken.

43 Reistaschen mit Spinatfüllung auf warmem Kartoffel-Linsen-Salat

Zutaten für 4–6 Portionen

- 50 g Vollkorn-Basmatireis, 100 ml Wasser, Salz, Kurkuma
- 50 g Venere-Reis, 100 ml Wasser, Salz
- 50 g Schalotten
- 400 g Blattspinat
- 100 ml Kokosmilch
- Salz, Pfeffer, Zitronensaft
- 500 g Kartoffeln, festkochend
- 100 g schwarze Kaviarlinsen
- 40 ml Sesamöl
- 40 g Schalotten
- ¼ TL schwarze Senfkörner
- 1 Chilischote
- ¼ TL Currypulver
- 1 cm frischer Ingwer
- 250 ml klare Gemüsesuppe
- Salz
- Saft einer halben Limette
- 1 Bund frischer Koriander

Zubereitung

Die beiden Reissorten getrennt mindestens zwei Stunden einweichen. Danach getrennt sehr fein mixen und leicht salzen. Die helle Masse mit etwas Kurkuma einfärben.

Topf mit Wasser aufstellen und zum Kochen bringen. Eine beschichtete Pfanne auf den Topf stellen, sodass kein Dampf entweichen kann. Wenn die Pfanne erwärmt ist, mit einem Pinsel die Reismasse sehr dünn auftragen und stocken lassen. Mit einer Palette den fertigen Reispfannkuchen abnehmen und auf einem Backpapier ablegen. Auf diese Art helle und dunkle Reispfannkuchen herstellen.

Für die Spinatfüllung die fein geschnittenen Schalotten in Öl anschwitzen, die Spinatblätter dazugeben und etwas Wasser angießen. Spinat kurz dünsten und mit Salz und Pfeffer würzen.

Aus den Pfannkuchen zirka fünf Zentimeter breite Bahnen schneiden. Auf jede Bahn etwas Spinatfüllung geben und wie Samosataschen einrollen. Fertige Taschen auf ein gelochtes und leicht geöltes Blech setzen. Kurz vor dem Servieren bei 130 °C im Kombidämpfer aufwärmen.

Restliche Spinatfüllung mit Kokosmilch, Salz, Pfeffer und Zitronensaft aufmixen und als Sauce servieren.

Kartoffeln schälen und in zirka ein Zentimeter große Würfel schneiden. Linsen in doppelter Menge Wasser einweichen.

In einer Pfanne Sesamöl erhitzen und gewürfelte Schalotten zusammen mit den Senfkörnern glasig braten. Die Chilischote putzen und in feine Würfel schneiden, zusammen mit dem Currypulver und dem fein geschnittenen Ingwer zu den Schalotten geben und kurz mitbraten.

Mit Suppe ablöschen, salzen, zudecken und bei niedriger Hitze so lange garen, bis die Kartoffeln weich sind.

Linsen in dem Einweichwasser bissfest kochen, abgießen und abkühlen lassen. Erdäpfel und Linsen in eine Schüssel geben, vorsichtig vermengen, mit Limettensaft und gehacktem Koriander abschmecken.

Wie auf dem Foto dargestellt anrichten.

44 Rohkost-Lasagne

REZEPTUR VON SIEGFRIED KRÖPFL

Zutaten für 4 (kleine) Portionen

Für die Zucchinipasta:
- 3 mittelgroße Zucchini
- ¼ TL Salz

Für die Cashewcreme:
- 1 ½ Tassen Cashewnüsse
- 4 EL Würzhefeflocken
- 2 Knoblauchzehen
- etwas Muskatnuss, gerieben
- 5 weiße Pfefferkörner
- 2 TL–1 EL Zitronensaft
- 1–2 TL helles Shiro Miso

Für die Spinatschicht:
- 300 g Spinat

Für die Tomatensauce:
- ¾ Tasse getrocknete Tomaten
- 2 mittelgroße Tomaten
- ½ rote Paprikaschote
- ¼ Tasse Olivenöl
- 1 EL frisches Basilikum
- ¼ TL Salz
- ¾ TL frischer Oregano
- ½ TL frischer Thymian
- 1 EL frischer Rosmarin
- ¼ TL frisch gemahlener Pfeffer
- 1–2 Knoblauchzehen
- ½ kleine rote Zwiebel
- 1–2 Datteln, Trockenpflaumen oder etwas Agavendicksaft

Zubereitung

Für die Zucchinipasta 1½ Zucchini der Länge nach mit einer Mandoline (Küchenhobel) oder einer Brotschneidemaschine in dünne Streifen schneiden (ca. 3 mm). Die Scheiben etwas einsalzen und das Salz ein wenig mit den Händen einmassieren. In einer Auflaufform mindestens eine halbe Stunde liegen lassen. Die restlichen Zucchini klein raspeln und in eine Schüssel geben. Etwas Salz darübergeben und mindestens eine halbe Stunde stehen lassen.

Für die Cashewcreme die Nüsse vor der Verarbeitung eine halbe Stunde einweichen. Mit den restlichen Zutaten in einem leistungsstarken Mixer bei höchster Stufe mixen und dabei so viel Wasser zugeben, dass eine dickflüssige Creme entsteht. Mit weniger als einer Tasse Wasser anfangen und bei Bedarf mehr zugeben.

Für die Zucchini-Cashew-Schicht die geraspelten Zucchini in einem Nussmilch-Beutel ausdrücken und mit einem Viertel bis zu einer halben Tasse der Cashewcreme mischen.

Für die Spinatschicht den Spinat klein hacken oder in der Küchenmaschine etwas pürieren und mit zirka einer halben Tasse der Cashewcreme mischen. Insgesamt rund eine Viertel Tasse der Cashewcreme übrig lassen, um sie als oberste Schicht der Lasagne zu verwenden.

Für die Tomatensauce die getrockneten Tomaten vor der Verarbeitung zwei Stunden in Wasser einweichen. Diese abseihen und mit den restlichen Zutaten im Hochleistungsmixer unter Zuhilfenahme des Stopfers zu einer dicken Sauce verarbeiten. So viel von dem Einweichwasser der getrockneten Tomaten zugeben, bis die gewünschte Konsistenz erreicht ist. Am besten die Tomaten nur in gerade so viel Wasser einweichen, dass diese bedeckt sind, dann kann die gesamte Wassermenge verwendet werden. Bei Trockengewürzen etwas sparsamer dosieren, weil diese intensiver im Geschmack sind.

Nun beginnt das Schichten der Lasagne. Das ausgetretene Wasser der gesalzenen Zucchinipasta abgießen und dann die einzelnen Scheiben nochmals mit einem Küchentuch trocken tupfen.

In einer Auflaufform zunächst eine Schicht Zucchinipasta geben, darauf die Zucchini-Cashew-Schicht verteilen und diese mit Tomatensauce bestreichen. Mit einer weiteren Schicht Zucchinipasta fortfahren, darauf die Spinatzubereitung geben und mit Tomatensauce bestreichen. Als letzte Schicht Zucchinipasta verteilen, auf die nochmals Tomatensauce kommt.

Zum Schluss mit der restlichen Cashewcreme kleine runde Kleckse verteilen, die Mozzarellascheiben ähneln.

Die Lasagne bei 63 °C im Trockengerät zunächst zwei Stunden trocknen. Dann bei 42 °C so lange weitertrocknen, bis sie die gewünschte Trockenheit und Konsistenz erreicht hat. Mindestens zwei weitere Stunden führen zu einem optimalen Ergebnis.

Wenn Tomatensauce übrig bleibt, kann diese bis zu einer Woche im Kühlschrank aufbewahrt werden.

45 Rotkrautroulade mit Kastanienfüllung

Zutaten für 4 Portionen

1 Kopf Rotkraut
80 g Schalotten
200 g Karotten
30 ml neutrales Öl (z. B. Rapsöl)
3 Kardamomkapseln
1 Prise Koriander, gemahlen
1 Prise Kurkuma, gemahlen
50 ml klare Gemüsesuppe
200 g Kastanienpüree
80 g Sonnenblumenkerne
Salz, Pfeffer
20 g gehackte Petersilie
20 ml Zitronensaft
etwas Vollkornsemmelbrösel
40 ml Rapsöl zum Braten
200 ml klare Gemüsesuppe

Zubereitung

Basis-Rezeptur Braten

Wasser in einem hohen Topf zum Kochen bringen. Krautkopf auf eine Fleischgabel (dort, wo der Strunk ist) aufspießen, so in die kochende Flüssigkeit tauchen und nach zirka einer Minute herausnehmen.

Die weichen Außenblätter abnehmen, Krautkopf wieder in das kochende Wasser geben. Auf diese Weise weiter verfahren, bis die notwendige Anzahl der Blätter erreicht ist. In der Regel reichen zwei große oder drei kleinere Blätter für eine Portion.

Schalotten schälen und sehr fein schneiden. Karotten waschen, schälen und sehr fein schneiden oder reiben. Das Öl erhitzen und die Schalotten und Karotten darin schnell anbraten. Die zerdrückten Kardamomkapseln sowie Koriander und Kurkuma zugeben.

Diese Karottenmischung mit etwas klarer Gemüsesuppe angießen, den Topf zudecken und das Gemüse weich dünsten. Wenn die Karotten weich sind, Deckel entfernen und die Flüssigkeit verdampfen lassen. Die Masse soll recht trocken sein. Das Ganze abkühlen lassen, Kardamomkapseln entfernen.

Kastanienpüree mit der Karottenmasse und den Sonnenblumenkernen vermengen, mit Salz, Pfeffer, gehackter Petersilie und Zitronensaft würzen. Die Konsistenz mit Vollkornsemmelbröseln so binden, dass sich aus der Masse kleine Kroketten formen lassen.

Krautblätter ausbreiten, den festen Strunk aus der Mitte des Blattes keilförmig herausschneiden. Zwei Blätter nebeneinanderlegen, die Füllung auf das untere Ende der Blätter legen, die Seiten nach innen einschlagen und rollen.

Die fertigen Rouladen mit einem Zahnstocher zusammenhalten und vorsichtig in einen mit Rapsöl gefetteten Bräter legen. Mit etwas klarer Gemüsesuppe angießen und bei 160 °C ca. 45 Minuten garen. Zwischendurch mit dem Bratfett bepinseln und, wenn nötig, mit klarer Gemüsesuppe aufgießen.

46 Seitanschnitzel Wiener Art

Zutaten für 4 Portionen

400 g Seitan, fertig gegart, in Schnitzel portioniert *

Für den Maisteig:

150 ml Reisdrink, 20 g Maisvollkornmehl, 1 Prise Kurkuma, Salz

Zum Panieren:

50 g Maisvollkornmehl
100 g Semmelbrösel

100 ml Rapsöl

Garnierung

Preiselbeeren, Zitronenscheibe, Petersilie

Zubereitung

Für den Maisteig 100 ml Reisdrink aufkochen. In dem restlichen Reisdrink die Hälfte des Maisvollkornmehls mit Kurkuma und Salz einrühren und in die kochende Flüssigkeit gießen. Unter ständigem Rühren aufkochen und dann erkalten lassen. Das restliche Maisvollkornmehl in die kalte Masse einrühren.

Seitanscheiben gründlich trocken tupfen.

Maisvollkornmehl in einen tiefen Behälter geben und in einem zweiten die Semmelbrösel vorbereiten.

Pfanne erhitzen und etwas Rapsöl eingießen. Seitanscheiben zuerst im Maismehl, dann im Maisteig und zuletzt in den Semmelbröseln wenden und in dem Öl knusprig ausbacken. Die gebackenen Scheiben auf einem Krepppapier von überschüssigem Öl befreien.

* Es lohnt sich, Seitan in einem Druckkochtopf oder einer entsprechenden Kippbratpfanne mit Druckkochfunktion zuzubereiten. Man spart viel Zeit, Energie und das Ergebnis gelingt in bester Qualität.
Gekochte Seitanschnitzel lassen sich zirka eine Woche im Kühlschrank in klarer Suppe aufbewahren. Sie lassen sich auch ohne Qualitätsverlust einfrieren oder in Gläser einwecken. Vakuumieren ist eine weitere Option der Haltbarmachung.

47 Sojanuggets mit BBQ-Dip

Zutaten für 10 Portionen

- 500 g Sojamedaillons
- Gemüsesuppe
- 500 ml Sojamilch
- Mehl
- Salz
- Semmelbrösel
- Öl
- 1 Zwiebel
- 60 g Kristallzucker
- 100 g Tomatenmark, 3-fach konzentriert
- Chilipulver
- ca. 50 ml Sojasauce

Zubereitung

Sojamedaillons in heißer Gemüsesuppe einweichen und etwas ausdrücken.
Sojamilch in eine Schüssel geben, etwas Mehl einrühren (je mehr Mehl, umso dicker wird die Panier).
Etwas Salz einrühren.

48 Sojaragout mit Fisolen und Petersilienerdäpfeln

Zutaten für 10 Portionen

- 500 g Sojaschnetzel dunkel (wie Rind)
- 4 Zwiebeln
- etwas Öl
- Knoblauch (gehackt oder als Granulat)
- 150 g Tomatenmark, 3-fach konzentriert
- Rosmarin, getrocknet
- Thymian, getrocknet
- 100 ml Sojasauce
- etwas Gemüsesuppe
- Salz

- 1 kg Fisolen
- Knoblauch
- Salz

- 2 kg Erdäpfel
- Öl
- Salz
- 1 Bund Petersilie

Zubereitung

Sojaschnetzel in heißer Gemüsesuppe einweichen und ausdrücken.
Zwiebeln in feine Würfel schneiden.
Zwei Drittel der Zwiebelwürfel in Öl anschwitzen.
Sojaschnetzel beigeben und leicht anbraten.
Knoblauch und Tomatenmark dazugeben.
Rosmarin und Thymian beigeben.
Mit Sojasauce ablöschen, mit Wasser oder dünner Gemüsesuppe aufgießen.
20 Minuten köcheln lassen, anschließend mit Salz abschmecken.

Geputzte Fisolen bissfest kochen.
Restliche Zwiebelwürfel anschwitzen.
Gekochte Fisolen und etwas Knoblauch dazugeben.
Mit etwas Gemüsesuppe ablöschen und mit Salz abschmecken.

Erdäpfel kochen und schälen.
Halbieren und in etwas Öl leicht anbraten.
Leicht salzen und mit gehackter Petersilie bestreuen.

49 Sojaschnitzel Wiener Art

Zutaten für 10 Portionen

- 10 Soja Big-Steaks
- 500 ml Sojamilch (ungesüßt)
- Salz
- Pfeffer
- 300 g Weizenmehl
- Öl
- Semmelbrösel

Zubereitung

Die Sojasteaks wie auf der Packung beschrieben einweichen (in gesalzenem Wasser oder Gemüsebrühe, heiß bis kochend).

Sojamilch in eine Schüssel geben und mit Salz und Pfeffer würzen.

Das Mehl nach und nach mit der Sojamilch verrühren.

Die eingeweichten Sojasteaks in die Sojamilch-Mehl-Mischung tauchen und in den Semmelbröseln wenden.

Die panierten Sojasteaks in reichlich Öl ausbacken.

50 Spaghetti Bolognese

Zutaten für 10 Portionen

- 500 g Sojagranulat
- 3 Zwiebeln
- Öl
- 200 g Tomatenmark, 3-fach konzentriert
- Salz
- Pfeffer
- Paprikapulver
- Sojasauce (oder Rotwein)

- 1,25 kg Spaghetti

Zubereitung

Sojagranulat wie auf der Packung beschrieben aufquellen lassen.

Zwiebeln kleinwürfelig schneiden und in einer heißen Pfanne mit etwas Öl anschwitzen.

Das eingeweichte Granulat dazugeben und leicht anbraten.

Tomatenmark beigeben und leicht anbraten.

Mit Salz, Pfeffer und Paprikapulver (oder Gemüsebrühepulver) würzen.

Mit einem Schuss Sojasauce (oder Rotwein) ablöschen, mit heißem Wasser aufgießen und 10 Minuten köcheln lassen.

Nach Belieben mit Kräutern verfeinern.

Spaghetti al dente kochen und mit der Sauce Bolognese anrichten.

51 Wokpfanne mit Tempeh

Zutaten für 10 Portionen

- 400 g Tempeh
- 40 ml dunkle Sojasauce
- 300 g Zwiebeln
- 180 ml Erdnussöl
- 15 g Knoblauchpaste
- 1,5 kg gelbe und rote Paprikaschoten
- 1 kg Zucchini
- 300 g Karotten
- 200 g Lauch
- 150 g Zuckerschoten
- 200 g Sojasprossen
- 50 g Kurkuma
- 600 ml Kokosmilch
- 20 g Salz
- 5 g Pfeffer
- 1 Bund frischer Koriander
- 15 g frisch geriebener Ingwer oder Ingwerpaste
- 10 g Sambal Oelek
- 30 g Zucker
- 30 ml Essig

Zubereitung

Tempeh in Streifen schneiden und in der Sojasauce marinieren.

Zwiebeln in Streifen schneiden und in der Pfanne im Erdnussöl glasig anbraten, dann das Tempeh und den Knoblauch dazugeben.

Das streifig geschnittene Gemüse (bis auf die Sojasprossen) dazugeben. Kräftig umrühren und nach zwei Minuten die Sojasprossen hinzufügen. Kurkuma untermischen.

Wenn das Gemüse gut angeröstet ist, die Kokosmilch unterrühren und mit Salz und Pfeffer abschmecken.

Mit gehacktem Koriander, Ingwer, Sambal Oelek, Zucker und Essig abschmecken.

Dazu passt am besten Vollkornbasmatireis.

52 Zucchinispaghetti mit Bärlauchpesto

Zutaten pro Portion

- 2 Zucchini
- 100 g Zedernkerne
- 3 Handvoll Bärlauch
- 200 ml Olivenöl extra vergine
- Salz, Pfeffer

Garnierung

Zedern- oder Pinienkerne

Zubereitung

Die Zucchini mithilfe eines Spiralschneiders zu Pasta verarbeiten.

Für das Pesto die Zedernkerne im Mixer zerkleinern, grob geschnittenen Bärlauch zugeben, mixen sowie nach und nach das Olivenöl zugeben, bis eine geschmeidige Creme entsteht. Mit Salz und Pfeffer würzen.

Die Zucchinispaghetti mit dem Pesto anrichten und ausgarnieren.

Zur Aufbewahrung das Pesto in Gläser abfüllen, mit etwas Öl bedecken und verschließen. Das Pesto hält im Kühlschrank einige Tage.

53 Wiener Saftgulasch

Zutaten für 10 Portionen

300 g Sojafleisch, getrocknet
2 Lorbeerblätter
2 500 ml Gemüsefond
1 000 g Zwiebeln
200 ml Sonnenblumenöl
200 g Tomatenmark
50 g Paprika, edelsüß
10 g Paprika, scharf
2 EL Essig
Pfeffer, Kümmel, gemahlen
2 Knoblauchzehen
Evtl. etwas Maismehl zum Binden

Gulasch mit Semmelknödel oder Polenta servieren.

REZEPTUR VON SIEGFRIED KRÖPFL

Zubereitung

Einen kleinen Teil des Gemüsefonds wärmen und das Sojafleisch darin einweichen. Lorbeerblätter dazugeben. Nach zirka 20 Minuten das Fleisch abgießen und ausdrücken. Einweichwasser aufheben.

Die Zwiebeln fein schneiden und in einem Topf in Öl anbräunen. Nun das Sojafleisch dazugeben und kurz mitrösten.

Anschließend das Tomatenmark und das Paprikapulver beifügen, aufschäumen lassen. Mit dem Essig ablöschen und mit dem Einweichwasser und dem restlichen Gemüsefond aufgießen. Die Gewürze beigeben und zirka 15 Minuten köcheln lassen.

Sollte das Gulasch zu flüssig sein, kann der Saft mit Maismehl gebunden werden. Dazu etwas Maismehl mit Flüssigkeit (Wasser oder Suppe) verrühren.

Variante: Saftgulasch mediterran
Will man das Gulasch verfeinern, können gegen Ende der Kochzeit verschiedene Gemüse beigegeben werden. 200 Gramm grüne, gelbe und rote Paprikaschoten (in Streifen geschnitten), 100 Gramm Champignons (geviertelt), 200 Gramm Tomaten (geviertelt) und 100 Gramm Zwiebeln (geachtelt) zum Kochgut geben, einmal aufkochen und anschließend rund zehn Minuten ziehen lassen.

54 Zwiebelrostbraten mit Bratkartoffeln

Zutaten für 4 Portionen

4 große Scheiben Seitan oder Sojaflakes
Salz, Pfeffer
3 EL Sonnenblumenöl
200 g Zwiebeln
1/8 l Rotwein
300 ml brauner Fond
2 TL Senf, etwas Maisstärke

Beilage

400 g Kartoffeln
2 EL Öl, Salz, Pfeffer

Garnierung

250 g Zwiebeln
1 EL Paprikapulver
1 EL Mehl
Öl zum Frittieren
2 Salzgurken

REZEPTUR VON SIEGFRIED KRÖPFL

Zubereitung

Seitanscheiben mit Salz und Pfeffer würzen, in heißem Fett anbraten und aus der Pfanne nehmen.

Zwiebeln in Streifen schneiden und in der Pfanne mit etwas Öl goldbraun rösten. Mit dem Rotwein ablöschen und mit dem braunen Fond aufgießen. Wenn nötig nachwürzen und ein paar Minuten köcheln lassen. Die Sauce mit etwas Senf verfeinern und mit Stärkemehl binden. Nun den Seitan in die Sauce geben und kurz köcheln lassen.

Gekochte Kartoffeln in Scheiben schneiden und in heißem Fett goldbraun braten, mit Salz und Pfeffer würzen.

Zwiebeln in Streifen schneiden. Paprikapulver und Mehl vermengen, die Zwiebelstreifen darin wenden und in heißem Fett herausbacken. Gut abtropfen lassen.

Den Seitan mit der Sauce und den Kartoffeln auf einem großen Teller anrichten. Mit den frittierten Zwiebelstreifen sowie halbierten Salzgurken ausgarnieren.

Beilagen

55 Semmelknödel böhmische Art

Zutaten für 4 Portionen

- 42 g frische Hefe
- 20 ml Agavendicksaft
- 600 ml Sojadrink lauwarm
- Muskatnuss
- Salz
- 600 g glattes Mehl
- 200 g Grieß
- 250 g Gebäckwürfel (getrocknete Gebäckwürfel mit etwas Sojadrink einweichen)
- etwas Öl (zum Einölen der Siebeinsätze)

Zubereitung

Basis-Rezeptur Dämpfen

Hefe mit Agavendicksaft verreiben, bis die Hefe flüssig wird.

Lauwarmen Sojadrink zugeben, Muskatnuss reiben, salzen.

Mehl und Grieß einarbeiten, Teig gründlich durchkneten, er soll relativ fest sein. Einmal gehen lassen, dann die Gebäckwürfel einkneten und wieder gehen lassen.

Siebeinsätze zum Dämpfen einölen und vorbereiten. Aus dem Teig längliche Knödel formen, auf die eingeölten Siebeinsätze setzen, nochmals gehen lassen und dann bei 100 °C ca. 20–25 Min. dämpfen.

Gekochte Knödel in Scheiben schneiden (zirka ein Zentimeter breit).

56 Milchsaures Gemüse

Zutaten für 4 Portionen

- 300 g Gemüse (Kohl, Karotten, Rote Bete, Rüben, Knoblauch, Zwiebeln)
- 15 g Kristallsalz
- 10 g Dulsealgen oder Meeresgemüseflocken
- 4 Wacholderbeeren
- 1 Lorbeerblatt
- 1 g Kümmel, ganz

Zubereitung

Basis-Rezeptur Fermentieren

Das Gemüse so fein wie möglich hobeln oder reiben. Die restlichen Zutaten dazugeben und zehn Minuten kräftig umrühren, damit sich Saft (Lake) bildet.

Das Gemüse dicht in ein Gefäß, z. B. einen Topf aus Keramik, schichten. Anschließend mit einem Teller oder einem anderen Deckel, der gut auf das Gefäß passt, bedecken. Es darf keine Luft an das Gemüse kommen, der Teller bzw. Deckel muss direkt auf dem Gemüse aufliegen.

Darauf kommt ein Gewicht (z. B. ein mit Wasser gefülltes Einmachglas), das die Gemüsemischung nach unten drückt und die Lake aufsteigen lässt, sodass die Lake das Gemüse (und evtl. auch den Deckel/Teller) bedeckt. Über das Gefäß ein sauberes Tuch spannen.

Das Gefäß sollte für drei bis sieben Tage an einem 15–20 °C warmen Ort aufbewahrt werden. Während der Fermentation vermehren sich die nützlichen Bakterien und wandeln den Zucker und die Stärke, die natürlicherweise im Gemüse vorkommen, in Milchsäure um. Schauen Sie jeden Tag nach Ihrem Gemüse und schöpfen Sie jegliche Unreinheiten ab.

Nach der Gärungszeit das Gemüse in Schraubverschlussgläser abfüllen und verschlossen im Kühlschrank aufbewahren.

> Nutzen Sie diese Art der Zubereitung beispielsweise für die Herstellung verschiedener Rohkostgerichte. Aus dem Saft lassen sich wertvolle probiotische Getränke oder Salatdressings zubereiten.

Snacks/Kalte Küche

Rund ums Brot

57 Hefeteig für Ciabatta (aus Vollkornmehl)

Zutaten für 4 Ciabattas à 250 Gramm

- 42 g Frischhefe
- 30 g Agavendicksaft
- 600 ml lauwarmes Wasser
- 20 g Meersalz
- 500 g Weizenvollkornmehl
- 500 g Dinkelvollkornmehl
- 20 ml Rapsöl

Zubereitung

Hefe mit dem Agavendicksaft in einer Schüssel verrühren. Zuerst Wasser und Salz und dann die beiden Mehlsorten dazugeben. Öl unterkneten. Die Konsistenz des Teiges überprüfen, evtl. mit etwas Wasser oder etwas Mehl korrigieren.

Teig gut und lange durchkneten, an einem warmen Ort gehen lassen, bis sich das Volumen verdoppelt hat. Aus dem Teig vier längliche Streifen schneiden, auf ein Backblech legen und nochmals gehen lassen.

Backanleitung

- Ober- und Unterhitze: Bei 200 °C anbacken und bei 170 °C fertig backen, je nach Größe 15–25 Minuten
- Umluft: 15 min/200 °C, dann 50 min/160 °C

58 Karotten-Buchweizen-Brot

REZEPTUR VON SIEGFRIED KRÖPFL

Zutaten für 4 Portionen

- 5 Karotten
- 1 Apfel
- 1 TL Koriandersamen
- 1 TL Salz
- ½ Tasse Rosinen
- 100 g Haselnüsse, fein gemahlen
- 1 Tasse Nussmehl (Trester von der Erzeugung der Nussmilch)
- 200 g gesprosster Buchweizen (Gewicht vor dem Sprossen)
- 1 Tasse Leinsamen, gemahlen

Zubereitung

Karotten, Äpfel und Gewürze in der Küchenmaschine fein raspeln und eine Schüssel geben. Rosinen einweichen.

Nüsse, Nussmehl, die eingeweichten Rosinen, den Buchweizen und die gemahlenen Leinsamen zur Karotten-Apfelmischung geben.

Alles mit den Händen zu einem Teig verkneten. Der Teig sollte gut formbar sein und sich leicht vom Schüsselrand lösen. Bei Bedarf noch Leinsamen oder Nuss- bzw. Samenmehl zugeben.

Kleine Brotlaibe formen und mit einem gezähnten Brotmesser kleine Scheiben abschneiden und auf ein Trockengitter legen. Zunächst bei 63 °C ein bis zwei Stunden trocknen lassen, dann die Temperatur auf 42 °C reduzieren und zirka acht Stunden weiter trocknen (oder solange, bis das Brot die gewünschte Konsistenz erreicht hat).

59 Sauerteigbrot

Zutaten für 2 Brote

- 42 g Hefe
- 30 g Agavensirup
- 600 ml Wasser
- 100 g Sojajoghurt
- 20 g Sauerteigextrakt
- 10 g Salz
- Fenchel, Anis, Kardamom, Kümmel
- 750 g Weizenmehl
- 750 g Roggenmehl

Zubereitung

REZEPTUR VON SIEGFRIED KRÖPFL

Die Hefe in etwas lauwarmem Wasser auflösen und mit Agavensirup verrühren.

Restliches Wasser, Sojajoghurt und Sauerteigextrakt dazugeben. Salz und Gewürze einstreuen, alles gut vermengen.

Das Mehl zugeben und zu einem Teig kneten. Sollte der Teig zu bröselig sein, kann durch Zugabe von etwas Wasser die Konsistenz korrigiert werden. Zirka eineinhalb Stunden ruhen lassen.

Teig einmal zusammenkneten und in zwei Stücke teilen. Mit Mehl bestreuen und nochmals zirka 40 Minuten gehen lassen. Die Brote mit etwas Wasser bestreichen und im Rohr etwa 10 Minuten bei 220 Grad backen, danach noch rund 50 Minuten bei 160 Grad fertig backen.

Brotaufstriche

60 Bohnenpaste

Zutaten für 200 Gramm

- 200 g schwarze Bohnen
- 100 g Zwiebeln
- 1 Knoblauchzehe
- 30 ml Rapsöl
- Salz, Pfeffer

Zubereitung

Schwarze Bohnen einweichen. Mit dem Einweichwasser zum Kochen bringen.

Zwiebeln und Knoblauch grob schneiden und zugeben.

Weiche Bohnen abgießen und zerstampfen.

In einer Pfanne Öl erhitzen und das Bohnenpüree hineingeben und rösten. Gut mit Salz und Pfeffer würzen.

61 Cashewnusskäse

Zutaten für 500 Gramm

- 400 g Cashewnüsse, roh
- 400 ml Wasser zum Einweichen
- 30 ml Zitronensaft
- 1 Knoblauchzehe
- 10 g Hefeflocken
- 1 Prise Steinsalz
- 1 Prise Pfeffer

Zubereitung

Cashewnüsse einweichen und mindestens acht Stunden stehen lassen. Danach Wasser abgießen und die Nüsse gründlich durchspülen.

Cashewnüsse zusammen mit den restlichen Zutaten in einen Mixer geben und gründlich durchmixen.

Ein Sieb mit einem Passiertuch auslegen, die gemixte Masse in das Tuch geben, zudrehen, beschweren und am besten über Nacht abtropfen lassen.

Der Cashewnusskäse ist zum sofortigen Gebrauch bestimmt und ist das vegane Pendant zu Ricotta und Frischkäse. Für einen länger reifenden Käse muss die Nussmasse mit Bakterienkulturen fermentiert werden. Der Käse muss über Wochen reifen.

62 Eiaufstrich

Zutaten für 4 Portionen

- 150 g Naturtofu
- 1/4 Zwiebel
- 2 Essiggurkerl
- Schnittlauch
- 4 EL vegane Mayonnaise
- 1 TL Kurkuma
- 1/2 TL Kala Namak (schwarzes Salz)
- 1 TL Paprikapulver

Zubereitung

REZEPTUR VON SIEGFRIED KRÖPFL

Den Naturtofu gut ausdrücken.

Zwiebel und Gurkerl klein schneiden und untermengen. Das Ganze mit dem Stabmixer pürieren.

Die restlichen Zutaten dazugeben und mischen. Je nach Vorliebe mit Paprikapulver abschmecken.

In ausgehöhlte Tomaten gefüllt und mit Petersilie dekoriert, sieht der Aufstrich besonders lecker aus.

63 Gekeimte Erbsen

Zutaten für 4 Portionen

- 200 g Erbsen, ungeschält
- 30 g pflanzliches Schmalz
- 2 Knoblauchzehen
- Salz, Pfeffer

Zubereitung

Basis-Rezeptur Keimen

Erbsen in Wasser legen und über Nacht einweichen lassen.

Wasser abgießen und die Erbsen 2–3 Tage keimen lassen. Dabei zwischendurch mit frischem Wasser durchspülen.

Schmalz in einer Pfanne auslassen und die gekeimten Erbsen zugeben. So lange rösten, bis die Erbsen knusprig sind.

Knoblauch pressen oder mit Salz zerreiben und zu den Erbsen geben, nach Geschmack würzen.

Gekeimte Erbsen können auch als Salattopping verwendet werden.

64 Grünkernaufstrich

Zutaten für 1 000 Gramm

- 300 g Grünkernschrot
- 1 000 ml klare Gemüsesuppe
- 300 g Zwiebeln
- 100 g Margarine
- 1 Knoblauchzehe
- 20 g Salz
- 5 g Pfeffer
- Kümmel, Majoran

Zubereitung

Grünkernschrot in einem Topf ohne Fett rösten bzw. darren, bis es anfängt zu duften.

Danach mit klarer Gemüsesuppe aufgießen, den Topf mit einem Deckel verschließen und bei niedriger Temperatur ca. 30 Minuten weich dünsten. Erkalten und ausquellen lassen.

Zwiebeln schälen und in feine Würfel schneiden. Ein wenig der Margarine in einer Pfanne erhitzen und die Zwiebelwürfel glasig andünsten. Knoblauch schälen und in feine Scheiben schneiden, zu den Zwiebeln geben und nur kurz mitrösten.

Die ausgequollene Grünkernmasse in einen Mixer geben und zusammen mit dem Zwiebel-Knoblauch-Gemisch glatt mixen. Restliche Margarine in die glatte Masse geben und mit den Gewürzen abschmecken. Kalt und luftdicht aufbewahren.

65 Kräuterschmand

Zutaten für 200 Gramm

- 200 g veganer Frischkäse
- Salz, Pfeffer
- 50 g frische Kräuter (Schnittlauch, Petersilie, Pimpernelle, Spitzwegerich, Giersch, Schafsgarbe)

Zubereitung

Frischkäse mit Salz und Pfeffer glatt rühren.

Gewaschene Wildkräuter sehr fein schneiden und mit dem Frischkäse verrühren.

Tipp: Frischkäse lässt sich leicht selbst machen, indem man Sojajoghurt in einen Kaffeefilter füllt und ihn im Kühlschrank 2–3 Stunden stehen lässt. Danach hat man eine feste Grundmasse.
Mit der aufgefangenen „Molke" lassen sich Smoothies verfeinern.

66 Paprika-Cashew-Aufstrich

Zutaten für 1 kg Aufstrich

- 100 g rote Zwiebeln
- 1 Knoblauchzehe
- 1 000 g rote Paprikaschoten
- 100 g geräucherter Tofu
- 30 ml Öl
- 2 Lorbeerblätter
- 100 ml klare Gemüsesuppe
- 250 g Cashewkerne
- 10–15 g Salz, geräuchert
- 15 g Paprika, edelsüß
- 5 g Paprika, scharf
- 1 g schwarzer Pfeffer
- 10 ml Agavendicksaft

Zubereitung

Zwiebeln schälen und würfeln, Knoblauch schälen und in feine Scheiben schneiden. Paprikaschoten waschen und in kleine Stücke schneiden, Räuchertofu würfeln.

Zwiebeln in einem Topf mit Öl glasig anschwitzen, Tofuwürfel zugeben und weiter rösten. Anschließend Knoblauch und Lorbeerblätter sowie Paprikawürfel zugeben und kurz anschwitzen, mit der Suppe auffüllen und mit geschlossenem Deckel zehn Minuten weich dünsten.

Cashewkerne in einer Pfanne oder im Ofen ohne Fettzugabe hellbraun rösten. Anschließend in einem Mixer zu einer feinen Masse pürieren.

Lorbeerblätter aus der Paprikamasse entfernen und diese mit dem Stabmixer pürieren, mit dem Cashewmus zu einer feinen Paste mixen.

Mit den Gewürzen und dem Agavendicksaft abschmecken.

67 Veganes Rührei

REZEPTUR VON SIEGFRIED KRÖPFL

Zutaten für 4 Portionen

- 300 g Tofu natur
- 100 g Räuchertofu
- 40 g Margarine oder Öl
- 100 g Zwiebeln
- 10 ml Sojasauce
- Salz, Pfeffer, Kurkuma
- 200 g Seidentofu

Garnierung

- 20 g Schnittlauch

Zubereitung

Naturtofu mit einer Gabel grob zerdrücken, sodass er eine rühreiähnliche Struktur bekommt. Räuchertofu in feine Würfel schneiden.

In einer Pfanne die Margarine nicht zu hoch erhitzen und die Räuchertofuwürfel knusprig braten. Zwiebeln schälen und in feine Würfel schneiden, zum Räuchertofu geben und glasig braten. Mit Sojasauce ablöschen.

Zu der Zwiebelmischung die Naturtofumasse geben und weiter braten. Mit Salz und Pfeffer würzen. Mit einer Prise Kurkuma eine eiähnliche Farbe bestimmen.

Seidentofu zu der gebratenen Masse geben.
Kurz in der Pfanne braten und evtl. nochmals nachwürzen.

Etwas Kala Namak verleiht dem Gericht einen eitypischen Geschmack.

Getränke

68 Basis-Saft

REZEPTUR VON SIEGFRIED KRÖPFL

Zutaten für ca. ½ Liter

- 1 Salatgurke
- 3–4 Stangen Staudensellerie
- 1 große Handvoll dunkles Blattgrün

Zubereitung

Alle Zutaten entsaften und möglichst frisch trinken. Das Getränk kann mit einem Spritzer Zitronensaft verfeinert werden.

69 Eistee Cranberry

Zutaten für 10 Gläser

- 2 Beutel Roibuschtee
- 500 ml Wasser
- 60 ml Agavendicksaft
- 100 ml Cranberrysaft
- 500 ml Mineralwasser

Zubereitung

Die Teebeutel mit heißem Wasser aufgießen und fünf Minuten ziehen, dann abkühlen lassen. Mit Agavendicksaft süßen und mit Cranberrysaft und kaltem Mineralwasser auffüllen.

70 Golden Harvest Smoothie

Zutaten für 4 Gläser (à 150 ml)

- 40 g getrocknete Pfirsiche oder Marillen, ungeschwefelt
- 120 g vollreife Mango
- 180 g Fruchtfleisch eines Speisekürbis (Hokkaido, Butternut)
- 250 ml Karottenmost (milchsauer vergorener Karottensaft)
- Saft einer halben Limette
- 1 EL Leinöl
- 200 ml Wasser

Zubereitung

Die Pfirsiche oder Marillen zusammen mit der gewürfelten Mango und den Kürbisstücken in einen Hochleistungsmixer geben und mit dem Karottenmost auffüllen. Limettensaft und Leinöl ergänzen und alles zu einem feinen Smoothie mixen.

Mit Wasser auf die gewünschte Konsistenz verdünnen.

71 Kiwi-Apfeldrink

Zutaten für 5 Gläser

- 4 Kiwis
- 100 g Eiswürfel
- 800 ml Apfelsaft
- 0,5 l Mineralwasser

Zubereitung

Kiwis schälen und in Würfel schneiden. Zusammen mit den Eiswürfeln und dem Apfelsaft in einen Hochleistungsmixer geben und aufmixen.

Mit dem Mineralwasser auffüllen.

72 Kokos-Vanillemilch

Zutaten für 1,5 Liter

- 2 Tassen Kokosraspeln
- 1 Vanilleschote
- 4–6 Tassen Wasser (je nach gewünschtem Fettgehalt der Milch)

Zubereitung

Im Hochleistungsmixer ca. eine Minute lang mixen und durch einen Nussmilch-Beutel passieren.

73 Kräuterbowle mit Erdbeeren

Zutaten für 1,5 Liter Bowle

- 100 ml Agavendicksaft
- 100 ml Wasser
- 2 Zitronen
- 50 g frische Minze
- 50 g Zitronenmelisse
- 20 g Lavendel
- 200 g Erdbeeren
- Eiswürfel
- 1 l Prosecco oder 1:1 Apfelsaft und Mineralwasser

Zubereitung

Aus Agavendicksaft und Wasser einen Sirup kochen.

In die heiße Flüssigkeit die in Scheiben geschnittenen Zitronen (mit Schale) und die grob geschnittenen Kräuter geben. Über Nacht ziehen lassen und dann in eine Flasche abfüllen.

In Gläser klein geschnittene Erdbeeren geben und mit dem Kräutersirup marinieren. Einige Eiswürfel in die Gläser geben und entweder mit dem Prosecco oder mit dem Apfelsaft-Mineralwasser-Gemisch aufgießen.

Auf die gleiche Art kann auch Holunderblütensirup oder Limetten-Ingwersirup zubereitet und für eine Bowle verwendet werden.

74 Trinkfrühstück

Zutaten für 4 Portionen

- 200 g Früchte der Saison
- 300 ml Mandelmilch
- 200 ml Sojajoghurt
- 30 g Haferflocken
- 1–2 TL Agavendicksaft

Zubereitung

Früchte waschen, putzen und klein schneiden. Alle Zutaten in einen Mixer geben und pürieren. In Gläser füllen und mit einem Strohhalm servieren.

75 Tropical Sour

Zutaten für 4 Gläser

- 1 cm einer Ingwerwurzel
- Saft einer Limette
- 300 ml Ananassaft
- 100 ml Apfelsaft
- 8 EL Crushed Ice

Zubereitung

Ingwer fein reiben und in einen Krug auspressen. Limetten-, Ananas- und Apfelsaft zugießen. Das Crushed Ice auf die mit dem Zuckerrand versehenen Gläser aufteilen und das Saftgemisch darauf gießen.

Für den Zuckerrand eine kleine Schüssel mit Wasser, eine weitere mit Zucker füllen. Den Rand der Gläser zuerst in Wasser, dann in Zucker tauchen. Trocknen lassen.

Süßes

76 Brownies

Zutaten für 12 Stück

- 500 g Weizenmehl
- 450 g Zucker
- 12 g Backpulver
- 30 g Maisstärke
- 130 g Kakaopulver
- 180 ml Wasser
- 200 ml Sonnenblumenöl
- 180 ml Ahornsirup
- 70 g grob gehackte Schokolade oder Schokochips

Zubereitung

REZEPTUR VON MELANIE KRÖPFL

Trockene Zutaten mischen und die flüssigen unterrühren.

Die Brownie-Masse in eine mit Backpapier ausgelegte Backform (ca. 25 x 35 cm) streichen. Die gehackte Schokolade oder die Schokochips darüber verteilen.

Die Masse bei 180 °C zirka 25 Minuten backen. Nach dem Auskühlen in gleich große Stücke schneiden.

77 Bananeneis

Zutaten für 4 Portionen

- 2 Bananen
- Saft einer halben Zitrone
- 1 Pk. Vanillezucker
- 50 g Staubzucker
- 300 ml Sojasahne

Zubereitung

Bananen klein schneiden, mit Zitronensaft beträufeln und tiefkühlen.

Bananen im Mixer aufmixen, Vanillezucker, Zucker und Sojasahne beigeben und nochmals kurz mixen. Eis am besten sofort servieren.

REZEPTUR VON SIEGFRIED KRÖPFL

78 Cheesecake

Zutaten für eine 25-Zentimeter-Form

Für den Teig:

- 100 g Reismehl
- 100 g Kichererbsenmehl
- 50 g Maisstärke
- 2 g Xanthan (Bindemittel)
- 70 g Zucker
- 8 g Backpulver
- 100 g Margarine
- 40 ml kaltes Wasser

Für die Füllung:

- 600 g ungesüßtes Sojajoghurt
- 70 g Maisstärke
- 1 EL Zitronensaft
- 50 ml Sonnenblumenöl
- 150 g Zucker
- 1 EL Vanillezucker

Zubereitung

Für den Teig die trockenen Zutaten vermischen. Wasser und Margarine unterkneten. Den Teig in die eingefettete, bemehlte Backform drücken.

Für die Füllung alle Zutaten verrühren. Verwenden Sie einen Schneebesen, um eine glatte, klümpchenfreie Masse zu bekommen.

Die Füllung auf den Mürbteig gießen.
40–45 Minuten bei 180 °C backen, bis die Oberfläche leicht gebräunt ist.

REZEPTUR VON MELANIE KRÖPFL

79 Früchtepalatschinken mit Schokoladesauce

Ca. 10 Stück à Ø 30 cm

- 750 ml Sojamilch
- 250 ml Sodawasser
- 400 g Mehl
- Salz (vorzugsweise Kala Namak)
- 1 Messerspitze Kurkuma
- Öl zum Backen

- 1,2 kg frisches Obst (Bananen, Erdbeeren, Birnen, Apfel, Melone, Orangenfilets, frische Beeren)
- 70 g Reissirup
- Saft von 1 Zitrone
- 4–5 EL Chiasamen

- 300 g Schokolade
- 70 ml Reissirup
- 100 ml Wasser

Zubereitung

Sojamilch, Sodawasser, Mehl, Salz und Kurkuma zu einem glatten Palatschinkenteig verrühren. Mit Kurkuma sparen, damit der Teig nicht zu gelb wird und unnatürlich wirkt.
Palatschinken portionsweise in einer beschichteten Pfanne ausbacken.

Das Obst in kleine Würfel (Brunoise) schneiden.

80 Himbeereis

Zutaten für 4 Portionen

- 300 g Himbeeren, tiefgekühlt
- 100 g Staubzucker
- 1 Vanillezucker
- Saft einer halben Zitrone
- 300 ml Sojasahne

Zubereitung

REZEPTUR VON SIEGFRIED KRÖPFL

Tiefgekühlte Himbeeren im Mixer aufmixen, restliche Zutaten beigeben und nochmals kurz mixen. Es soll eine cremige Konsistenz haben.

Das Eis kann man sofort genießen oder nochmals kurz tiefkühlen. Frisch schmeckt es am besten.

81 Himbeertörtchen

Zutaten für 4 Portionen

Für den Teig:

- 1 Tasse Mandeln, Haselnüsse, Paranüsse, Pekannüsse oder eine Mischung
- ¼ Tasse Kokosflocken
- ½ Tasse Rosinen
- 1 TL Agavendicksaft
- 1 Prise Salz

Für die Creme:

- 150 g Himbeeren
- ½ Tasse frische Medjoul-Datteln
- Saft einer halben Zitrone
- Mark einer halben Vanilleschote
- 1 TL Flohsamen

Garnierung

- 100 g Himbeeren
- frische Minze

Zubereitung

Alle Zutaten für den Teig in einer Küchenmaschine zu einer knetbaren Masse verarbeiten. Diese gleichmäßig in vier kleine oder eine große Tortenform/en drücken und einen höheren Rand dabei formen. Anschließend ca. 20 Minuten kalt stellen.

In der Zwischenzeit die Himbeeren für die Füllung mit den Datteln, dem Zitronensaft und dem Vanillemark glatt mixen.

Danach die Flohsamen untermengen und die Masse auf dem Tortenboden verteilen. Mit Himbeeren und evtl. Minze verzieren und weitere 20 Minuten kühl stellen.

82 Heidelbeertarte

Zutaten für eine Form mit einem Durchmesser von 22 cm

- 150 g Heidelbeeren
- 100 g Seidentofu
- 100 ml Reismilch
- 125 g pflanzliche Margarine
- 200 g Rohrzucker, fein
- 500 g Mehl
- 15 g Backpulver
- Staubzucker zum Bestreuen

Zubereitung

Die Heidelbeeren mit dem Tofu und der Reismilch mixen.

Die Margarine mit dem Zucker zu einer cremigen Masse verrühren.

Mehl und Backpulver versieben, mit der Margarine vermischen und nach und nach unter die Heidelbeer-Creme heben.

In eine gefettete, mit Mehl bestäubte Tarte-Form füllen und bei 180 °C ca. 20 bis 25 Minuten backen.

Kuchen gut abkühlen lassen und mit Staubzucker bestreuen.

Mit Heidelbeerkompott serviert, ist diese Tarte ein herrlich beeriger Genuss.

83 Kiachln mit Preiselbeeren

Zutaten für 4 Portionen

- 40 g Hefe
- 250 ml Sojadrink
- 60 g Margarine, weich
- 500 g Mehl, 60 g Zucker
- 50 ml Sonnenblumenöl
- 2 EL Rum
- 1 Prise Salz
- 2 EL Vanillezucker
- Schale von einer Zitrone
- Öl zum Backen
- Preiselbeeren zum Füllen
- Staubzucker

Zubereitung

Die Hefe im lauwarmen Sojadrink auflösen, Margarine schmelzen und mit dem Mehl und den restlichen Zutaten gut verkneten.

Eine Kugel formen. Diese mit Mehl bestauben und zirka 20 Minuten an einem warmen Ort gehen lassen.

Den Teig in gleich große Stücke teilen, zu Kiachln formen und nochmals 20 Minuten gehen lassen.

Die Kiachln in heißem Fett goldgelb backen, gut abtropfen lassen und mit Preiselbeeren füllen. Mit Staubzucker bestreuen.

REZEPTUR VON SIEGFRIED KRÖPFL

Die Kiachln können mit jeder anderen Marmelade oder auch mit Apfelmus gefüllt werden.

Variante: Kiachln mit Sauerkraut sind eine wohlschmeckende, würzige Alternative.

84 Limetten-Lucuma-Törtchen mit Mangosauce

Zutaten für 10 Törtchen

Für den Boden:

- 100 g Feigen, getrocknet
- 50 ml Orangensaft
- 30 g Marillen, getrocknet
- 30 g getr. Sauerkirschen
- 1 Prise Salz
- 40 g Haselnüsse
- 20–30 g Mandeln, gemahlen

Für die Creme:

- 80 g Cashewnüsse
- 200 ml Wasser
- 240 g Limetten (ergibt geschält 200 g)
- 80 ml Agavensirup
- 80 ml Orangensaft
- 60 g Kokosmus
- 1 Prise Salz
- 40 g Lucumapulver
- 20 g Kakaopulver

Für die Mangosauce:

- 150 g Mango
- 20 ml Limettensaft
- 20 ml Agavensirup

Zubereitung

Für den Boden zuerst die grob zerkleinerten Feigen in die Küchenmaschine oder Moulinette geben und im Orangensaft einweichen. Marillen und Sauerkirschen in feine Würfel schneiden, Haselnüsse grob hacken.

Die eingeweichten Feigen pürieren und das Püree zu den anderen Trockenfrüchten geben. Masse verkneten und, falls dort zu viel Flüssigkeit übrig bleibt, etwas Mandelmehl zugeben.

Ein Blech mit Backpapier auslegen und die mit Öl bepinselten Dessertringe daraufstellen. Die Fruchtmasse auf die Böden als erste Schicht drücken, glatt pressen und kühlen.

Für die Creme die Cashewnüsse für zwei Stunden im Wasser einweichen, abtropfen lassen und in einen Standmixer geben. Limetten heiß waschen, Schale dünn abreiben. Die weiße Haut unter der grünen Schale abschneiden, sodass nur Limettenfruchtfleisch übrig bleibt.

240 g Limetten ergibt geschält 200 g!

Abgeriebene Limettenschale und das Limettenfruchtfleisch mit dem Agavensirup und dem Orangensaft zu den Cashewnüssen zufügen. Alles zusammen fein pürieren, bis eine ganz glatte, sahnige Creme entsteht. Das kann je nach Gerät ein paar Minuten dauern.

Das Kokosmus bei niedriger Temperatur (maximal 40 °C) im Wasserbad schmelzen lassen und zufügen, kurz mixen. Mit Salz würzen, Lucumapulver einrühren.

Die Creme auf die vorbereiteten Böden gießen und dünn mit Kakaopulver bestreuen. Die Törtchen für drei Stunden in den Kühlschrank stellen, damit die Creme fest wird.

Alle Zutaten für die Mangosauce pürieren, durch ein Sieb streichen und die Törtchen damit ausgarnieren.

85 Mandel-Kokos-Parfait mit Waldbeerensauce

Zutaten für 6 Portionen

Für den Mandelboden:
- 150 g Mandeln
- 1 Prise Himalayasalz
- Mark einer halben Vanilleschote
- 40 g Datteln
- 50 g Agavensirup

Für die Parfaitmasse:
- 150 g Cashewnüsse
- 150 ml Orangensaft
- 40 ml Zitronensaft
- 100 ml Mangopüree
- 80 ml Agavensirup
- Mark einer Vanilleschote
- 1 Prise Himalayasalz
- 100 g Kokosmus

Für die Waldbeerensauce:
- 50 g Waldbeeren, TK
- 20 ml Zitronensaft
- 30 ml Agavensirup
- 5 g Guarkernmehl

Zubereitung

Für den Boden zuerst die Mandeln in die Küchenmaschine oder Moulinette geben und zerkleinern, Salz, Vanille und die eingeweichten und pürierten Datteln zufügen, kurz verarbeiten und mit Agavensirup nachsüßen. Der Teig ist fertig, wenn man ihn zu einer Rolle zusammenpressen kann.

Törtchenringe auf ein Blech mit Backpapier stellen, in die Ringe schmale Plastikstreifen geben. Die Mandelmasse auf die Böden als erste Schicht hineindrücken. Glatt pressen und kühlen.

Für die Parfaitmasse die Nüsse in Orangensaft einweichen, anschließend abtropfen lassen und in einen Standmixer geben. Zitronensaft und Mangopüree und Agavensirup zufügen, alles zusammen fein pürieren, bis eine ganz glatte, sahnige Creme entsteht (das kann je nach Gerät ein paar Minuten dauern).

Vanillemark und Salz zugeben. Das Kokosmus bei niedriger Temperatur im Wasserbad schmelzen und zufügen, kurz mixen, damit sich alles gut miteinander verbindet.

Die Creme über die vorbereiteten Böden gießen und für drei Stunden ins Gefrierfach stellen, damit die Creme gefriert.

Alle Zutaten für die Waldbeerensauce pürieren, durch ein Sieb streichen und als letzte Schicht auf die Törtchen verteilen.

Törtchen gut abdecken und im Tiefkühlfach aufbewahren. Vor dem Servieren kurz antauen lassen.

86 Mango-Erdbeer-Creme im Glas

Zutaten für 10 Portionen
- 1 l vegane Schlagcreme
- 2 Pkg. Sahnesteif
- 2 Pk. Vanillezucker
- Zitronensaft von 1 Zitrone
- 300 ml Mangopüree
- 300 ml Erdbeermark

Zubereitung

Schlagcreme aufschlagen, Sahnesteif und Vanillezucker einrühren, Saft von 1 Zitrone beigeben.
Eine Hälfte der Creme mit Mangopüree, die andere Hälfte mit Erdbeermark vermengen.
Mango- und Erdbeercreme abwechselnd in die Gläser schichten.
Creme mit Minze garnieren.

87 Marillenknödel

10 Stück

- 1 kg mehlige Erdäpfel
- Salz
- 200 g Brösel
- 200 g griffiges Mehl

- 10 Marillen
- 10 Stück Würfelzucker
- 200 g geriebene Haselnüsse
- 300 g Brösel
- 250 g vegane Margarine
- Staubzucker

Zubereitung

Erdäpfel kochen, schälen und heiß passieren.
Mit Salz, Brösel und Mehl zu einem Teig verkneten.
Teig in gleich große Stücke teilen und ausrollen oder flach drücken.
Marillen entkernen und mit Würfelzucker füllen.
Je eine Marille mit einem Teigstück umhüllen und gut verschließen.
Knödel in Salzwasser ca. 10 Minuten köcheln lassen.

Margarine in einer Pfanne zergehen lassen, Nüsse und Brösel darin rösten.
Knödel in den Bröseln wälzen und anrichten.
Mit Staubzucker bestreuen.

88 Marmorkuchen

Zutaten für einen Napfkuchen oder eine Kastenform

- 150 g Mandeln
- 130 ml Mandelöl
- 230 ml Sojadrink
- 150 g Roh-Rohrzucker
- 1 Prise Salz
- Saft und abgeriebene Schale einer Zitrone
- Vanillezucker
- 15 g Weinsteinbackpulver
- 200 g Weizenmehl
- 30 g Kakaopulver

Zubereitung

Mandeln, Mandelöl und Sojadrink in einen Mixer geben und zu einer cremigen Masse mixen. Zucker, Salz, Zitronensaft, Vanillezucker und die abgeriebene Schale zugeben und alles zusammen mixen. Die Masse aus dem Mixer in eine Schüssel umfüllen.

Das Mehl in die Mandelmasse einsieben und unterheben. Die Masse teilen, einen Teil hell behalten, den anderen Teil mit dem Kakaopulver vermengen.

Die recht feste Masse abwechselnd in die vorbereitete Kasten- oder Napfform füllen, bei 160 °C ca. 50–60 Minuten backen. Garprobe mit einem Stäbchen durchführen.

Eine Kastenform mit Backpapier ausgelegen oder eine Napfform mit Margarine ausstreichen und mit etwas Mehl bestreuen.

89 Milchreis mit Nüssen und Früchten

REZEPTUR VON SIEGFRIED KRÖPFL

Zutaten für 4 Portionen

- 200 g Rundkornreis
- 250 ml Hafersahne
- 250 ml Hafermilch
- etwas Vanillezucker
- 1 Prise Salz
- 80 g Ahornsirup
- Schale einer Zitrone
- 100 g Nüsse
- 200 g Erdbeeren
- 1 TL Zimt

Zubereitung

Reis mit Hafersahne, Hafermilch, Vanillezucker, Salz und Ahornsirup ca. 20 Minuten unter ständigem Rühren langsam köcheln lassen.

Zitronenschale beigeben und etwas auskühlen lassen.

Nüsse hacken, Erdbeeren waschen und in kleine Stücke schneiden. Auf den Milchreis geben und mit Zimt bestreuen.

90 Pekannuss-Dattel-Konfekt

Zutaten für 20 Stück

- 8–10 frische Medjoul-Datteln
- 2 Tassen Pekannüsse

Zubereitung

Die Datteln entsteinen und zirka zwei Stunden in ausreichend Wasser einweichen.

Die eingeweichten Datteln und die Nüsse abwechselnd in einen Hochleistungsmixer geben. Den entstandenen Teig mit den Händen zu Keksen formen und diese in einem Dörrer bei 40 °C 6–10 Stunden trocknen. Wenn sich die Kekse an der Oberfläche warm und knusprig anfühlen, sollten sie gewendet werden.

91 Pfannkuchen (Palatschinken)

Zutaten für 4 Portionen

- 250 g Weizenmehl
- 1 Prise Salz
- 450 ml Sojamilch (oder Mandelmilch)
- 30 ml Rapsöl oder Margarine

Zubereitung

Mehl mit Salz vermischen. Die Sojamilch mit einem Mixer kräftig einrühren, bis eine glatte Masse entstanden ist. Die Konsistenz des Teiges sollte leicht dickflüssig sein, sich aber gut durch Schwenken in der Pfanne verteilen lassen.

In Rapsöl oder Margarine Pfannkuchen ausbacken.

Für die süße Zubereitung 10 Gramm Zucker und eine Prise Vanillepulver in den Teig einrühren.

92 Schokoladen-Erdmandel-Crumbletörtchen auf Granatapfelspiegel und Mangosorbet

Zutaten für 6 Portionen

Für das Crumbletörtchen:

- 40 g Roh-Rohrzucker
- 60 g Margarine, ungehärtet
- 90 g Weizenvollkornmehl
- 40 g Walnüsse, fein gerieben
- 40 g Erdmandeln, gerieben

Für die Creme:

- 120 g dunkle Schokolade (20 g für Dekoration aufheben)
- 180 g Seidentofu
- 20 ml Agavendicksaft
- 1 Messerspitze echte Vanille

Für den Fruchtspiegel:

- 100 g Granatapfelsaft
- 60 g Agavendicksaft

Für das Mangosorbet:

- 300 g Mangopüree
- 100 ml Agavendicksaft

6 Scheiben frische Ananas

Zubereitung

Aus den Zutaten für das Crumbletörtchen schnell einen Mürbeteig kneten, auf zwei Backbleche fünf Millimeter dick ausrollen und bei 180 °C zirka acht Minuten backen. Ein Blech dient als Boden für die Törtchen, der erkaltete zweite Teig wird zu Crumbles, indem er zerbröselt wird.

Für die Creme Schokolade in einem Wasserbad schmelzen. Seidentofu (lauwarm) mit Agavendicksaft in einem Mixer zu einer Creme mixen, die Schokolade einfließen lassen und gut vermengen. Mit Vanille abschmecken. Die noch weiche Creme auf den gebackenen Teig gießen, glatt streichen und kalt stellen (optimal bei 1 °C).

Wenn die Creme fest ist, wird der Kuchen mit einem heißen Messer in Stücke geschnitten und mit Crumble bestreut.

Für den Fruchtspiegel Granatapfelsaft und Agavendicksaft in einen Topf geben und auf die Hälfte einkochen lassen. Mit einer Spritztüte zerlassene Schokolade auf die Teller spritzen und mit Granatapfelsirup ausgießen.

Für das Sorbet Mangopüree und Agavendicksaft vermengen und in eine Eismaschine füllen, unter ständigem Rühren gefrieren lassen.

Auf die Teller immer zuerst den Fruchtspiegel platzieren, danach ein Törtchenstück und zuletzt eine ausgestochene Ananasscheibe. In die Vertiefung der Ananasscheibe eine Kugel des Mangosorbets platzieren.

Mit einigen Granatapfelkernen bestreut, sieht das Arrangement noch besser aus.

93 Zitronenpudding

Zutaten für 2 Portionen

- 1 Tasse Apfelsaft, ungesüßt
- 1,5 TL Agar-Agar-Flocken
- 2 TL Reismalzsirup
- 1 Prise Salz
- 1–2 TL Kuzu
- 1 TL Zitronensaft

Garnierung

½ TL geriebene Zitronenschale

Zubereitung

Saft, Agar-Agar-Flocken, Reismalzsirup und Salz in einen Topf geben und köcheln lassen. Solange umrühren, bis die Agar-Agar-Flocken vollständig aufgelöst sind.

Kuzu in einer Viertel Tasse kaltem Wasser verdünnen und zu dem erwärmten Gemisch geben. Solange köcheln lassen, bis die Mischung beginnt, sich zu verdicken. Den Zitronensaft hinzugeben und die Hitze abdrehen.

Den Pudding in Schalen portionieren, ausgarnieren und im Kühlschrank aufbewahren.

94 Schwarzwälder Kirschtorte

Zutaten für eine 25-Zentimeter-Form

Für den Teig:
- 500 g Mehl
- 380 g Zucker
- 30 g Backpulver
- 35 g Kakaopulver
- 500 ml Schokoladen-Reismilch
- 270 ml Sonnenblumenöl

Für die Füllung:
- 300 ml Reis-Schlagsahne
- 1 Pk. Sahnesteif
- 1 Pk. Vanillezucker
- Kirschmarmelade
- 1 Glas (500 g) Kirschen

Deko:
- Zartbitterschokolade

REZEPTUR VON SIEGFRIED KRÖPFL

Zubereitung
Ofen auf 180 °C vorheizen, Form einfetten und mit Mehl bestäuben.

Für den Teig alle trockenen Zutaten mischen. Die flüssigen Zutaten (Reismilch und Öl) vermischen und beides mit einem Schneebesen zu einem Teig verrühren.

Den Teig in die Form füllen und 50–60 Minuten backen. Gut auskühlen lassen.

Für die Füllung die Sahne mit dem Sahnesteif und dem Vanillezucker aufschlagen. Kalt stellen, bis sie gebraucht wird.

Den ausgekühlten Schokoladekuchen in zwei Böden schneiden. Einen Boden mit etwas Kirschmarmelade bestreichen und eine Schicht Schlagsahne darauf verteilen.

Die Kirschen gut abtropfen lassen, einige als Deko beiseitelegen und die restlichen Kirschen auf der Sahneschicht verteilen. Den zweiten Tortenboden aufsetzen.

Die gesamte Torte mit Sahne einkleiden. Mit geraspelter Schokolade und Kirschen dekorieren.

95 Superfood Chia-Pudding

Zutaten für 4 Portionen
- 90 g Chiasamen
- 3 EL Agavensirup
- 500 ml Mandelmilch
- 60 g Mandeln
- 260 g Heidelbeeren
- 30 g Gojibeeren
- 2 EL Hanfsamen

REZEPTUR VON SIEGFRIED KRÖPFL

Zubereitung
Chiasamen und Agavensirup in die Mandelmilch einrühren und mindestens 30 Minuten quellen lassen. Gut durchrühren, um die Klümpchen aufzulösen.

Die Mandeln hacken und mit den restlichen Zutaten in die Mandelmilch einrühren. Sofort servieren.

Glossar – Fachausdrücke für Veggie-Profis

Fachausdruck	Bedeutung
Agar-Agar/Agartine	Alternative zu Gelatine aus Algen
Algen	Seetang, „Gemüse" aus dem Meer; in der veganen Küche beliebte Zutat, die den Gerichten Struktur, Farbe und Geschmack (► umami) verleiht; auch zum Binden von Saucen und Suppen
Antibiotikum	Medikament, das den Stoffwechsel bestimmter Bakterien hemmt, sodass diese sich nicht mehr vermehren bzw. absterben
CO_2-Äquivalente	Wert gibt an, wie viel eine festgelegte Menge eines Treibhausgases zum Treibhauseffekt beiträgt; als Vergleichswert dient Kohlendioxid
Corporate Identity	Erscheinungsbild einer Firma in der Öffentlichkeit
Derivat	„Abkömmling"; in unserem Zusammenhang: aus einem Grundnahrungsmittel hergestelltes Produkt
Dörren	Haltbarmachen von Lebensmitteln durch Trocknung
Emulgator	Wird beigegeben, um zwei nicht miteinander mischbare Flüssigkeiten (z. B. Öl und Wasser) zu einem gleichmäßig verteilten Gemisch zu vermengen und zu stabilisieren
Ethik	Sittliche und moralische Grundsätze
Evaluation	Bestandsaufnahme
Fermentation	Umwandlung von Lebensmitteln mithilfe von Enzymen; Beispiele: Sauerkraut, Kimchi, Joghurt
Flexitarier/innen	Menschen, die sich regelmäßig für pflanzenbasierte Mahlzeiten entscheiden, obwohl sie nicht strikt vegetarisch oder vegan leben
Gemeinschafts-gastronomie	Gemeinschaftsverpflegung, also Essen u. a. in Kantinen, Mensen, Krankenhäusern, Altersheimen
Ghee	Fett, das aus Büffel- und Kuhmilch hergestellt wird; stammt aus der indischen Küche
Gluten	Auch Klebereiweiß; Proteingemisch, das in manchen Getreidearten wie Weizen, Gerste oder Roggen vorkommt
Gustatorisch	Wahrnehmung der Empfindungen des Schmeckens durch die Reizung der Geschmacksknospen
Hefeflocken	Schmecken ein bisschen nach Käse und eignen sich als Würzmittel für deftige Gerichte
Heirloom	Erbstück; Begriff für alte Gemüsesorten
Kala Namak	Auch: schwarzes Salz; riecht und schmeckt schwefelig und eignet sich daher für den geschmacklichen Ersatz von Eiern
Klebereiweiß	► Gluten
Kombu	Alge; meist aus Japan aus kultiviertem Anbau, ein Großteil wird vor der Küste von Hokkaido in recht kaltem Wasser geerntet
Kudzu/Kuzu	Pflanzliches Bindemittel
Laktose	Milchzucker, bestehend aus Galaktose und Glukose
Laktoseintoleranz	Unverträglichkeit von ► Laktose
Leguminosen	Botanisch für Hülsenfrüchtler; Hülsenfrüchte sind eine wertvolle pflanzliche Eiweißquelle, was sie zu einer beliebten Fleischalternative macht; die Pflanzen zeichnen sich dadurch aus, dass sie mit ihren Wurzelknöllchen Symbiosen mit Pilzen und Bakterien bilden
Margarine	Auf Basis von Pflanzenfetten, wie Soja-, Palm-, Kokos- oder Sonnenblumenöl. Achtung: Nicht alle Varianten im Handel sind vegan!
Milchzucker	► Laktose
Nussmus	Mus aus Mandeln, Cashews, Sesam, Haselnüssen etc. Eignet sich, um Saucen und Dips cremig zu machen.
Ökologie	Lehre von der Beziehung der Lebewesen zur Umwelt
Ökonomie	Lehre von der Wirtschaft; sparsame Lebensführung, wobei nicht mehr ausgegeben als eingenommen wird

Olfaktorisch	Wahrnehmung des Riechens, also von Gerüchen
Omnivor	Alles(fr)esser
Pflanzliche Milch	„Milch“ aus verschiedensten pflanzlichen Lebensmitteln, wie Hülsenfrüchten (Soja), Getreide (Reis), Nüssen etc.; korrekte Bezeichnung: Drink
Pflanzliche Sahne/ Cuisine	Gibt es entweder zum Kochen oder aufschlagbar für Desserts; hergestellt aus Soja, Reis, Hafer, Kokos etc.
Pflanzliches Joghurt	Joghurt (zumeist auf Sojabasis, aber auch aus Kokos, Mandeln etc.); es gibt gesüßte und ungesüßte Varianten
Pseudo-Getreide	Körner bzw. Samen, die wie Getreide verwendet werden, aber botanisch gesehen keine echten Getreidearten sind; meist enthalten die Samen viel Protein, Kohlenhydrate und Mineralstoffe
Quorn	Proteinreiche Fleischalternative, die aus Pilzen gewonnen wird; enthält Eier und ist daher für vegane Gerichte nicht geeignet
Rauchsalz	Zum Würzen von deftigen Speisen
Rohkost-Küche	Die Zutaten werden nicht über 42 °C erhitzt, um die Inhaltsstoffe möglichst gut zu schonen
Saftkonzentrat	Bei aus Saftkonzentrat hergestellten Frucht- und Gemüsesäften wird zunächst der gewonnene Saft eingedickt und dann vor der Abfüllung das entzogene Wasser wieder beigegeben
Seidentofu	Weicher, feiner Tofu; geeignet für Süßspeisen
Seitan	Fleischalternative aus ▸ Gluten (zumeist Weizen, aber auch Dinkel)
Sojajoghurt	▸ pflanzliches Joghurt
Sojamilch	▸ pflanzliche Milch
Sojasahne/ Sojacuisine	▸ pflanzliche Sahne
Sojaschnetzel	▸ TVP
Soziale Gerechtigkeit	Faire bzw. gerechte Verteilung von Rechten und Ressourcen; umfasst Menschenrechte, Gemeinschaftsentwicklung und Arbeitsrechte
Sushi (Nigiri und Maki)	Speise aus kaltem, gesäuertem Reis, ergänzt mit verschiedenen Zutaten (Nori-Algen, Fisch, Gemüse, Tofu etc.)
Systemgastronomie	Gastronomie mit einheitlichen und standardisierten Abläufen bzw. Organisationsmustern; es gibt mehrere Lokale mit gleichem/ähnlichem Angebot
Tempeh	Fleischalternative aus fermentierten Sojabohnen
Tofu	Fleischalternative aus Sojamilch („Bohnenkäse“)
TVP	Abkürzung für Textured Vegetable Protein; texturiertes Sojaeiweiß, das von Granulat über Schnetzel und Würfel bis hin zu Steakformen angeboten wird
Umami	Geschmacksrichtung; aus dem Japanischen für Wohlgeschmack; natürlich zu finden u. a. in Kombu, Shiitakepilzen und reifen Tomaten
V-Label	Gütesiegel für vegane und vegetarische Produkte
Vegan	Vegan lebende Menschen, also Veganerinnen und Veganer, verzichten auf tierische Produkte in jeder Form
Veganblume	Gütesiegel für vegane Produkte (häufig bei Kosmetika)
Vegan Society	Die „Vegane Gesellschaft“ wurde 1944 in Großbritannien gegründet und ist damit die älteste vegane Gesellschaft weltweit
Vegane Gesellschaft Österreich	Interessensvertretung von Veganerinnen und Veganern in Österreich; vergibt das V-Label, Ansprechpartnerin für Informationen rund ums Thema Veganismus
Vegetarisch	Vegetarisch lebende Menschen, also Vegetarierinnen und Vegetarier, ernähren sich vorwiegend von pflanzlicher Kost. Sie essen im Gegensatz zu ▸ vegan lebenden Menschen auch Produkte, die von lebenden Tieren stammen, wie Milch, Eier und Honig.
Yam	Stärkehaltige Knollen, die in den Küchen Afrikas, Asiens und Südamerikas gerne Verwendung finden

Stichwortverzeichnis

Rezepturenverzeichnis auf Seite 171 f.

K

L

M

N

O

P

Q

R

S

Literaturverzeichnis

Siegfried und Melanie Kröpfl, Wir kochen vegan, Hubert Krenn Verlag Wien, 1. Auflage 2013
Siegfried und Melanie Kröpfl, Wir backen vegan, Hubert Krenn Verlag Wien, 1. Auflage 2014

Vegucation, Pflanzliche Küche, Ein Handbuch für Köche und Köchinnen, 2014
Vegucation, Rezepte zum Handbuch, 2014

Bildnachweis

Seite 4: vegan.at (Foto Felix Hnat)
Seite 6: Andreas Riedmann
Seite 7: Einstein (Georgios Kollidas/Shutterstock.com)
Seite 12: www.sattgruen.de, www.biofiedler.com
Seite 14: Grafik Klimafakten (https://www.vegan.at/klimafakten)
Seite 15 Grafik Verwendung von Soja (https://soja-aus-oesterreich.at/zahlen-daten)
Seite 16: Überfischung (www.wwf-jugend.de)
Seite 19: Tötung männlicher Küken (https://www.n-tv.de/wissen/Wie-maennliche-Kueken-getoetet-werden-article17727191.html)
Seite 21: vegane Ernährungspyramide (www.vegan.at)
Seite 22: Grafik Eiweißzufuhr (www.vegan.at)
Seite 27: Nachhaltigkeit (nach Florian Brendel für VEBU/Vegetarierbund Deutschland)
Seite 29: Gegenüberstellung - Ökologischer Fußabdruck (https://www.vegan.at/klimafakten)
Seite 30: Saving Planet (www.salzburg-ag.at), Kaffee-Ernte (Andreas Boueke/www.quetzal-leipzig.de/lateinamerika/guatemala/kaffee-fair-trade-arbeitsbedingungen-plantagen-unterernaehrung-19093.html)
Seite 31: Geschützte Ursprungsbezeichnung (www.bmlfuw.gv.at), Glutenfrei (ses-creative.com/de), Veganblume (www.dieoption.at/lebensmittel-guetesiegel), Demeter (https://basicbio.de), Bio-Zeichen (http://www.urgeschmack.de), EU-Bio-Logo (http://europa.eu), V-Label (www.v-label.eu/de/v-label), Austria Bio Garantie (www.bauernzeitung.at), Bioland (www.bioferienhof-hartmann.de), AB (http://kennuncorked.com), ECO (https://utopia.de), Fairtrade (www.fairtrade.at)
Seite 32: Gütesiegel (vgl. Seite 31); AMA (http://amainfo.at/ama-siegel/ama-guetesiegel)
Seite 33: Etikette (www.rewe-group.at), Fairtrade Logo (www.fairtrade.at)
Seite 34: Gütesiegel (vgl. Seite 31), Apfelkiste (www.ama.at)
Seite 47: Fischfreie Sushi © Foodora
Seite 53: Sprossenbox (http://kuechenmamsell.blogspot.co.at/2014/03/sprossenspa.html)
Seite 54: Sprossenzucht (http://www.annis-schatzkiste.de/2011/04/sprieende-sprossen-ein-experiment.html)
Seite 63: Ölflaschen (http://www.farmgoodies.net/produkte/kaltgepresste-oele)
Seite 64: http://www.lavialla.it/de
Seite 65: Stiftung Warentest (http://streetcook.de/testsieger-olivenoel-2016-stiftung-warentest/)
Seite 66: Knut Koops für VEBU/Vegetarierbund Deutschland
Seite 67: Grafik Sojaproduktion (https://soja-aus-oesterreich.at/zahlen-daten)
Seite 74: www.knollmuehle.at
Seite 81: Schillingers Swing Kitchen
Seite 82: Aufschnitt Paprika (https://veganz.de/produkt/veganz-veganer-aufschnitt-paprika/), Aufschnitt Leberkäse (www.vegavita.at), Mühlen Salami (https://www.ruegenwalder.de/vegetarische-und-vegane-produkte), Cheezi-Griller (https://vegavita.at/unsere-produkte/wurst-und-wuerstel/)
Seite 83: Fleischalternativen (Knut Koops für VEBU/Vegetarierbund Deutschland), Im Labor gezüchtetes Fleisch (David Parry/PA Wire, https://skepchick.org/wp-content/uploads/Cultured-Beef-02_600.jpg)
Seite 85: Beyond Meat (https://cityofhumans.com/wp-content/uploads/2015/10/Beyond-meat4.jpg)
Seite 88: großes Bild (Knut Koops für VEBU/Vegetarierbund Deutschland)
Seite 89: Artisan-Käse-Logo (www.treelinecheese.com), www.vegnews.com
Seite 90: www.alpro.com
Seite 100: Knut Koops für VEBU/Vegetarierbund Deutschland

Seite 109: Übersichtsdiagramm (nach Florian Brendel für VEBU/Vegetarierbund Deutschland)
Seite 110: Dörrer (JenkinsFotografie, http://www.perfektegesundheit.de/blog/wp-content/uploads)
Seite 111: Zentrifugalentsafter (http://images.qvc.com/is/image/QVC/870443-1?qlt=95,1&op_sharpen=1&id=w0FlV0&fmt=jpg&fit=constrain,1&wid=600&hei=533&qlt=95,1&op_sharpen=1), Walzenentsafter (http://www.saftpresse.info/wp-content/uploads/omega-juicer-8226-entsafter-und-saftpresse_800x800.jpg), Spalte oben (www.vitamix.de), Spiralschneider (www.lurch.de)
Seite 112: Nussmilchbeutel (Urheber unbekannt), Küchenmaschine (http://www.kenwoodworld.com/WebImage/Global/Product%20images/Food%20Processors/Food%20Processor%20Attachments)
Seite 128: Spalte unten (http://www.belgusto.de/out/pictures/master/product/2/gefu-backen-speiseringe1-12180.jpg)
Seite 134: Guinness (POM POM/Shutterstock.com)
Seite 135: Falkenstein (www.falkenstein.gv.at), Gerald Fürnkranz (www.vegan-wein.at)
Seite 140: Teppanyaki (Kvitka Fabian/Shutterstock.com)
Seite 144: Taco Bell (http://northwrightcounty.today/2016/06/albertville-lands-another-fast-food-icon-taco-bell/)
Seite 147: Afrikanischer Markt (MickyWiswedel/Shutterstock.com)
Seite 189: VEBU/Vegetarierbund Deutschland
Seite 208: Brownies (Melanie Kröpfl)
Seite 209: Cheesecake (Melanie Kröpfl)
Seite 212: gutekueche.at

Alle weiteren Abbildungen wurden entweder vom TRAUNER Verlag eigens erstellt oder über die Bildagenturen stock.adobe.com, iStockphoto und Shutterstock zugekauft bzw. werden über die „Bildrecht GmbH" in Wien (http://www.bildrecht.at) abgerechnet.